古典文獻研究輯刊

三六編

潘美月・杜潔祥 主編

第 18 冊

《經解入門》箋注(下)

司馬朝軍、王文暉 著

國家圖書館出版品預行編目資料

《經解入門》箋注（下）／司馬朝軍、王文暉 著 -- 初版 --
新北市：花木蘭文化事業有限公司，2023〔民112〕
目 4+170 面；19×26 公分
（古典文獻研究輯刊 三六編；第 18 冊）
ISBN 978-626-344-276-4（精裝）
1.CST：經學 2.CST：研究考訂
011.08   111022054

古典文獻研究輯刊
三六編　第十八冊　　　　　　ISBN：978-626-344-276-4

《經解入門》箋注（下）

作　　者　司馬朝軍、王文暉
主　　編　潘美月、杜潔祥
總 編 輯　杜潔祥
副總編輯　楊嘉樂
編輯主任　許郁翎
編　　輯　張雅淋、潘玟靜　美術編輯　陳逸婷
出　　版　花木蘭文化事業有限公司
發 行 人　高小娟
聯絡地址　235 新北市中和區中安街七二號十三樓
　　　　　電話：02-2923-1455／傳真：02-2923-1452
網　　址　http://www.huamulan.tw 信箱 service@huamulans.com
印　　刷　普羅文化出版廣告事業
初　　版　2023 年 3 月
定　　價　三六編 52 冊（精裝）新台幣 140,000 元　　　版權所有·請勿翻印

《經解入門》箋注（下）

司馬朝軍、王文暉　著

目

次

上 冊

敘 言 ……………………………………………………………… 1

《經解入門》凡例 …………………………………………………… 5

經解入門卷一 ……………………………………………………… 7

　群經緣始第一 …………………………………………………… 7

　群經源流第二 …………………………………………………… 12

　群經辨異第三 …………………………………………………… 17

　群經辨偽第四 …………………………………………………… 20

　群經古文今文第五 ……………………………………………… 27

　注家有得有失第六 ……………………………………………… 29

　古書疑例第七 …………………………………………………… 39

　群經佚文第八 …………………………………………………… 43

經解入門卷二 ……………………………………………………… 49

　歷代經學興廢第九 ……………………………………………… 49

　歷代石經源流第十 ……………………………………………… 63

　歷代書籍制度第十一 …………………………………………… 72

　兩漢傳經諸儒第十二 …………………………………………… 74

　兩漢通經諸儒第十三 …………………………………………… 85

經解入門卷三…………………………………… 91

　南北經術流派第十四 ……………………… 91

　漢、宋門戶異同第十五 …………………… 103

　國朝治經諸儒第十六 ……………………… 105

　近儒說經得失第十七 ……………………… 142

下　冊

經解入門卷四…………………………………… 167

　經與經相表裏第十八 ……………………… 167

　經與緯相表裏第十九 ……………………… 176

　經與子相表裏第二十 ……………………… 183

　經與史相表裏第二十一 …………………… 203

　說經必先識文字第二十二 ………………… 204

　說經必先通訓詁第二十三 ………………… 205

　說經必先明假借第二十四 ………………… 208

　說經必先知音韻第二十五 ………………… 210

　說經必先審句讀第二十六 ………………… 214

　說經必先明家法第二十七 ………………… 218

經解入門卷五………………………………… 223

　字學源流第二十八 ………………………… 223

　音韻源流第二十九 ………………………… 225

　古有六書第三十 …………………………… 230

　古無四聲第三十一 ………………………… 233

　有目錄之學第三十二 ……………………… 235

　有校勘之學第三十三 ……………………… 237

　有訓詁之學第三十四 ……………………… 239

　有考據之學第三十五 ……………………… 242

經解入門卷六………………………………… 245

　解經不尚新奇第三十六 …………………… 245

　解經不可虛造第三十七 …………………… 249

　不可望文生訓第三十八 …………………… 251

　不可妄詆古訓第三十九 …………………… 251

　不可剽竊舊說第四十 ……………………… 253

不可穿鑿無理第四十一 ……………………………… 253

不可附會無據第四十二 ……………………………… 255

不可有騎牆之見第四十三 …………………………… 256

不可作固執之談第四十四 …………………………… 257

門徑不可不清第四十五 ……………………………… 258

體例不可不熟第四十六 ……………………………… 259

經解入門卷七 …………………………………… 263

不可增字解經第四十七 ……………………………… 263

不可妄改經文第四十八 ……………………………… 271

方音異同不可不曉第四十九 ………………………… 280

制度沿革不可不知第五十 …………………………… 283

平日讀書課程第五十一 ……………………………… 285

科場解經程序第五十二 ……………………………… 288

經解入門卷八（附選） ……………………… 291

箕子明夷解 …………………………………………… 291

《易》「伐鬼方」解 ………………………………… 293

《考工記》「五材」解 ……………………………… 296

五霸考 ………………………………………………… 298

周初洛邑宗廟考 ……………………………………… 300

深衣考 ………………………………………………… 303

八卦方位辨 …………………………………………… 305

文王稱王辨 …………………………………………… 307

緯候不起於哀平辨 …………………………………… 313

辟雍太學說 …………………………………………… 317

八蠟說 ………………………………………………… 319

格物說 ………………………………………………… 322

釋能 …………………………………………………… 328

釋貫 …………………………………………………… 330

釋祊 …………………………………………………… 331

原　跋 ……………………………………………… 335

經解入門卷四

經與經相表裏第十八

　　十三經不能盡通，故歷來經師大儒，恒有以一經名家，然專力貴在一經，而參考貴盡群經，苟第（默）〔墨〕守一家，則經與經有表裏者，亦無從而貫串。十三經皆先聖遺言，其義本可相通者多：

　　《爾雅》、《毛詩》相表裏也〔一〕。讀《毛詩》而不讀《爾雅》，何以知古訓之是式？

【注釋】

〔一〕「《爾雅》、《毛詩》相表裏」，陳啟源《毛詩稽古編》卷二十七：「讀書須識字。
　　　讀古人書，尤須識古人字。古今之字，音形多異，義訓亦殊。執今世字訓解古
　　　人書，譬猶操蠻粵鄉音譯中州華語，必不合也……其《爾雅》所未備，又賴毛
　　　《傳》釋之。大毛公六國時人，去古未遠，且源流出自子夏，傳中字訓皆有師
　　　授，與《爾雅》實相表裏也。自漢迄唐，悉遵此為繩尺。宋人厭故喜新，各逞
　　　臆見，盡棄先儒雅訓，易以俗下庸詮。《爾雅》之文既庋置高閣，毛氏傳義稍
　　　不諧俗目者亦以己意易之。近世學者溺於所聞古人字訓，初未經見執而語之，
　　　反驚怪而不信，固其宜矣。夫字義之不知，何得謂之識字。讀書而不識字，豈
　　　能得書之意哉！」錢大昕《潛研堂集》文集卷十《答問七》：「問：『毛公說《詩》，
　　　訓詁皆取《爾雅》，而文字與今本多有異同，何故？』曰：『毛公所見《爾雅》
　　　勝於今本，如草木蟲魚增加偏旁，多出於漢以後經師，而毛公猶多存古。夫
　　　不、桔鞠、脊令、卑居之屬，皆當依毛本改正者也。丁丁、嚶嚶相切直，憲
　　　憲、泄泄製法則，見於鄭箋，而毛無之，此類為叔孫通、梁文輩所增無疑也。

以衣涉水為厲，由膝以上為涉，逆流而上曰泝，洄順流而下曰泝，遊目上為名，此又後人採毛義以益之，非《爾雅》本文也。陽湖孫季仇謂：周公著《爾雅》一篇，後人分為《釋詁》、《釋言》諸目，而以意附益之。陸德明以《釋詁》一篇為周公作，蓋誤會張揖之旨，其實十九篇中，皆有周公正文《釋詁》一篇，非無後儒增入，斯為篤論矣。』」

《儀禮》、《禮記》相表裏也〔一〕。讀《儀禮》而不讀《禮記》，何以知古制之通變？

【注釋】

〔一〕明沈堯中《沈氏學弢》卷十一《三禮總論》：班固有云：六經之道，同歸禮樂之用為急。《易》、《詩》、《書》、《春秋》，世所崇尚，莫可損益。獨禮有三，曰《周禮》，曰《儀禮》，曰《禮記》，王荊公廢罷《儀禮》，朱文公請乞參訂，補六藝之闕，而未果行，今並《周禮》廢而不講，有識者惜之。且《禮記》有與《周禮》相印正者，有與《儀禮》相表裏者。讀《禮記》而不讀《周禮》、《儀禮》，是沿流而忘源也。況《禮記》定自戴聖，淳駁相半，乃尊之為經，而《周禮》、《儀禮》多三代以來之典，反不列於學官，不已舛乎？

《尚書》、《周官》相表裏也〔一〕。讀《尚書》而不讀《周官》，何以知三代之因革？

【注釋】

〔一〕清凌揚藻《蠡勺編》卷五《周禮未言之旨》：北平黃少宰叔琳曰：《尚書》〈立政〉、〈周官〉二篇與《周禮》相表裏。〈立政〉是周公未定《周禮》時作，故常伯、常任、準人等名與《周禮》參差不合。〈周官〉是已定《周禮》時作，故六卿率屬一一相符。(《續修四庫全書》第 1155 冊)

又況《春秋》「三傳」相表裏〔一〕，《論語》、《孟子》相表裏〔二〕，《孝經》、《論語》相表裏〔三〕，《易》與《詩》相表裏〔四〕，

【注釋】

〔一〕宋呂陶《淨德集》卷十七《君子思禮義論》：「仲尼之經、左氏之傳相表裏。」

〔二〕呂留良《四書講義》卷二十《論語》十七「子曰性相近也章」：此章論性習，是從人切近易明處言之，蓋與孟子性善之說相表裏也。

〔三〕阮元《揅經室集》一集卷二《孝經解》：《孝經緯》曰：「孔子曰：『吾志在《春

秋》，行在《孝經》。』」此八字，實為至聖之微言，實有傳授，非緯書家所能撰託。蓋《春秋》以帝王大法治之於已事之後，《孝經》以帝王大道順之於未事之前，皆所以維持君臣，安輯家邦者也。君臣之道立，上下之分定，於是乎聚天下之士庶人，而屬之君卿大夫，聚天下之君卿大夫，而屬之天子，上下相安，君臣不亂，則世無禍患，民無傷危矣。即如百乘之家不敢上僭千乘，千乘之國不敢上僭萬乘，則天下永安矣。且千乘之國不降為百乘，百乘之家不降為庶人，則天下更永安矣。《論語》曰：「其為人也孝悌，而好犯上者鮮矣。不好犯上而好作亂者，未之有也。君子務本，本立而道生。孝悌也者，其為仁之本與？」《論語》此章，即《孝經》之義也。不孝則不仁，不仁則犯上作亂，無父無君，天下亂兆民危矣。《春秋》所以誅亂臣賊子者，即此義也。《孟子》曰：「何必曰利，亦有仁義而已矣。上下交征利，千乘之國，百乘之家皆弒其君，不奪不厭。」此首章亦即《孝經》之義。孔、孟正傳在此，戰國以後，縱橫兼併，秦祚不永，由於不仁。不仁本於不孝，故至於此也。賈誼知秦之不施仁義，而不知秦之本於不知《孝經》之道也。（下略）

〔四〕明鄭鄤《崝陽草堂詩文集》文集卷四《孫宗伯唐詩選序》：《詩》與《禮》、《樂》並學，吾夫子之教也。興於《詩》，立於《禮》，成於《樂》是也。《詩》與《書》並學，孟子之教也。誦其《詩》，讀其《書》，所以知人而論世也。《詩》與《春秋》並學，亦孟子之教也。《詩》亡然後《春秋》作是也。乃予獨謂《詩》與《易》相表裏，何也？六經垂世，先王之志，皆典要之書也。惟《易》不可為典要，而後知天心之至變；惟《詩》不可為典要，而後知人心之至變。故曰：「變動不居，周流六虛。」又曰：「神而明之，存乎其人。」吾夫子於學《禮》、學《樂》、學《書》、學《春秋》之法不甚詳，而於《詩》一再言之，且舉商與賜之可與言《詩》者為法，斯亦千古說《詩》之案已。繼《詩》者，莫如《騷》。《騷》無一襲《詩》之語，並未嘗有擬《詩》之意，而人人信為續《詩》，無異詞者，此千古不亡之《詩》，亦千古不絕之《春秋》也。《春秋》明直道，《詩》實先之，故陳詩觀民風，先王特採之於無意，上與下不必相求而相應，故直道行也。至唐以詩取士，利祿入乎胸中，則先王之志荒矣。然而忠臣孝子之激昂，征夫、閨婦之寄託，不能已於言，而不能盡之於言，無不可盡之言，而不必人知我之言者，皆於是乎在。第貞淫正邪漓於後人之手眼者多矣。

【附錄】

張其淦《邵村學易》卷一：朱子名分未定一語最佳。所謂綱紀立而國是定也。《易》言

「利建侯」者二。豫建侯,上震也,屯建侯,下震也。帝出震以蒞民,先定名分,經綸之大execute急於此。自《易》有建侯之言,而後世莫不懔尊王之義。孔子之成《春秋》,固與《易》相表裏也。

　　清張裕釗《濂亭集》遺文卷三:《中庸》一書,言性道教,言戒慎恐懼,言慎獨,言費隱,言微顯,言誠明,言至聖至誠,言尊德性道問學,言小德川流,大德敦化,一皆中和之義而已。**《中庸》與《易》相表裏**。《易・繫辭傳》言顯仁藏用,盛德大業,言專直翕闢,言智崇禮卑,《文言傳》於《乾》之九二言庸言之信、庸行之謹,言閑邪存其誠,於九三言忠信,言修辭立其誠,於《坤》之六二言敬以直內,義以方外,於六五言黃中通理,正位居體,並與中和之言若合符節。推而至於《論語》之一貫、忠恕、文章、性道,《大學》之格致誠正,《孟子》之知天事天,亦莫不同斯旨。曾子固有言詩書之文,歷世數十,作者非一,而其言未始不相為終始。諸子之言亦若是焉爾。此固先聖之至道,義理之大宗。洙泗鄒魯之所以覺牗乎百世,而有宋諸賢之所以奮起乎千載之後,紹聖而作儒者也。然諸子之書皆兼中、和二者言之。堯之命舜惟曰「允執厥中」而已,則益高遠精邃,夐乎不可尚也。

　　錢大昕《潛研堂集》文集卷三《中庸說》:中庸之義何也?天地之道,帝王之治,聖賢之學,皆不外乎中。中者,無過不及之名。堯之傳舜曰「允執其中」,而舜亦以命禹。《洪範》九疇,天所以錫禹也,五居九疇之中,故曰「建用皇極」。皇極者,大中之謂也。孔子作《易》十翼,《彖傳》之言中者三十三,《象傳》之言中者三十。其言中也,曰正中,曰時中,曰大中,曰中道,曰中行,曰行中,曰剛中,曰柔中。剛柔非中也,而得中者无咎,故嘗謂《易》六十四卦三百八十四爻,一言以蔽之,曰中而已矣。子思述孔子之意而作《中庸》,與大《易》相表裏。其曰「中也者,天下之大本也」,言其體也;曰「君子而時中」,言其用也。此堯、舜以來傳授之心法也。堯、舜以來,言「中」不言「庸」,孔子之言「中庸」,何也?曰:《說文》,庸,從「庚」從「用」,庸之言用也。中者,天所賦之性,而用之在人。自天言之謂之中,《傳》曰「民受天地之中」是也。自人言之謂之中庸,唐虞相傳,皆曰「執中」,而孔子申之云「執其兩端,用其中於民」,然則中庸即執中之義矣。故曰「君子之中庸也,君子而時中」。中無定體,而執中莫如隨時,時中者,中之用也。雖然,時中惟聖者能之,而擇中而執之,則人皆可勉。中之所在,善之所在也,故亦謂之擇善。聖人之教人也,欲使知愚賢不肖之倫,去其過不及而歸於中,故示之以從入之方,曰「擇乎中庸」。擇也者,能不能未定之詞也。擇而得之,得之而固執之,久之而無時之不用其中,此之謂「時中」,此之謂「依乎中庸」矣。然則何以復言「中和」?曰:未發為體,已發為用,發而中節者,合乎時者也。天有四時,順其序謂之太和;人有七情,中其節謂之中和。中以和為用,非時則不和,故《博雅》訓庸謂和,而《中庸》一篇,首言「致中和」,中和即中庸也。以道體言之曰中和,以入道言之曰中庸,言固各有所當已。然

則先儒何以訓庸為常？曰：凡物之失其常者，不可以用，其可常用者，皆中道也。一人之身，其分子臣弟友，其境富貴、貧賤、夷狄、患難，位不同而各有常然之道。常然者，合乎時者也。時然後行謂之庸德，時然後言謂之庸言，故曰「君子素其位而行」。素其位者，時中之用也。在《易》六爻之位，二多譽，四多懼，三多凶，五多功。然而當其用者，三四有時而吉，失其用者，二五有時而凶，所謂「君子無入而不自得焉」者也。《乾》之用九，戒之以天德不可為首，懼其過剛而失中也；《坤》之用六，戒之以永貞，懼其過柔而失中也。六十四卦不外乎時中，而《乾》《坤》特言其用，故曰《易》與《中庸》其理一而已矣。

《詩》與《書》相表裏〔一〕，

【注釋】

〔一〕「《詩》與《書》相表裏」，見閻若璩《古文尚書疏證》卷六下第九十二條：《詩》與《書》相表裏。「信彼南山，維禹甸之則」，《禹貢》之終南也。「豐水東注，維禹之績」，則《禹貢》之豐水攸同也。「奄有下土，纘禹之緒」，則指禹「平汝水上」，后稷「播時百穀」；「洪水芒芒，禹敷下土方」，則指禹。「敷王天命，多辟設都，于禹之績」，則指五百里侯服等。豈「奕奕梁山，維禹甸之」，為當日韓侯入覲之道，有不指「治梁及岐」之梁，在今韓城、合陽二縣之境者哉？既在此二縣，仍應屬雍州，不得如晁氏改為冀州山。或曰：「奈例不合何？」余曰：「此特聖經之變例也。安國傳所謂『壺口在冀州，梁岐在雍州。從東循山，治水而西』是也。蓋禹他日導山，由岐至荊，逾河而東，抵壺口。茲治畿內水患，由壺口渡河而西，而梁山，而岐山，正相合也。壺口在今吉州西七十里，與河津縣西北三十里之龍門相連，為大河出入之道，與隔河之梁山對峙。余因悟《尸子》『龍門未闢，呂梁未鑿，河出於孟門之上』，乃是龍門未鑿，呂梁未闢，何者？龍門見今猶存禹劙削之跡，梁山則無之。以梁山不過道梗塞。闢者，開也，啟也。開之啟之，河斯流矣。試觀《公羊傳》：「梁山，河上山。」《穀梁傳》「梁山崩，壅遏河，三日不流」，苟當日止致力壺口、龍門，而不及梁山，亦屬枉然。此二山者既為連屬之勢，而經文遂連類而書，實有出於某州某山常例之外者，且於冀曰治岐，他日於其本州島，但曰岐既旅而已，正互見也。更考樂史《寰宇記》云：「相州安陽縣有鯀堤，禹之父所築，以捍孟門，今謂三刃城。」有不愈明禹鑿之闢之之為第一功哉！

清莊述祖《珍藝宧文鈔》卷三《立政序說》：讀《立政》而知聖人之有作，必集眾賢而後成也。大臣之事君，必進眾臣以共治也。人主之立政，必擇賢而俾

乂，勿以己意間之，勿以憸人誤之也。《周頌》與《書》相表裏。訪落嗣王，謀於廟也，於書為周官所謀者。周公之志，文武之事也，既朝於廟，以訪群臣，四國不靜，多難始平，至於恭武王之大訓，以誕保文祖受命民，猶未成也。紹庭上下，陟降厥家，明堂之饗敢或緩乎？將予就之，繼猶判渙，所謂誐以恤我也，非周公，孰能收之？聖人之作禮樂，必征諸庶民，況群臣乎？修身事親，知人知天，有一不備，道不虛行，天之命不已，而聖人之德之大亦不已，前王之所受命，後人不緝熙之，則遏佚之也，安可恃乎？保厥家者監厥士，日就月將，尊所聞，行所知，以至於高明廣大，惟嗣王厚行之，故《敬之》之詩，所以答群臣，進戒者，尤兢兢焉。周公復申之以《立政》，夫庶獄庶慎一有不乂，恐王國之不克長，況能致太平，作禮樂，故《立政》者，《洛誥》之先事也，不可不知也。

清周中孚《鄭堂讀書記》卷十六：《竹書紀年集證》五十卷，真露軒刊本，國朝陳逢衡撰。前有嘉慶癸酉凡例敘略，所載自帝堯以下，與《尚書》相表裏；自帝乙以下，與《詩》相表裏；自平王以下，與《春秋》相表裏。

清錢林《文獻徵存錄》卷十錢澄之之條：錢澄之，字飲光，桐城人，初名秉燈。少篤志屬學，與嘉善魏學渠友，資其潤益。嘗問《易》於黃道周，依京房說，參以邵雍之論，言數甚備。其後兼求義理，師朱子，與道周之學歧矣。其說《詩》，則謂：「《詩》之為道，與《尚書》、「三禮」、「三傳」相通。約其條流，豐其旨趣，宣之以雅訓，求之以史傳，證之以輿地，斯善說《詩》者也。」

《小戴禮》與《大戴禮》相表裏〔一〕。

【注釋】

〔一〕《後漢書·吳延史盧趙列傳》：「今《毛詩》、《左氏》、《周禮》各有傳記，其與《春秋》共相表裏。」注：表裏言義相須而成也。

【附錄】

宋馬廷鸞《碧梧玩芳集》卷十二《吳氏寶訓警覽序》：《尚書》與《論語》相表裏。周道衰，孔子沒，獲麟之前，敘《尚書》五帝三王之盛也，而以《秦誓》終之，天下其將為秦乎？聖人其絕望於當世乎？夢奠之後，述《論語》，春秋戰國之交也，而以堯曰終之，天下其尚可為陶唐乎？聖人其猶有望於來世乎？《書》終於《秦誓》，未濟之《易》，世變之窮也。《論語》終於堯曰，下泉之詩，天理之復也。知此說者，可以讀《寶訓警覽》之書矣。《警覽》者，先友昭武主薄吳公燊之所著也。

清錢大昕《潛研堂集》文集卷十七《論子思子》:《禮記》出於漢儒,而後世尊之為經,與《易》、《書》、《詩》、《春秋》列而為五,以其中多聖人之微言,七十子之徒所述也。沈休文云:「《中庸》、《表記》、《坊記》、《緇衣》皆取子思子,《樂記》取公孫尼子。」休文去古未遠,其說當有所自。宋儒以《中庸》出子思氏,特表章之,而不知《表記》、《坊記》、《緇衣》三篇亦子思氏之言也。或謂《緇衣》公孫尼子所作。按《文選注》引子思子曰:「民以君為心,君以民為體。」又引子思子詩云:「昔吾有先正,其言明且清。」今其文皆在《緇衣》篇,則休文之說信矣。《坊記》一篇引《春秋》者三,引《論語》者一。《春秋》孔子所作,不應孔子自引,而《論語》乃孔子沒後諸弟子所記錄,更非孔子所及見。然則篇中云子言之子曰者,即子思子之言,未必皆仲尼之言也。仲尼已往,七十子之徒惟子思氏獨得其傳,《漢志》有《子思》二十三篇,唐、宋之世尚存七卷,今已邈不可得,獨此數篇附《禮記》以傳,而其詞醇且簡,與《論語》相表裏。此固百世而下有志於聖賢之學者所宜講求而體驗者歟?子思之學出於曾子,曾子書亦不傳,而其十篇猶見於《大戴記》,《小戴記》有《曾子問篇》、《檀弓》、《雜記》、《祭義》、《內則》、《禮器》、《大學》諸篇俱引曾子說。曾子、子思之微言所以不終墜者,實賴漢儒會粹之力,後之人詆諆漢儒,摘其小失屏斥之,得魚兔而忘筌蹄,其亦弗思甚矣。

清曹元弼《禮經學·會通第四》:凡侍坐於君子節,與《曲禮》相表裏。若君賜之食節,與《玉藻》、《論語》相表裏。

此各經之大略也。此外細節闊目:

《論語》引《詩》即存《毛詩》之古義,引《書》即存《尚書》之古義,引《易》即存《易》之古義,稱《禮》即存《禮》之古義。《孟子》、《戴記》皆然。則為經與經相表裏之顯證。

而又有一經之中,自相表裏〔一〕,如《易》「剝」之義,受之以「復」;「否」之義,受之以「泰」。

【注釋】

〔一〕李道平《周易集解纂疏》卷八:《乾·五·文言》曰:聖人作而萬物睹,故乾稱聖人。庖犧以聖人而居天子之位,故謂庖犧也。《易》之《屯》,《太玄》準為《礥》,初一曰:「黃純於潛。」測曰:「化在嘖也。」范望注云:「陽氣潛在地下,養萬物之根荄,故云化在嘖,由是言之,嘖者,陽氣之始生也。」《乾鑿度》曰:「太初者,氣之始也,故嘖謂初天下之嘖。」謂萬物之初也。乾上坤下,以乾擬坤,故自上議下曰擬。《易》之大義,上經終《坎》、《離》,下經終《既》、《未濟》。上繫終《乾》、《坤》,下繫終六子,則上下經與上下繫實相表裏也。上經像陽,下經法陰,《復》為陽初,《姤》為陰初,六日七分之法,

陽起《中孚》，陰起《咸》。乾元坤元，天地之心，為《易》之本，故上繫七爻起於《中孚》「鳴鶴在陰」，下繫十一爻起於《咸》「憧憧往來」，此傳發端，言聖人見天下之賾，謂《中孚》、《咸》也。《參同契》曰：「天道甚浩廣。」《太玄》無形容，故形容謂陰以其在地成形，有容有可擬，故擬諸其形容。

《書·堯典》官制與夏制相損益，《夏書》官制與《周書》官制相損益。《詩》十五國之風，自相終始，風、雅、頌之音，自相離合。《周禮》五官之布置，《儀禮》冠、昏之變通，《禮記》各篇之條目，《左氏》前後之錯綜，《公羊》傳經之義例，《穀梁》說《禮》之精微，《論語》立言之精當，《孟子》敘事之詳略，《爾雅》方音之異同，皆非縱觀博考，不能周知其義。（改）〔故〕由博而約，窮經之第一要道也。

【附錄】

明楊維楨《東維子文集》卷十四《學詩齋記》：吳興陳生魯從余於雲間，學經業，且曰：某不敏，未敢學先生之《春秋》，而《詩》者實與《春秋》相表裏也。願先生學《詩》，而復及於《春秋》也。

清田雯《古歡堂集》卷三十八《黔書上·甲秀樓》：如經學與理學相表裏也。理學成於宋儒，趣矣！然言誠，言敬，言禮，言格物致知正心誠意，莫不本於經學。苟於贏氏灰燼之餘，非得漢儒諸人，經各有注，傳各有釋，火盡薪傳，以聞於後世，宋儒欲直接洙泗之淵源，詎可得乎？蓋前事者，後事之藉，而絕續之交，不可無其人也。

清顧棟高《毛詩訂詁》卷三：愚嘗即《春秋傳》反覆考之，四詩俱不煩言而解，蓋《詩》第據事書之，信乎《詩》與《春秋》相表裏也。

清凌揚藻《蠡勺編》卷二十「老子」條：老子著書言道德，凡五千七百四十有八言，授關尹喜，魏王弼注之，仍上下二篇，不分章目，殆古本然也。後人以其篇首之文，名上篇曰道，下篇曰德。司馬光《述要》曰：「道德連體，不可偏舉，合從本名。」自是宋徽宗有御注，司馬光有《述要》，蘇轍有《新解》，程大昌有《易老通言》，葉夢得有《老子解》。其說謂孔子稱竊比於我老彭，孟子闢楊、墨而不及老氏，老氏之書，孔、孟所不廢也。其解生之徒十有三，死之徒十有三，以為四肢九竅，蓋本於韓非《解老》之說云。朱子曰：「老子之學，曰致虛極，守靜篤，曰專氣致柔，能如嬰兒，又曰知其雄，守其雌，為天下溪，知其白，守其黑，為天下谷，所謂溪，所謂谷，只是低下處讓，爾在高處，他只要在卑下處，只是他放出來便不可當。如曰以正治國，以奇用兵，以無事取天下，子房之術全是如此。其學多流於術數，後兵家亦祖其說。」楊升庵曰：「文子引老子曰：人生而靜，天之性也；感物而動，性之欲也。漢儒取入《禮記》，遂為經矣，若知其出於老氏，宋儒必洗垢索瘢，曲為譏評，惟以為經，故護持交贊，此亦

矮人之觀場也。」長洲沈文愨謂老子云守中，云抱一，云玄德，是其宗旨，云昏云辱，云退云損，云沖云嗇，是其本領，中言體處，探乎天地生生之原，與《大易》、《中庸》、《太極圖說》相表裏也。（《續修四庫全書》第1155冊）

清潘維城《論語古注集箋》卷一：夫子志在《春秋》，行在《孝經》，二經相表裏也。

清秦篤輝《易象通義》卷一：《大學》謂財聚則民散，財散則民聚，篇終諄諄以聚斂為戒，與《易》實相表裏也。

清朱一新《無邪堂答問》卷三：公卿宴享，賦詩言志，《詩》與《樂》相表裏也。

張其淦《邵村學易》卷一：《易》言「利建侯」者二，《豫》建侯，上震也，《屯》建侯，下震也。帝出震以範民，先定名分，經綸之大孰急於此。自《易》有「建侯」之言，而後世莫不懍尊王之義。孔子之成《春秋》，固與《易》相表裏也。

張其淦《邵村學易》卷六「六四中行獨復象曰中行獨復以從道也」：四與初應，居卦之中，不從其類，而從陽，依乎中庸以行，必慎乎獨，而復道在是矣。不言吉而吉。來知德曰：「初之象曰以修身，二曰仁，四曰道，修身以道，修道以仁，仁與道皆修身之事。二比而近，故曰仁。四應而遠，故曰道。小象之精極矣。」按：來說最確。可見《大學》、《中庸》與《復卦》相表裏也。

費元祿《甲秀園集》卷四十六《周禮》：子曰：殷因於夏禮，所損益可知也。周因於殷禮，所損益可知也。夫治道貴因時，禮時為大事，起於時之欲流，而道得於事之不滯。事與時偕，則謂之道，而法無不弊也。周之衰也失諸侯，不獨其失諸侯，並與治諸侯之法而失之，又不獨共失法，周禮之所有蕩然無存矣。故夫子於勢已極而欲以禮挽之，去奢去泰，一復之祖宗之舊，良有深意。《春秋》一書與《周禮》相表裏。其所舉以繩當世者，皆明文武之事，遵周公之遺典，故其詞有微而審，有直而肆，所謂損益，微旨耳，高曾之事，杳而難尋，以宗父為之語，則子弟不期而自喻。

顧廣譽《學詩詳說》卷五《河廣》：讀《詩》須識其與《禮》相表裏處。如此詩，雖以宋桓已逝，襄為國君，極母子孝之至情，而黯然相望，不敢逾尺寸也。蓋以祖宗父命臨之，則母子孝猶為私情，一舉足而不敢忘禮。范氏所謂先王之化猶有存焉故耳，後世不乏賢知之行，裁以此義，則不合者多矣。

杭世駿《續禮記集說》卷二十：姜氏兆錫曰：此下二節，復總申班爵祿之意也。論猶論秀之論，謂考詳其行藝也。辨之言明，猶定也，任猶勝也，士猶仕也。此條論材爵祿，與《周禮》相表裏，義見後司徒、司馬諸官。

黃以周《禮書通故》第四十四：服虔云：樂與禮相表裏，行此禮則奏此樂。祀天神則陳黃鐘、大呂二縣而已，祭地示則陳大蔟、應鐘而已，冬至奏於圜丘，則陳圜鐘、黃鐘、大蔟、姑洗四縣而已，夏至奏於方丘，則陳函鐘、大蔟、姑洗、南呂四縣而已。然則宜奏二均者，每均

二堵，宜奏四均者，每均一堵禮之大者，樂不過四均，十二縣何必備陳哉？

劉毓崧《通義堂文集》卷八《西漢兩大儒董子賈子經術孰優論》：西漢承暴秦之餘習，公卿多刀筆吏，皆以簿書錢穀為事，而不知大體，即所謂學士大夫如兒寬、公孫弘者，亦不過緣飾為進身之具，曲學阿世，以自保其身家。求其沉潛經術，學貫天人，上足以匡君，下足以捄世，卓然自立，不愧為一代之大儒者，吾得二人焉，一為洛陽賈誼，一為廣川董仲舒。賈子上《治安策》，述《易》之「差以毫釐，失之千里」，《書》之「一人有慶，兆民賴之」，其所著《新書》，引申詩義，如騶虞、靈臺之類，皆周秦舊說。《保傅》、《容經》諸篇亦與《大戴禮》相表裏。（《求恕齋叢書》本）

章學誠《校讎通義》內篇卷三《漢志六藝第十三》：詩部韓嬰《詩外傳》，其文雜記春秋時事，與《詩》意相去甚遠，蓋為比興六義博其趣也，當互見於春秋類，與虞卿鐸椒之書相比次可也。《孟子》曰：「《詩》亡然後《春秋》作。」《春秋》與《詩》相表裏，其旨可自得於韓氏之《外傳》。史家學《春秋》者，必深於《詩》，若司馬遷百三十篇是也。屈賈孟荀諸傳尤近詩部。又當互通於樂。

魏源《詩古微》上編之一《附考樂章節次》：《樂》與《詩》相表裏。自《毛序》不能得其樂章所用，而陳啟源遂力言《詩》與《樂》渺不相涉，使學者於禮樂崩壞之餘，欲聞古制彷彿而不可得，豈知《詩》為《樂》草？欲明《詩》，必先明《樂》。

盧錫晉《尚志館文述》卷三《昏禮》：娶妻不娶同姓，不曰同族，而曰同姓者，蓋以姓同則族無不同耳。又恐人之忽不加察，故為之嚴其辭曰：買妾不知其姓，則卜之。今律與禮相表裏者也，其禁之未嘗不嚴也，而或且貿貿以犯之，豈以習俗之沿襲既久而謂其無害耶？

盛世佐《儀禮集編》卷十七「壺設於東序北上二以並南陳醴黍清皆兩壺」：君饌八壺，所盛者酒也。此六壺所盛者，飲也。君致酒夫人，致飲夫婦之義也。凡飲有六，《周禮》漿人掌之，一曰水，二曰漿，三曰醴，即《內則》之三醴也，四曰涼，《內則》謂之濫，五曰醫，《內則》謂之醷，用鄭司農說，六曰酏，即《內則》之黍酏也……此經所陳，寔與《周禮》相表裏。黍，黍酏也；清，清醴也；醴，其醫乎？醫、醷、醴一物也，文字不同，記之者各異耳。

俞樾《湖樓筆談》卷二：魯無風而有頌，何也？曰：孟子稱《詩》亡然後《春秋》作，則《詩》與《春秋》自相表裏。

經與緯相表裏第十九

緯候之書〔一〕，說者謂起於哀、平之世〔二〕，非也。

【注釋】

〔一〕緯，指七經緯，《易緯》：《稽覽圖》、《乾鑿度》、《坤靈圖》、《通卦驗》、《是類

謀》、《辨終備》也;《書緯》:《璿機鈐》、《考靈耀》、《刑德放》、《帝命驗》、《運期授》;《詩緯》:《推度災》、《記曆樞》、《含神務》;《禮緯》:《含文嘉》、《稽命徵》、《斗威儀》;《樂緯》:《動聲儀》、《稽耀嘉》、《汁圖徵》;《孝經緯》:《援神契》、《鉤命決》;《春秋緯》:《演孔圖》、《元命包》、《文耀鉤》、《運斗樞》、《感精符》、《合誠圖》、《考異郵》、《保乾圖》、《漢含孳》、《佑助期》、《握誠圖》、《潛潭巴》、《說題辭》。候,指《尚書中候》。劉昭曰:「緯候眾書,宗貴神詭,出漢隱顯,動挾誕怪。該核陰陽,徵迎起伏,或有先徵,時能後驗,故守寄構思,雜稱曉輔,通儒達好,時略文滯。公輸益州,具於張衡之詰;無口漢輔,炳乎尹敏之諷。圖讖紛偽,其俗多矣。太尉官實司天,虞舜作宰,璿衡賦政,將是據後位以書前,非唐官之實號乎?太尉所職,即舜所掌,遂以同掌追稱太尉,乃《中候》之妄,蓋非官之為謬。康成淵博,自注《中侯》,裁及注《禮》而忘舜位,豈其實哉!此是不發讖於《中候》,而正之於《月令》也。」(《後漢書》卷一一四)緯候,緯書與《尚書中候》的合稱。亦為緯書的通稱。又指讖緯之學,多指天象符瑞、占驗災異之術。

〔二〕考劉向《七略》,不著緯書,然民間私相傳習,則自秦以來有之。非惟盧生所上,見《史記‧秦本紀》,即呂不韋《十二月紀》稱某令失則某災至,伏生《洪範五行傳》稱某事失則某徵見,皆讖緯之說也。《漢書‧儒林傳》稱「孟喜得《易》家侯陰陽災變書」,尤其明證。荀爽謂起自哀、平,據其盛行之日言之耳。《隋志》著錄八十一篇。燔燒之後,湮滅者多。至今僅有傳本者,朱彝尊《經義考》稱《易乾鑿度》、《乾坤鑿度》、《禮含文嘉》猶存;顧炎武《日知錄》又稱見《孝經援神契》。然《含文嘉》乃宋張師禹所撰,非其舊文;《援神契》則自宋以來不著於錄,殆炎武一時筆誤,實無此書,則傳於世者,僅《乾鑿度》、《乾坤鑿度》二書耳。皇上光崇文治,四庫宏開,二酉秘藏,罔弗津逮,又於《永樂大典》之中搜得《易緯稽覽圖》、《通卦驗》、《坤靈圖》、《是類謀》、《辨終備》、《乾元序制記》六書,為數百年通儒所未見,其餘則仍不可稽,蓋遺編殘圖,十不存其一矣。(《四庫全書總目》卷三三《古微書提要》)

【附錄】

《經義考》卷二百九十八:黃秉石曰:「漢好讖緯,極為不經,僉謂起於哀、平之世。然公孫卿稱黃帝鼎書其作俑者也。《史記‧天官書》曰:『雖有明天子,必視熒惑所在。』注言《春秋文曜鉤》有此語,是則讖緯之說久矣。」孫毅曰:「緯候之興,其生於河出圖一語乎?自前漢

世有河圖九篇、洛書六篇，云自黃帝至周文王所受本文，又別三十篇云自初起至於孔子，九聖增演，以廣其意，蓋七緯之祖也。其錄有曰《括地象》，曰《絳象》，曰《始開圖》，皆以鉤山河之賾；曰《帝覽嬉》，曰《稽曜鉤》，皆以抉星象之玄；曰《挺佐輔》，曰《握矩記》，皆以闡運曆之要；而又有《帝通紀》、《真紀》、《鉤著命》、《秘徵要》、《元考曜》，視諸緯為富云。」

清何焯《義門讀書記》卷五：讖起於哀、平，新莽遂以符命篡盜，故並舉瑞應以折之。

清黃恩彤《鑒評別錄》卷八漢紀六：圖讖萌芽，其來已久，但僅私藏傳習，至是乃徵詣公車，所云起於哀、平之際者也。

清沈家本《歷代刑法考》卷三《漢律摭遺》：按圖讖之學，張平子謂起於哀、平之間。然甘忠可詐造《天官曆》、《包元》、《太平經》十二卷，在成帝之世，但無圖讖名目耳。忠可，即夏賀良之師也。《哀紀》待詔夏賀良等言赤精子之讖，讖字實始見於此。孝平之世，王莽以圖讖傾漢。至光武中興，以赤伏符始即天子位，圖讖之學遂盛於時，惑世誣民，遂生姦軌，此二獄是也。楚獄同於謀反，僅予廢徙阜陵，所處尤輕親親之誼也。

清王端履《重論文齋筆錄》卷二：漢初求遺書，讖緯不入中秘，故劉向《七略》不著於錄，而民間誦習，歷可案驗。張衡謂成哀之後乃始聞之，又言成於哀、平之際，要據其盛行之日而言。劉勰《正緯》遂謂起於哀、平，荀悅《申鑒·俗嫌篇》以為起於中興之前，終張之徒之作，均未為得也。

清翁方綱《經義考補正》卷十：按王深寧曰：李尋有「五經」、「六緯」之言，蓋起於哀、平。至光武篤信之，諸儒習為內學。隋焚其書，今唯《易緯》存焉。《正義》多引讖緯，歐陽公欲取九經之疏，刪去讖緯之文，使學者不為怪異之言惑亂，然後經義純一。又按：張衡謂劉向校《七略》尚無讖緯，據此，則《經義考》讖緯一門略存其概可矣，似毋庸備載其書也。

清趙翼《廿二史劄記》卷四《光武信讖書》：讖緯起於西漢之末。張衡著論曰，漢以來並無讖書，劉向父子領校秘書，尚無讖錄，則知起於哀、平之際也（《漢書·路溫舒傳》：溫舒從祖父受曆數、天文，以為漢厄三七之期，乃上封事，以戒。溫舒係昭帝時人，則又在哀、平之前）。案《樊英傳》有河洛七緯，章懷注曰：「《易緯》：《稽覽圖》、《乾鑿度》、《坤靈圖》、《通卦驗》、《是類謀》、《辨終篇》也。《書緯》：《璇璣鈐》、《考靈耀》、《刑德放》、《帝命驗》、《運期授》也。《詩緯》：《推度災》、《泛曆樞》、《含神霧》也。《禮緯》：《含文嘉》、《稽命徵》、《斗威儀》也。《樂緯》：《動聲儀》、《稽耀嘉》、《葉圖徵》也。《孝經緯》：《援神契》、《鉤命決》也。《春秋緯》：《演孔圖》、《元命包》、《文耀鉤》、《運斗樞》、《感精符》、《合誠圖》、《考異郵》、《保乾圖》、《漢含孳》、《佑助期》、《握誠圖》、《潛潭巴》、《說題辭》也。此等本屬不經，然是時實有徵驗不爽者。楊春卿善圖讖，臨死戒其子統曰：「吾綈褻中有祖傳秘記，為漢家用。」（《楊厚傳》）哀帝建平中，有方士夏賀良上言赤精子之讖，漢家曆運中衰，當再授命，故改號曰太初。

元將元年，稱陳聖劉太平皇帝。其後果篡於王莽，而光武中興（《漢書・李尋傳》：「成帝時有甘忠可者，造《天官曆》、《包元太平經》十二卷，言漢家當再受命。以其術授夏賀良等。劉向奏其妖妄，甘忠可下獄死，賀良等又私相傳授。」）又光武微時，與鄧晨在宛，有蔡少公者學讖，云劉秀當為天子。或曰：「是國師公劉秀耶（劉歆以讖文欲應之，故改名秀）？」光武戲曰：「安知非僕？」（《晨傳》）西門君惠曰：「劉氏當復興，國師姓名是也。」（《王莽傳》）李通素聞其父說讖，云劉氏復興，李氏為輔，故通與光武深相結。（《通傳》）其後破王郎，降銅馬，群臣方勸進，適有舊同學強華者，自長安奉赤伏符來，曰：「劉秀發兵捕不道，四夷雲集龍（在）〔鬭〕野，四七之際火為主。」群臣以為受命之符，乃即位於鄗南。是讖記所說實於光武有徵，故光武尤篤信其術，甚至用人行政亦以讖書從事。方議選大司空，《赤伏符》有曰：「王梁主衛作玄武。」帝以野王縣本衛地之所徙，玄武水神之名，司空水土官也，王梁本安陽人，名姓地名俱合，遂拜梁為大司空。（《梁傳》）又以讖文有孫咸徵狄之語，乃以平狄將軍孫咸為大司馬。（《景丹傳》及《東觀漢記》）此據讖書以用人也。因河圖有赤九會昌之文，光武於高祖為第九世，故其祀太廟至元帝而止，成哀平三帝則祭於長安。（《本紀》）會議靈臺處所，眾議不定，光武曰：「吾以讖決之。」此據讖書以立政也。且廷臣中有信讖者，則登用之。賈逵欲尊《左氏傳》，乃奏曰：「『五經』皆無證圖讖以劉氏為堯後者，惟《左氏》有明文。」（《左傳》，陶唐氏既衰，其後有劉累，學擾龍，范氏其後也。范歸晉後，其處者皆為劉氏）由是《左氏傳》遂得選高材生習。（《逵傳》）其不信讖者，則貶黜隨之。帝以尹敏博學，使校圖讖，令闕去崔發為王莽著錄者。敏曰：「讖非聖人所作，其中多近鄙別字，恐疑誤後生。」帝不聽，敏乃因其闕文增之曰：「君無口，為漢輔。」帝詔敏詰之，對曰：「臣見前人增損圖書，故學為之耳。」帝深非之。（《敏傳》）桓譚對帝言「臣不讀讖書」，且極論讖書之非經，帝大怒，以為非聖無法，欲斬之。（《譚傳》）帝又語鄭興，欲以讖斷郊祀。興曰：「臣不學讖。」帝怒曰：「卿非之耶？」興詭詞對曰：「臣於書有所不學，而無所非也。」興數言政事，帝以其不善讖，終不任用。（《興傳》）是光武之信讖書，幾等於聖經賢傳，不敢有一字致疑矣。獨是王莽、公孫述亦矯用符命（莽以哀章獻金匱圖，有王尋姓名，故使尋將兵討昆陽，迄於敗滅。莽又以劉伯升起兵，乃詭說符命，引《易》曰「伏戎於莽，升其高陵，三歲不興」，以為莽者御名也，升者伯升也，高陵者高陵侯翟義也。義先起兵被殺，謂義與伯升伏戎於新皇帝之世，終滅不興也。又案金匱輔臣皆封拜。有王興者，城門令史；王盛者，賣餅兒。莽案符名，求得此姓名十餘人，而二人容貌應卜相，遂登用之，以示神焉。公孫述亦引讖記，謂孔子作《春秋》，為赤制而斷十二公，明漢至平帝十二世而絕，一姓不得再興也。又引《籙運法》曰：「廢昌帝，立公孫。」《括地象》曰：「帝軒轅受命，公孫氏握。」）光武與述書曰：「圖讖言公孫，即宣帝也。代漢者當塗高，君豈高之身耶？王莽何足效乎！」則光武亦明知讖書之不足信矣。何以明知之而又深好之，豈以莽、述之讖書多偽，而光武所得者

獨真耶？……是當時所謂圖讖者，自夏賀良等實有占驗外，其餘類多穿鑿附會，以惑世而長亂。乃人主既信之，而士大夫亦多有留意其術者。朱浮自言：「臣幸得與講圖讖。」（《浮傳》）蘇竟與劉龔書曰：「孔子秘經，為漢赤制。元包幽室，文隱事明。火德承堯，雖昧必亮。」（《竟傳》）鄭康成戒子亦自言：「睹秘書緯術之奧。」（康成傳）所謂上有好者，下必有甚焉者也。范蔚宗曰：「世主以此論學，悲哉！」

　　章炳麟《太炎文錄》卷一《信史上》：儒有好今文者，謂章炳麟曰：玄聖沒矣，其意託之經。經不盡，故著微言於緯。不知緯，乃以經為記事。誠記事，遷、固憂為之，安用玄聖？且夫識五帝之蠱事者，誰乎？骨骼腐於三泉，方策蝕於蟫蠹。就有遺緒，遭秦火又毀壞，存者緵不可理。別欲實事求是者，當枊視地藏，得其遺跡，謂之石史，又無以六籍為也。章炳麟曰：諸微言者，眇萬物而為論，立意造端，異於恒眾，非捶其文，使不可句度；隱其詞，使不可解詁，若方士之為神符也。老、莊之書，此為微言矣，悉明白可籀讀。今秘書完具者，莫如《易緯》，文不可理，自餘類此者眾。鄭玄、宋均猶不能離其文曲也。有可解者，而皆傅會天官，旁掫形法，靈保之詞，委巷之辯，又不足當微言。且經籍毀於秦，何故緯書不見燔爇？其傳在漢，又近起哀、平間，無有授受，公執今文，以其有師法。今緯書者，誠田何、伏勝、申公、轅固、高堂生、胡毋子都所傳邪？誠傳其書，而遷、固皆不為錄，萊然獨起於哀、平之間。公以孔子所著授之大師，其以為左驗者云何？或曰：自周末已有秦讖。秦讖者，夢書之倫，本不傳六經。今之讖緯，即與秦讖異，實不可引援。假令緯書授之口耳，不在竹帛、觚槧之間，故秦火弗能燒。夫可以誦習者，非固韻語，則必語近易知者矣。《詩》有韻，《禮記》、《春秋傳》語近易知，故假唇舌以為書府，則積薪不能燎。《尚書》多三古舊言，而《禮經》節族繁碎，不為韻則詰詘而難誦，故殘餘者無幾何。今圖緯之難知，非直《尚書》也。其涉及星曆者，節族繁碎，非直《禮經》也。安得在口耳間乎？方士之為《道藏》，舊無其書，而今著錄則曰：自天府飛越以至，是故老墨之書盡於《諸子略》中，而漢、晉間方士復傳老子《玉策》、《左契》諸篇及墨子《枕中五行記》（皆見《抱朴子》）。公以老、墨微言在是邪？且固偽也。誠以《玉策》、《左契》、《枕中五行》為真，則緯書必自天府飛越以至矣。誠知《玉策》、《左契》、《枕中五行》之偽，顧且崇信緯書，斯可謂不知方類矣。公以經典非記事，又記事以起義也。欲張其義，故假設事類應之。即如是，公言《周官經》、《左氏春秋》悉劉歆作偽者，乃不足以誚歆也，等之造事，焉知劉歆不假以張義？以孔子聖人故可，劉歆非聖人故不可，聖與非聖，我與公又不能質也。以知來物，定聖名。顏回掇蕡，宰予晝寢，猶弗能踴知之，況百歲以下乎？自《春秋》記獲麟，而言經者多惑。輓世宋翔鳳輩稱述《論語》，各往往傅以奇邪，名字相似，不復理辭氣。吾非不能，固知其違也。誠令傅會二十一篇致之內事，猶不必如翔鳳破析文義。案《論語》言「有朋自遠方來」。朋者，古文鳳字，鳳皇出於東方君子之國，翱翔四海之外，過崑崙，飲砥柱，濯羽

弱水，莫宿風穴，故曰自遠方來。子曰：「鳳鳥不至，河不出圖，吾已矣！」夫推此以言，有鳳自遠方來，樂可知也。下學而上達，知我者其天乎？此則血書下魯端門，為其明效，故人不知而不慍也。舞雩者祀赤帝，與曾點之風，善樊須之問，皆係舞雩。此不為漢家赤精發乎？韶者舜樂，陳氏受之，王莽之宗也。聞之三月不知肉味，此不為新室代漢發乎？（下略）

緯候所言多近理，與經相表裏。本古聖賢遺書，而後人以怪誕之說纂入其中，遂令人不可信耳〔一〕。

【注釋】

〔一〕秦、漢以來，百家詭激之談，緯候怪誕之說，無一不依託先聖為重，龐雜蕪穢，害道滋深。學者愛博嗜奇，不能一一決擇也。簡此書削除偽妄，而取其精純，刊落瑣屑，而存其正大。其間字句異同，文義舛互，亦皆參訂斟酌，歸於一是。（《四庫全書總目》卷九二《先聖大訓提要》）自周、秦之間，讖緯雜出，一切詭異神怪之說，率託諸孔子，大抵誕謾不足信。（《四庫全書總目》卷五七《孔子編年提要》）讖緯之言，同不足徵。（《通典》卷一六三）

其醇者蓋始於孔氏，故鄭康成以為孔子所作，其駁者亦起於周末、戰國之時，何以知之？秦始皇時已有「亡秦者胡」〔一〕之讖，則讖緯由來已久矣。孟喜，漢初時人，而卦氣圖之用，本於《易緯》。司馬遷，武帝時人，而《史記》所載簡狄吞燕卵生契之事〔二〕，本於《尚書中候契握》。大毛公，亦漢初人也，《詩傳》所謂尊而君之，則稱皇天；元氣廣大，則稱昊天；仁覆閔下，則稱旻天，本於《尚書帝命驗》。伏生，秦時人也，所作《尚書大傳》言：「主春者，鳥昏中，可以種穀；主夏者，（大）〔火〕昏中，可以種黍。」本於《尚書考靈耀》〔三〕；所言夏以十三月為正，殷以十二月為正，周以十一月為正，本於《樂緯稽耀嘉》。翼奉，宣帝時人也，元帝初上封事，言《詩》有五際，本於《詩緯泛曆樞》，又《易通卦驗》云：「失之毫釐，謬以千里。」《中候摘洛戒》云：「周公踐祚。」《禮記・明堂位》引用其文。《春秋含漢孳》云：「三公，九卿，二十七大夫，八十一元士。」《禮記・王制》引用其文。由是觀之，秦、漢之間，以至昭、宣之世，已有其書，豈始於哀、平哉？秦、漢既引其文，故知其起於戰國也。《河圖括地象》言：「崑崙者，地之中，東南地方五千里，名曰神州。」〔四〕與鄒衍大九州之說合，則《括地象》之書或即鄒衍之徒〔五〕為之。此起於戰國之證也。至若「失之毫釐，謬以千里」〔六〕，其言最精。

【注釋】

〔一〕事見《史記》卷六。鄭玄曰：「胡，胡亥，秦二世名也。秦見圖書，不知此為人名，反備北胡。」

〔二〕《史記·殷本紀》云：「殷契母曰簡狄，有娀氏之女，為帝嚳次妃。三人行浴，見玄鳥墮其卵，簡狄取吞之，因孕，生契。契長而佐禹治水，有功，封於商，賜姓子氏。」《御覽》八十三引《尚書實》云：「鳥翔水，遺卵於流，娀簡拾吞，生契封商。」注：「玄鳥，燕也。翔水，徘徊於水上。娀，天也。簡，簡狄也，契母名。商，國名。《詩》云：『天命玄鳥，降而生商。』是也。」《禮記·月令》鄭注亦稱娀簡。《索隱》曰：有國名。其女簡狄吞燕卵而生契，故《詩》云「天命玄鳥，降而生商」，是也。應劭曰：「簡狄，有娀之女，吞燕卵而生契。」

〔三〕《史記正義》引《尚書考靈耀》云：「主春者，張昏中，可以種稷。主夏者，火昏中，可以種黍菽。主秋者，虛昏中，可以種麥。主冬者，昴昏中，可以收斂也。」天子視四星之中，知民緩急，故云敬授民時也。

〔四〕至於蔡沈《書集傳》所稱「周天三百六十五度四分度之一」，實《洛書甄耀度》、《尚書考靈耀》之文，「黑道二去黃道北，赤道二去黃道南，白道二去黃道西；青道二去黃道東」，實《河圖帝覽館》之文。朱子注《楚辭》，「崑崙者，地之中也，地下有八柱，互相牽制，名山大川，孔穴相通」，實（河圖括地象）之文。「三足烏；陽精也」，實《春秋元命包》之文。今按：以上四條皆朱彝尊《經義考》之說。

〔五〕其後戰國並爭，在於強國禽敵，救急解紛而已，豈遑念斯哉！是時獨有鄒衍，明於五德之傳，而散消息之分，以顯諸侯。《史記》卷二六）鄒衍、淳于髡之徒，類皆詠誕無實，不治而議。

〔六〕《易緯通卦驗》：「故正其本而萬物理、失之豪釐，差以千里。」《易緯坤靈圖》：「正其本，萬物理，差之豪釐，謬以千里，故君子必謹其始。」《文選·竟陵王行狀》注引《易緯乾鑿度》：「正其本而萬物理，失之豪釐，差之千里。」《後漢書·王充王符仲長統傳·論》注引《易緯》：「差以毫釐，失之千里。」則此為《易緯》之文。而《大戴禮記·禮察篇》：「《易》曰：『君子慎始，差若豪釐，謬之千里。』」（《小戴記·經解篇》同）賈誼《新書·胎教篇》：「《易》曰：『正其本，萬物理，失之豪釐，差之千里。』故君子慎始。」（《大戴禮記·保傅篇》同）《史記·太史公自序》：「故《易》曰：『失之豪釐，差以千里。』」

（《漢書·司馬遷傳》同）《漢書·東方朔傳》：「《易》曰：『正其本，萬事理，失之豪釐，差之千里。』」（《杜欽傳》引《易》曰：「正其本，萬物理。」《後漢書·范升傳》亦引《易》此文）（王利器：《新語校注》卷下，中華書局，1986年版）

又《孝經勾命決》言：「孔子曰：吾志在《春秋》，行在《孝經》。」《孝經援神契》言：「日者天之明，月者地之理。」皆有精義，足以羽翼經訓。又若《禮元命包》言：「天子五廟：二昭，二穆，以始祖而五。」與《喪服小記》「王者立四廟」相表裏。《春秋含文嘉》言：「天子射熊，諸侯射麋，大夫射虎、豹，士射鹿、豕。」〔一〕與鄉射《禮記》相表裏。

【注釋】

〔一〕天子射熊，熊者，巧猛之獸，候人之象，天子德盛，服巧猛之人。諸侯射麋，麋者，迷也，象臣有迷惑，其君當誅之。卿大夫射虎豹者，當為君御四方之難，示服猛害也。射鹿豕者，食人禾稼，士賤，為除害而已。（《通典》卷七七）

《禮稽命徵》言：「天子旗九仞十二旒，諸侯七仞九旒。」此類又足補禮經之缺，故知其始於孔氏也。《隋書·經籍志》云：「說者或謂孔子既敘六經，知後世不稽同其意，故別立緯及讖，以遺來世。其書出於前漢，《書·洪範》·孔《疏》：『緯候之書，不知誰作，通人討核，謂偽起哀、平，雖復前漢之末，始有此書，以前學者必相傳此說。』」然則謂讖緯起哀、平，孔沖遠亦不以為然矣。吾得斷之曰：讖緯創始於孔氏，增纂於戰國，盛行於哀、平，而其書實與經相表裏。學者取其瑜而棄其瑕，斯得矣。

經與子相表裏第二十

周秦諸子皆與經相出入〔一〕，如《管子》之治術，《司馬》之兵法〔二〕，《墨子》之引《書》〔三〕，《荀子》之傳《詩》〔四〕，皆得於經之古義，而讀者取其事實，可以補證經傳之簡略；知其旨歸，可以補證經傳之訛文、佚文；知其古訓古音，可以訂經傳音注之得失。

【注釋】

〔一〕清朱一新《無邪堂答問》卷二：劉中壘父子成《七略》一書，為後世校讎之祖。班《志》掇其精要，以著於篇。後惟鄭漁仲、章實齋能窺斯旨，商榷學

術，洞澈源流，不獨九流諸子各有精義，即詞賦、方技亦復小道可觀。目錄校讎之學所以可貴，非專以審訂文字異同為校讎也，而國朝諸儒則於此獨有偏勝，其風盛於乾嘉以後，其最精者若高郵王氏父子之於經。子者，經之緒餘，周秦諸子文字訓詁又多與經相出入，故王氏並治之，其訂《國策》、《史》、《漢》亦用此例。

〔二〕《四書箋義》論語卷一：《司馬法》之與《周禮》相表裏如此。

〔三〕《墨子》卷一：養儉也。故《夏書》曰：「禹七年水。」《殷書》曰：「湯五年旱。」詳見鄭傑文《中國墨學通史》（人民出版社 2006 年版）。

〔四〕《荀子·勸學篇第一》：《詩》曰：「嗟爾君子，無恒安息。靖共爾位，好是正直。神之聽之，介爾景福。」《詩·小雅·小明》之篇。靖，謀；介，助；景，大也。無恒安息，戒之不使懷安也，言能謀恭其位。好正直之道，則神聽而助之福。引此詩以喻勤學也。

即漢魏諸子亦然。蓋漢魏去古未遠，微言大義猶未絕於人間，故其義理雖純雜不一，而所以發明經義仍瑕不掩瑜，與唐以後所謂子部者大別。惟讀之宜以細心，務在先求訓詁，必使確實可解，勿徒空論其文，臆度其理，即如《莊子》寓言，多烏有、子虛之事，而其文字名物，仍鑿鑿可據。蓋凡古人著書，斷未有故令其語在可解未可解之間者。況天地間人情物理、猥瑣纖末之事，經史所不能盡者，子部無乎不有。其趣妙處，較之經史，尤易引人入勝。以經學家「實事求是」〔一〕之法讀之，斯其益無限。因取先秦以上傳記（子史及解經之書，古人通名傳記）真出古人之手，及漢魏著述中理者，約舉其名於後，俾學者知所趨焉。

【注釋】

〔一〕河間獻王德以孝景前二年立，修學好古，實事求是。師古曰：「務得事實，每求真是也。」（《漢書》卷五三）孫葆田故從武昌張裕釗受古文法，治經，實事求是，不薄宋儒。（《清史稿》卷四七九）臧琳治經以漢注唐疏為主，教人先以《爾雅》、《說文》，曰：「不解字，何以讀書？不通訓詁，何以明經？」鍵戶著述，世無知者。有《尚書集解》百二十卷，《經義雜記》三十卷。閻若璩稱其深明兩漢之學，錢大昕校定其書，云：「實事求是，別白精審，而未嘗輕詆前哲，斯真務實而不近名者。」（《清史稿》卷四八一）

三代古傳記，《國語》〔一〕、《國策》〔二〕、《大戴禮》〔三〕最要。

【注釋】

〔一〕《國語》出自何人，說者不一，然終以漢人所說為近古。所記之事與《左傳》
俱迄智伯之亡，時代亦復相合。中有與《左傳》未符者，猶《新序》、《說苑》
同出劉向，而時復牴牾。蓋古人著書，各據所見之舊文，疑以存疑，不似後人
輕改也。《漢志》作二十一篇，其諸家所注，《隋志》虞翻、唐固本皆二十一
卷，王肅本二十二卷，賈逵本二十卷，互有增減，蓋偶然分併，非有異同。惟
昭所注本，《隋志》作二十二卷，《唐志》作二十卷，而此本首尾完具，實二十
一卷，諸家所傳南北宋版，無不相同。知《隋志》誤一字，《唐志》脫一字也。
王充《論衡》云：「《國語》，《左氏》之外傳也。《左氏》傳經，詞語尚略，故
復選錄《國語》之詞以實之。」劉熙《釋名》亦云：「《國語》亦曰《外傳》。
《春秋》以魯為內，以諸國為外，外國所傳之事也。」考《國語》上包周穆
王，下暨魯悼公，與《春秋》時代首尾皆不相應，其事亦多與《春秋》無關，
繫之《春秋》，殊為不類。至書中明有《魯語》，而劉熙以為外國所傳，尤為舛
迕。附之於經，於義未允。《史通·六家》，《國語》居一，實古左史之遺。(《四
庫全書總目》卷五一《國語提要》)及孔子因魯史記而作《春秋》，而左丘明論
輯其本事是以為之傳，又纂異同為《國語》。(《漢書》卷六二)

〔二〕《漢·藝文志》，《戰國策》與《史記》為一類，歷代史志因之。晁公武《讀書
志》始改入子部縱橫家，《文獻通考》因之。班固稱司馬遷作《史記》，據左氏
《國語》，採《世本》、《戰國策》，述《楚漢春秋》，接其後事，迄於天漢。則
《戰國策》當為史類，更無疑義。且「子」之為名，本以稱人，因以稱其所
著，必為一家之言，乃當此目。《戰國策》乃劉向裒合諸記並為一編，作者既
非一人，又均不得其主名，所謂「子」者安指乎？公武改隸子部，是以記事之
書為立言之書，以雜編之書為一家之書，殊為未允。今仍歸之史部中。(《四庫
全書總目》卷五一《戰國策提要》)

〔三〕《大戴禮記》十三卷，漢戴德撰。《隋書·經籍志》曰：「《大戴禮記》十三卷，
漢信都王太傅戴德撰。《崇文總目》云：「《大戴禮記》十卷三十五篇，又一本
三十三篇。《中興書目》云：今所存止四十篇。晁公武《讀書志》云：「篇目自
三十九篇始，無四十三、四十四、四十五、六十一四篇，有兩七十四」。而韓
元吉、熊朋來、黃佐、吳澄並云兩七十三。陳振孫云兩七十二，蓋後人於《盛
德》第六十六別出《明堂》一篇為六十七。其餘篇第，或至《文王官人》第七
十一改為七十二，或至《諸侯遷廟》第七十二改為七十三，或至《諸侯釁廟》

第七十三改為七十四,故諸家所見不同。蓋有新析一篇,則與舊有之一篇篇數重出也。漢許慎《五經異義‧論明堂》稱《戴記禮說‧盛德記》即《明堂篇》語。《魏書‧李謐傳》、《隋書‧牛弘傳》俱稱《盛德篇》,或稱《泰山盛德記》,知析《盛德篇》為《明堂篇》者,出於隋、唐之後。又鄭康成《六藝論》曰:「《戴德傳記》八十五篇。」司馬貞曰:「《大戴禮》合八十五篇,其四十七篇亡,存三十八篇。」蓋《夏小正》一篇多別行,隋、唐間錄《大戴禮》者,或闕其篇,是以司馬貞云然。原書不別出《夏小正》篇,實闕四十六篇,存者宜為三十九篇。《中興書目》乃言存四十篇,則竄入《明堂篇》題,自宋人始矣。書中《夏小正》篇最古。其《諸侯遷廟》、《諸侯釁廟》、《投壺》、《公冠》皆禮古經遺文。又《藝文志》:「《曾子》十八篇,久逸。」是書猶存其十篇,自《立事》至《天圓篇》,題上悉冠以「曾子」者是也。(《四庫全書總目》卷二一《大戴禮記提要》)

《七經緯》,國朝人搜集,較《古微書》〔一〕為備。緯與緯異,乃三代儒者說經逸文,勿以耳食而議。

【注釋】

〔一〕《古微書》三十六卷,明孫瑴編。分為四部,總謂之《微書》。一曰《焚微》,輯秦以前逸書。一曰《線微》,輯漢晉間箋疏。一曰《闕微》,徵皇古七十二代之文。一曰《刪微》,即此書。今三書皆不傳,惟此編在,遂獨被「微書」之名,實其中之一種也。所採凡《尚書》十一種,《春秋》十六種,《易》八種,《禮》三種,《樂》三種,《詩》三種,《論語》四種,《考經》九種,《河圖》十種,《洛書》五種。以今所得完本校之,瑴不過粗存梗概。又唐瞿曇悉達《開元占經》,去隋未遠,所引諸緯,如《河圖聖洽符》、《孝經雌雄圖》之類,多者百餘條,少者數十條。瑴亦未睹其書,故多所遺漏。又摘伏勝《尚書大傳》中《洪範五行傳》一篇,指為神禹所作,尤屬杜撰。(《四庫全書總目》卷三三《古微書提要》)

其餘《山海經》〔一〕、《世本》〔二〕、《逸周書》〔三〕、《竹書紀年》〔四〕、《穆天子傳》〔五〕(上三書雖有假託,皆秦以前人所為)、《周髀》〔六〕、《素問》〔七〕、《司馬法》〔八〕之類,皆足為考證經義之用。

【注釋】

〔一〕《山海經》十八卷,劉秀校上奏稱為伯益所作。《山海經》之名,始見《史記‧

大宛傳》，司馬遷但云「《禹本紀》、《山海經》所有怪物，余不敢言」，而未言為何人所作。《列子》稱「大禹行而見之，伯益知而名之，夷堅聞而志之」，似乎即指此書，而不言其名《山海經》。王充《論衡·別通篇》曰：「禹主行水，益主記異物，海外山表，無所不至，以所見聞作《山海經》。」趙曄《吳越春秋》所說亦同。惟《隋書·經籍志》云：「蕭何得秦圖書，後又得《山海經》，相傳夏禹所記。」其文稍異，然似皆因《列子》之說推而衍之。觀書中載夏后啟、周文王及秦、漢「長沙」、「象郡」、「餘暨」、「下嶲」諸地名，斷不作於三代以上，殆周秦間人所述，而後來好異者又附益之歟？觀《楚詞·天問》多與相符，使古無是言，屈原何由杜撰？朱子《楚詞辯證》謂其反因《天問》而作，似乎不然。至王應麟《王會補傳》引朱子之言謂：「《山海經》記諸異物、飛走之類，多云東向，或曰東首，疑本因圖畫而作述之。古有此學，如《九歌》、《天問》，皆其類。」云云。則得其實矣。（《四庫全書總目》卷一四二《山海經提要》）

〔二〕《世本》十五篇。古史官記黃帝以來，迄春秋時諸侯大夫。《世本》多載事始，其書久佚。司馬遷據《左氏》、《國語》，採《世本》、《戰國策》，述《楚漢春秋》，接其後事，訖於大漢。（宋高似孫《史略》卷一）

〔三〕《逸周書》十卷，舊本題曰《汲冢周書》。司馬遷紀武王克商事，亦與此書相應。春秋時已有之。特戰國以後又輾轉附益，故其言駁雜耳。究厥本始，終為三代之遺文，不可廢也。（《四庫全書總目》卷五〇《逸周書提要》）朱右曾《逸周書集訓校釋序》亦云：「此書雖未必果出文、武、周、召之手，要亦非戰國秦漢人所能偽託。何者？莊生有言：聖人之法，以參為驗，以稽為決，一二三四是也。周室之初，箕子陳疇，《周官》分職，皆以數記，大致與此書相似。其證一也。《克殷篇》所敘，非親見者不能；《商誓》、《度邑》、《皇門》、《芮良夫》諸篇，大似今文《尚書》，非偽古文所能彷彿。其證二也。稱引是書者，荀息、狼曋、魏絳，皆在孔子前。其證三也。」

〔四〕《竹書紀年》二卷，案《晉書·束皙傳》晉太康二年，汲縣人發魏襄王冢，得古書七十五篇，中有《竹書紀年》十三篇，今世所行題沈約注，亦與《隋志》相符。顧炎武考證之學最為精覈，所作《日知錄》中，往往引以為據。然反覆推勘，似非汲冢原書。（《四庫全書總目》卷四七《竹書紀年提要》）

〔五〕《穆天子傳》六卷。《束皙傳》云：「太康二年，汲縣人不准，盜發魏襄王墓，得竹書《穆天子傳》五篇，又《雜書》十九篇，《周食田法》、《周書論楚事》、

《周穆王美人盛姬事》。」案：今盛姬事，載《穆天子傳》第六卷，蓋即《束哲傳》所謂《雜書》之一篇也。尋其文義，應歸此《傳》。《束哲傳》別出之，非也。此書「所紀」雖多，誇言寡實，然所謂「西王母」者，不過西方一國君；所謂「縣圃」者，不過飛鳥百獸之所餘食，為大荒之圃澤，無所謂神仙怪異之事；所謂「河宗氏」者，亦僅國名，無所謂魚龍變見之說。較《山海經》、《淮南子》猶為近實。《穆天子傳》舊皆入起居注類。徒以編年紀月，敘述西遊之事，體近乎起居注耳。實則恍惚無徵，又非《逸周書》之比。以為古書而存之可也，以為信史而錄之，則史體雜、史例破矣。今退置於小說家，義求其當，無庸以變古為嫌也。（《四庫全書總目》卷一四二《穆天子傳提要》）

〔六〕《隋書‧經籍志》天文類，首列《周髀》一卷，趙嬰注。古者九數惟《九章》、《周髀》二書流傳最古，訛誤亦特甚。然溯委窮源，得其端緒，固術數家之鴻寶也。（《四庫全書總目》卷一〇六《周髀算經提要》）

〔七〕《漢書‧藝文志》載《黃帝內經》十八篇，無《素問》之名。後漢張機《傷寒論》引之，始稱《素問》。晉皇甫謐《甲乙經序》稱《針經》九卷、《素問》九卷，皆為《內經》。與《漢志》十八篇之數合，則《素問》之名起於漢、晉間矣，故《隋書‧經籍志》始著錄也。（《四庫全書總目》卷一〇三《黃帝素問提要》）

〔八〕《司馬法》一卷，舊題齊司馬穰苴撰。今考《史記‧穰苴列傳》，稱齊威王使大夫追論古者《司馬兵法》，而附穰苴於其中，因號曰《司馬穰苴兵法》。然則是書乃齊國諸臣所追輯，隋、唐諸《志》皆以為穰苴之所自撰者，非也。《漢志》稱《軍禮司馬法》百五十五篇，陳師道以傳記所載《司馬法》之文，今書皆無之，疑非全書。然其言大抵據道依德，本仁祖義，三代軍政之遺規，猶藉存什一於千百，蓋其時去古未遠，先王舊典，未盡無徵。摭拾成編，亦漢文博士追述王制之類也。要其大旨，終為近正，與一切權謀、術數迥然別矣。（《四庫全書總目》卷九九《司馬法提要》）

周、秦間諸子《荀子》〔一〕、《管子》〔二〕、《呂氏春秋》〔三〕最要，《莊子》、《墨子》〔四〕之屬，理雖悠謬，可證經傳者甚多。

【注釋】

〔一〕（荀）卿之學源出孔門，在諸子之中最為近正，是其所長；主持太甚，詞義或至於過當，是其所短。韓愈「大醇」、「小疵」之說，要為定論，餘皆好惡之詞也。楊倞所注亦頗詳洽。（《四庫全書總目》卷九一《荀子提要》）

〔二〕劉恕《通鑑外紀》引《傅子》曰：「管仲之書，過半便是後之好事者所加，乃說管仲死後事，《輕重篇》尤復鄙俗。」葉適《水心集》亦曰：「《管子》非一人之筆，亦非一時之書，以其言毛嬙、西施、吳王好劍推之，當是春秋末年。」今考其文，大抵後人附會多於仲之本書。其他姑無論，即仲卒於桓公之前，而篇中處處稱桓公。其不出仲手，已無疑義矣。書中稱《經言》者九篇，稱《外言》者八篇，稱《內言》者九篇，稱《短語》者十九篇，稱《區言》者五篇，稱《雜篇》者十一篇，稱《管子解》者五篇，稱《管子輕重》者十九篇。意其中孰為手撰，孰為記其緒言如語錄之類，孰為述其逸事如家傳之類，孰為推其義旨如箋疏之類，當時必有分別。（《四庫全書總目》卷一〇一《管子提要》）

〔三〕《呂氏春秋》二十六卷，舊本題秦呂不韋撰。考《史記·文信侯列傳》，實其賓客之所集也。是書較諸子之言獨為醇正。大抵以儒為主，而參以道家、墨家，其持論頗為不苟。（四庫全書總目卷一一七《呂氏春秋提要》）

〔四〕《墨子》十五卷，舊本題宋墨翟撰。考《漢書·藝文志》，《墨子》七十一篇，注曰：「名翟，宋大夫」。《隋書·經籍志》亦曰：「宋大夫墨翟撰」。然其書中多稱「子墨子」，則門人之言，非所自著。（《四庫全書總目》卷一一七《墨子提要》）

此外，《老子》、《孫子》〔一〕、《晏子春秋》〔二〕、《列子》〔三〕、《文子》〔四〕、《吳子》〔五〕、《韓非子》〔六〕、《鶡冠子》〔七〕、《孔叢子》〔八〕、《楚辭》〔九〕（《楚辭》集類，以其可證經者多，故附此）皆善。

【注釋】

〔一〕《孫子》一卷，周孫武撰。武書為百代談兵之祖，葉適以其人不見於《左傳》，疑其書乃春秋末、戰國初山林處士之所為。然《史記》載闔閭謂武曰：「子之十三篇，吾盡觀之矣。」則確為武所自著，非後人嫁名於武也。（《四庫全書總目》卷九九）

〔二〕《晏子春秋》八卷，舊本題齊晏嬰撰。晁公武《讀書志》，嬰相景公，此書著其行事及諫諍之言。《崇文總目》謂後人採嬰行事為之，非嬰所撰。然則是書所記，乃唐人《魏徵諫錄》、《李絳論事集》之流，特失其編次者之姓名耳。題為嬰者，依託也。《晏子》一書，由後人摭其軼事為之。雖無傳記之名實傳記之祖也。（《四庫全書總目》卷五七）

〔三〕《列子》八卷，舊本題周列禦寇撰。今考第五卷《湯問》篇中，並有鄒衍吹律

事，不止魏牟、孔穿。其不出禦寇之手，更無疑義。然考《爾雅》疏引《尸子·廣澤》篇曰：「墨子貴兼，孟子貴公，皇子貴衷，田子貴均，列子貴虛，料子貴別囿。其學之相非也，數世矣而已，皆弇於私也。天、帝、皇、后、辟、公、弘、廓、宏、溥、介、純、夏、幠、冢、晊、昄，皆大也，十有餘名，而實一也。若使兼、公、虛、均、衷、平、易、別囿一實也，則無相非也。」云云。是當時實有列子，非莊周之寓名。（《四庫全書總目》卷一四六）

〔四〕《文子》二卷。《漢志》道家，《文子》九篇，注曰：「老子弟子，與孔子並時。而稱周平王問，似依託者也。」（《四庫全書總目》卷一四六）

〔五〕《吳子》一卷，周吳起撰。大抵皆尚有先王節制之遺。高似孫《子略》謂其尚禮義，明教訓，或有得於《司馬法》者。斯言允矣。（《四庫全書總目》卷九九）

〔六〕《韓子》二十卷，周韓非撰。疑非所著書本各自為篇，非歿之後，其徒收拾編次，以成一帙。故在韓、在秦之作，均為收錄。並其私記未完之稿，亦收入書中。名為非撰，實非非所手定也。（《四庫全書總目》卷一〇一）

〔七〕《鶡冠子》三卷。其說雖雜刑名，而大旨本原於道德，其文亦博辨宏肆。自六謂至唐，劉勰最號知文，而韓愈最號知道，二子稱之。宗元乃以為鄙淺，過矣。（《四庫全書總目》卷一一七）

〔八〕《孔叢子》三卷，舊本題曰孔鮒撰，所載仲尼而下子上、子高、子順之言行凡二十一篇。《朱子語類》謂：「《孔叢子》文氣軟弱，不似西漢文字。」蓋其後人集先世遺文而成之者。陳振孫《書錄題解》亦謂：「案《孔光傳》，孔子八世孫鮒，魏相順之子，為陳涉博士，死陳下，則固不得為漢人，而其書記鮒之沒，則又安得以為鮒撰？」其說當矣。（《四庫全書總目》卷九一）

〔九〕《楚辭》者，屈原之所作也。自周室衰亂，詩人浸息，讒佞之道興，諷刺之辭廢。楚有賢臣屈原，被讒放逐，乃著《離騷》八篇，言己離別愁思，申抒其心，自明無罪，因以諷諫，冀君覺悟，卒不省察，遂赴汨羅，死焉。弟子宋玉痛惜其師，傷而和之。其後，賈誼、東方朔、劉向、揚雄，嘉其文采，擬之而作。蓋以原楚人也，謂之「楚辭」。然其氣質高麗，雅致清遠，後之文人，咸不能逮。始漢武帝命淮南王為之章句，旦受詔，食時而奏之。其書今亡。後漢校書郎王逸，集屈原已下迄於劉向，逸文自為一篇，並敘而注之，今行於世。隋時有釋道騫，善讀之，能為楚聲，音韻清切。至今傳《楚辭》者，皆祖騫公之音。（《隋書·經籍志》）《隋志》集部以「楚辭」別為一門，歷代因之。蓋漢、

魏以下，賦體既變，無全集皆作此體者，他集不與《楚辭》類，《楚辭》亦不與他集類，體例既異，理不得不分著也。（《四庫全書總目‧楚辭類序》）

至於《尸子》、《商子》、《尹文子》、《關尹子》、《燕丹子》，近人均有採集校本，其餘子部尚繁，或偽作，或佚無幾，不錄。

【注釋】

〔一〕《尸子》一卷，尸佼撰。

〔二〕《商子》五卷，衛公孫鞅撰。鞅封於商，號商君。故《漢志》稱《商君》二十九篇。《三國志‧先主傳注》亦稱《商君書》。其稱《商子》，則自《隋志》始也。殆法家者流掇鞅餘論，以成是編，猶管子卒於齊桓公前，而書中屢稱「桓公」耳。諸子之書如是者多。（《四庫全書總目》卷一〇一）

〔三〕《尹文子》一卷，周尹文撰。其書本名家者流。大旨指陳治道，欲自處於虛靜，而萬事萬物則一一綜覈其實故其。言出入於黃、老、申、韓之間。《周氏涉筆》謂其「自道以至名，自名以至法」，蓋得其真。晁公武《讀書志》以為誦法仲尼，其言誠過，宜為高似孫《緯略》所譏。然似孫以儒理繩之，謂其淆雜，亦為未允。百氏爭鳴，九流並列，各尊所聞，各行所知，自老莊以下，均自為一家之言。讀其文者，取其博辨閎肆足矣，安能限以一格哉！（《四庫全書總目》卷一一七）

〔四〕《關尹子》一卷，舊本題周尹喜撰。考《漢志》有《關尹子》九篇，劉向《列仙傳》作《關令子》，而《隋志》、《唐志》皆不著錄，則其佚久矣。南宋時徐蒇子禮始得本於永嘉孫定家。前有劉向校定序，後有葛洪序，稱蓋公授曹參。參薨，書葬。孝武帝時，有方士來上，淮南王秘而不出。向父德，治淮南王事，得之。其說頗誕，與《漢書》所載得《淮南鴻寶秘書》言作黃金事者不同，疑即假藉此事以附會之。故宋濂《諸子辨》以為文既與向不類，事亦無據，疑即定之所為。然定為南宋人，而《墨莊漫錄》載黃庭堅詩「尋師訪道魚千里」句，已稱用《關尹子》語，則其書未必出於宋，或唐、五代間方士解文章者所為也。（《四庫全書總目》卷一四六）

〔五〕《燕丹子》三卷，所載皆燕太子丹事。《漢志》法家有《燕十事》十篇，注曰「不知作者」，雜家有《荊軻論》五篇，注曰「司馬相如等論荊軻事」，無《燕丹子》之名。至《隋書‧經籍志》始著錄於小說家，是其書在唐以前。（《四庫全書總目》卷一四三）

　　漢至隋說經之書，許氏《五經異義》〔一〕、鄭氏《駁異義》〔二〕、陸氏《經典釋文》〔三〕為要，《注家得失篇》已舉之矣。

【注釋】

〔一〕《五經異義》十卷，東漢許慎撰。涉及昏冠、聘問、錫命、喪祭、明堂、社稷、爭役、田稅、器物、樂舞等。嗣後鄭玄對許慎《五經異義》提出辯難，撰《駁五經異義》一書。然自隋、唐以來，許書失傳，後雖多有輯佚者，僅存百餘篇。清儒陳壽祺取王復本、莊述祖本、錢大昭本、孔廣森本參訂，其中篇題可考見者有二十五事，有順序者《田稅》第五、《天號》第六、《爵制》第八，依次排列，其他無篇次者則以類相從，略具梗概。又採諸經義疏、諸史志傳、《說文》、《通志》及其他與許、鄭相互發明者，以資稽核，附以己意，加「蒙案」二字，疏通證明，加以解說，成《疏證》三卷。自唐儒作《五經正義》，專主鄭說，而許義漸晦，然其詳析異同，旨趣所在多可考見。陳氏輯本較之於他本，實屬較優之本，經其疏證，許書幾將恢復原狀。此書有嘉慶十八年三山陳氏家刻本、《皇清經解》本。點校本以陳氏家刻本為底本，以《清經解》本為通校本。

〔二〕《駁五經異義》一卷《補遺》一卷，漢鄭玄所駁許慎《五經異義》之文。《舊唐書·經籍志》：「《五經異義》十卷，許慎撰，鄭玄駁。」《新唐書·藝文志》並同，蓋鄭氏所駁之文即附見於許氏原本之內，非別為一書，故史志所載亦互有詳略。至《宋史·藝文志》遂無此書之名，則自唐以來失傳久矣。學者所見《異義》僅出於《初學記》、《通典》、《太平御覽》諸書所引，而鄭氏駁義則自《三禮正義》而外所存亦復寥寥。此本從諸書採綴而成，或題宋王應麟編，然無確據。其間有單詞隻句，「駁」存而「義」闕者，原本錯雜相參，頗失條理，今詳加釐正，以「義」、「駁」兩全者匯列於前，其僅存駁義者，則附錄以備參考。（《四庫全書總目》卷三三）

〔三〕《經典釋文》三十卷，唐陸德明撰。首為《序錄》一卷，次《周易》一卷，《古文尚書》二卷，《毛詩》三卷，《周禮》二卷，《儀禮》一卷，《禮記》四卷，《春秋左氏》六卷，《公羊》一卷，《穀梁》一卷，《孝經》一卷，《論語》一卷，《老子》一卷，《莊子》三卷，《爾雅》二卷。所採漢魏六朝音切凡二百三十餘家，又兼載諸儒之訓詁，證各本之異同，後來得以考見古義者，注疏以外，惟賴此書之存。真所謂殘膏剩馥，沾溉無窮者也。（《四庫全書總目》卷三三）

其餘善者：《乾鑿度》鄭注，《尚書大傳》〔一〕，《韓詩外傳》〔二〕，《春秋繁露》〔三〕，《白虎通》〔四〕，《春秋釋例》〔五〕，陸璣《詩疏》〔六〕，皇侃《論語疏》〔七〕，李氏《周易集解》〔八〕，虞氏《易注》〔九〕，鄭氏《易注》〔十〕，荀氏《九家易注》，《尚書》馬、鄭注，《左傳》服虔注，蔡邕《明堂月令章句》〔十一〕，鄭氏《箴膏肓》、《發墨守》、《起廢疾》〔十二〕，《毛鄭異同評》，劉炫《規杜》之屬。

【注釋】

〔一〕《尚書大傳》四卷，舊本題漢伏勝撰。《尚書大傳》於經文之外掇拾遺文，推衍旁義，蓋即古之緯書，諸史著錄於《尚書》家，究與訓詁諸書不從其類。（《四庫全書總目》卷十二）

〔二〕《韓詩外傳》十卷，漢韓嬰撰。王世貞稱《外傳》引詩以證事，非引事以明詩，其說至確。今《內傳》解詩之說已亡，則《外傳》已無關於詩義。（《四庫全書總目》卷十六）

〔三〕《春秋繁露》十七卷，漢董仲舒撰。《春秋繁露》雖頗本《春秋》以立論，而無關經義者多，實《尚書大傳》、《詩外傳》之類，向來列之經解中，非其實也。（《四庫全書總目》卷二九）

〔四〕《白虎通義》四卷，漢班固撰。建初中，大會諸儒於白虎觀，考詳同異，連月乃罷，肅宗親臨稱制，如石渠故事。顧命史臣著為《通義》。（《四庫全書總目》卷一一八）

〔五〕《春秋釋例》十五卷，晉杜預撰。是書以經之條貫必出於傳，傳之義例歸總於「凡」，《左傳》稱「凡者五十，其別四十有九，皆周公之垂法，史書之舊章，仲尼因而修之，以成一經之通體。諸稱「書」、「不書」、「先書」、「故書」、「不言」、「不稱」、「書曰」之類，皆所以起新舊，發大義，謂之變例。亦有舊史所不書，適合仲尼之意者，仲尼即以為義。非互相比較，則褒貶不明，故別集諸例及地名、譜第、曆數相與為部。先列經傳數條，以包通其餘，而傳所述之「凡」繫焉，更以己意申之，名曰《釋例》，地名本之泰始郡國圖，《世族譜》本之劉向《世本》，與《集解》一經一緯，相為表裏。《春秋》以《左傳》為根本，《左傳》以杜《解》為門徑，《集解》又以是書為羽翼。緣是以求筆削之旨，亦可云考古之津梁，窮經之淵藪矣。（《四庫全書總目》卷二六）

〔六〕《毛詩草木鳥獸蟲魚疏》二卷，吳陸璣撰。蟲魚草木，今昔異名，年代迢遙，傳疑彌甚。璣去古未遠，所言猶不甚失真，《詩正義》全用其說；陳啟源作《毛

詩稽古編》，其駁正諸家，亦多以璣說為據。講多識之學者，固當以此為最古焉。（《四庫全書總目》卷十五）

〔七〕《論語疏》十卷，皇侃撰。《國史志》稱侃疏雖時有鄙近，然博極群言，補諸書之未至，為後學所宗。（《四庫全書總目》卷三五）

〔八〕《周易集解》十七卷，唐李鼎祚撰。其書仍用王弼本，惟以《序卦傳》散綴六十四卦之首，蓋用《毛詩》分冠《小序》之例。所採凡子夏、孟喜、焦贛、京房、馬融、荀爽、鄭玄、劉表、何晏、宋衷、虞翻、陸績、干寶、王肅、王弼、姚信、王廙、張璠、向秀、王凱沖、侯果、蜀才、翟元、韓康伯、劉瓛、何妥、崔憬、沈驎士、盧氏、崔覲、伏曼容、孔穎達、姚規、朱仰之、蔡景君等三十五家之說。自序謂：「刊輔嗣之野文，補康成之逸象。」蓋王學既盛，漢《易》遂亡，千百年後，學者得考見畫卦之本旨者，惟賴此書之存耳，是真可寶之古笈也。（《四庫全書總目》卷一）

〔九〕《周易》九卷，吳侍御史虞翻注。張惠言著有《周易虞氏義》、《虞氏消息》，序曰：「自漢武帝時，劉向校書，考《易》說，以為諸《易》家皆祖田何、楊叔、丁將軍，大義略同，惟京氏為異。而孟喜受《易》家陰陽，其說《易》本於氣，而後以人事明之。八卦六十四象，四正七十二候，變通消息，諸儒祖述之，莫能具。當漢之季年，扶風馬融作《易傳》，授鄭康成作《易注》。而荊州牧劉表、會稽太守王朗、潁川荀爽、南陽宋忠皆以《易》名家，各有所述，唯翻傳孟氏學，既作《易注》，奏上之獻帝。翻之言《易》，以陰陽消息六爻，發揮旁通升降上下，歸於乾元用九而天下治。依物取類，貫穿比附，始若瑣碎，及其沉深解剝，離根散葉，暢茂條理，遂於大道，後儒罕能通之。自魏王弼以虛空之言解《易》，唐立之學官，而漢世諸儒之說微，獨資州李鼎祚作《周易集解》，頗採古《易》家言，而翻注為多。其後古書盡亡，而宋道士陳摶以意造為《龍圖》，其徒劉牧以為《易》之《河圖》、《洛書》也，河南邵雍又為先天、後天之圖，宋之說《易》者翕然宗之，以至於今，牢不可拔，而《易》陰陽之大義，蓋盡晦矣。大清有天下元和徵士惠棟，始考古義孟、京、荀、鄭、虞氏，作《易漢學》，又自為辭釋，曰《周易述》。然掇拾於亡廢之後，左右採獲，十無二三，其所述大氐宗禰虞氏，而未能盡通，則旁徵他說以合之。蓋從唐、五代、宋、元、明朽壞散乳千有餘年，區區修補收拾，欲一旦而其道復明，斯固難也。翻之學既邃，又具見馬、鄭、荀、宋氏書，考其是否，故其義為精。又古書亡，而漢、魏師說可見者十餘家，然唯鄭、荀、虞三家略有

梗概可指說，而虞尤較備。然則求七十子之微言，田何、楊叔、丁將軍之傳者，捨虞氏之注，其何所自焉？故求其條貫，明其統例，釋其疑滯，信其亡闕，為《虞氏義》九卷，又表其大旨，為《消息》二卷。」（《清史稿》卷四八二）

〔十〕《隋志》載鄭玄《周易注》九卷，又稱：「鄭玄、王弼二注，梁、陳列於國學，齊代惟傳鄭義，至隋，王注盛行，鄭學寖微。」然《新唐書》著錄十卷，是唐時其書猶在，故李鼎祚《集解》多引之。宋《崇文總目》惟載一卷，所存者僅《文言》、《序卦》、《說卦》、《雜卦》四篇，餘皆散佚，至《中興書目》始不著錄，則亡於南北宋之間，故晁說之、朱震尚能見其遺文，而淳熙以後諸儒即罕所稱引也。應麟始旁摭諸書，裒為此帙（《周易鄭康成注》），惠棟別有考訂之本（《新本鄭氏周易》三卷），體例較密。（《四庫全書總目》卷一）

〔十一〕《月令章句》十二卷，漢左中郎將蔡邕撰。按：原書已佚，馬國翰輯《月令章句》一卷，《月令問答》一卷，臧庸撰《蔡氏月令章句》一卷。

〔十二〕《箴膏肓》一卷《起廢疾》一卷《發墨守》一卷，漢鄭玄撰。《後漢書》鄭玄本傳稱：「任城何休好公羊學，遂著《公羊墨守》、《左氏膏肓》、《穀梁廢疾》，玄乃發《墨守》，針《膏肓》，起《廢疾》。休見而歎曰：『康成入吾室，操吾矛，以伐我乎！』」（《四庫全書總目》卷二六）

《漢魏遺書》〔一〕、《古經解匯函》〔二〕、《古經解鉤沈》〔三〕等書或原部收入，或原書亡佚，各家從他書中輯出，亦備存焉。

【注釋】

〔一〕《漢魏遺書》，王謨輯。謨字仁圃，江西金溪人。乾隆丁酉（1777）進士，授知縣，自乞教職，選建昌府教授。輯《漢魏遺書》五百餘種，撰《江西考古錄》、《豫章十代文獻》等書。《漢魏遺書》收入《續修四庫全書》。

〔二〕《古經解匯函》二十三種一百二十六卷，清錢謙鈞編。謙鈞字雲卿，湖南巴陵（今岳陽）人。錢謙鈞序曰：「《十三經注疏》之外，凡唐以前經部書傳至今日者，皆經學不可無之書也。勞文毅公督粵時嘗欲匯刻為一編，會去官，其事遂寢。近者謙鈞重刻《十三經注疏》、《通志堂經解》，乃後理前說，恭閱《四庫全書總目》，自《十三經注疏》之外，凡經部著錄唐以前之書盡刻之，惟《提要》定為偽作者不刻，《通志堂》已刻者不刻，近儒有注釋刻入《皇清經解》者不刻，《易緯》八種提要有謂雜取各緯，分析而成者，究其與後人偽撰者不同，故皆刻之。《皇清經解》有段氏《說文注》，然段氏多增改正文，今仍刻二

徐本。又有王氏《廣雅疏證》，而未刻曹憲音，今仍刻有音之本。《廣韻》雖宋時重修，猶題陸法言撰本，故亦刻之也。凡今所刻諸書，昔人刻本不一，今擇善本校而刻之。刻成，題曰《古經解匯函》，附《小學匯函》。大凡三十七種。」今按：此書抉擇不精，刻亦未善。

〔三〕《古經解鉤沈》三十卷，余蕭客撰。是編採錄唐以前諸儒訓詁。首為《敘錄》一卷，次《周易》一卷，《尚書》三卷，《毛詩》二卷，《周禮》一卷，《儀禮》二卷，《禮記》四卷，《左傳》七卷，《公羊傳》一卷，《穀梁傳》一卷，《孝經》一卷，《論語》一卷，《孟子》二卷，《爾雅》三卷，共三十卷。而《敘錄》、《周易》、《左傳》均各分一子卷，實三十三卷也。其《敘錄》備述先儒名氏、爵里及所著義訓，其書尚存者不載，或名存而其說不傳者亦不載，餘則自諸家經解所引，旁及史傳類書，凡唐以前之舊說，有片語單詞可考者，悉著其目。雖有人名而無書名，有書名而無人名者，亦皆登載。又以傳從經，鉤稽排比，一一各著其所出之書。（《四庫全書總目》卷三三）

漢至隋小學之書，《說文》〔一〕、《玉篇》〔二〕、《廣雅》〔三〕、《廣韻》〔四〕最要，而《急就篇》〔五〕、《方言》〔六〕、《釋名》〔七〕、《字林》〔八〕四書亦善。《字林》久佚，近人任大椿搜集成書，名《字林考逸》。《廣韻》即陸法言《切韻》，略有增修，故列入。隋（此）〔以〕下，唐人《一切經音義》為勝（東洋刻本）。其餘《汗簡》〔九〕、《集韻》〔十〕、《韻補》〔十一〕、《韻會》〔十二〕、薛尚功《鐘鼎款識》〔十三〕之屬，亦資考證，但少緩耳。《倉頡》〔十四〕、《凡將》諸書久亡，任大椿搜集之，名《小學鉤沈》〔十五〕，與《小學匯函》皆宜讀。

【注釋】

〔一〕《說文解字》三十卷，漢許慎撰。凡十四篇，合目錄一篇為十五篇，分五百四十部，為文九千三百五十三，重文一千一百六十三，說解文字共十三萬三千四百四十字。據形系聯，分部類從，推究六書之義，較為精密。

〔二〕《玉篇》三十卷，南朝梁顧野王撰。成書於梁大同九年（543）。此書有原本與今本之別，原本是指清光緒年間，黎庶昌出使日本時所發現的唐代抄本散卷，和羅振玉在日本所發現的《玉篇》殘卷，黎本收入《古逸叢書》中，題為「影舊鈔卷子原本藍篇零卷」，羅本題為「卷子本玉篇殘卷」。今本是指宋代大中祥符六年（1013）陳彭年等奉敕重修的《大廣益會玉篇》，現有清張士俊澤存堂和曹寅揚州詩局所刻汲古閣藏宋刊本，以及《四部叢刊》影印建德周氏所藏元刊本。此書主要特點有三：以楷書漢字為收字對象；改革傳統的部首系

統；注音以反切為主、偶用直音。

〔三〕《廣雅》十卷，魏張揖撰。其書因《爾雅》舊目，博採漢儒箋注及《三蒼》、《說文》諸書，以增廣之，於揚雄《方言》亦備載無遺。隋秘書學士曹憲為之音釋，避煬帝諱，改名《博雅》。

〔四〕《廣韻》五卷，不著撰人名氏。書成於隋仁壽元年（601）。唐儀鳳二年（677），長孫訥言為之注。後郭知元、關亮、薛峋、王仁昫、祝尚丘遞有增加。天寶十年（752），陳州司法孫愐重為刊定，改名《唐韻》。後嚴寶文、裴務齊、陳道固又各有添字。宋景德四年（1007），以舊本偏旁差訛，傳寫漏落，注解未備，朝廷乃命陳彭年、丘雍等重修。大中祥符四年（1011），書成，賜名《大宋重修廣韻》。其書二百六韻，仍陸氏之舊，所收凡 26194 字，較陸法言《切韻》增加 14036 字，注文 191692 字，亦較陸書為詳。《廣韻》是上溯漢語上古音、下推漢語近代音之必經橋樑。

〔五〕《急就章》四卷，漢史游撰。《漢書·藝文志》注稱游為元帝時黃門令，蓋宦官也，其始末則不可考矣。是書《漢志》但作《急就》一篇，而小學類末之敘錄，則稱史游作《急就篇》。故晉夏侯湛抵疑，稱鄉曲之徒，一介之士，曾諷《急就》，通甲子。《北齊書》稱：「李鉉九歲入學，書《急就篇》。」或有篇字，或無篇字，初無一定。（《四庫全書總目》卷四一）

〔六〕《方言》十三卷，西漢揚雄撰，晉郭璞注。全名《輶軒使者絕代語釋別國方言》，一名《揚子方言》，又名《別國方言》，略稱《方言》。原本十五卷，隋以後傳本十三卷，約成書於西漢末年。揚雄親自向各地來京城之士人兵卒調查、記錄，歷經二十七年，始成此書。

〔七〕《釋名》八卷，漢劉熙撰。成書於東漢末年，有畢沅《釋名疏證》本和《四庫全書》本等。《釋名》是探究漢語語源之作。全書分為二十七篇，即卷一《釋天》、《釋地》、《釋山》、《釋水》、《釋丘》、《釋道》，卷二《釋州國》、《釋形體》，卷三《釋姿容》、《釋長幼》、《釋親屬》，卷四《釋言語》、《釋飲食》、《釋彩帛》、《釋首飾》，卷五《釋衣服》、《釋宮室》，卷六《釋床帳》、《釋書契》、《釋典藝》，卷七《釋用器》、《釋樂器》、《釋兵》、《釋車》、《釋船》，卷八《釋疾病》、《釋喪制》，共 1502 條。釋義方式主要是聲訓。

〔八〕《字林》六卷，呂忱撰。《法書要錄》載後魏江式《論書表》曰：「晉世義陽王典祠，令任城呂忱表上《字林》六卷。尋其況趣，附託許慎《說文》，而按偶章句，隱別古籀奇惑之字。文得正隸，不差篆意。」則忱書並不用古籀，亦有

顯證。其書今不傳，有《字林考逸》八卷，《補》一卷（任大椿原輯，陶方琦補輯）。

〔九〕《汗簡》三卷，宋郭忠恕撰。其分部從《說文》之舊，所徵引古文凡七十一家。前列其目，字下各分注之。時王球、呂大臨、薛尚功之書皆未出，故鐘鼎闕焉。其分隸諸字即用古文之偏旁，與後人以真書分部、案韻系字者不同。然古文部類，不能盡繩以隸楷，猶之隸楷轉變，不能盡繩以古文。舒之所疑，蓋不足為累。且所徵七十一家存於今者，不及二十分之一。（《四庫全書總目》卷四一）

〔十〕《集韻》十卷，舊本題宋丁度等奉敕撰。成書於宋寶元二年（1039）。其書凡平聲四卷，上聲、去聲、入聲各二卷。共五萬三千五百二十五字，視《廣韻》增二萬七千三百三十一字。本書在歷史上的地位遠不如《廣韻》，因其卷帙繁重，難於流行，同時《禮部韻略》又取而代之。《集韻》之價值有四：第一，收字最多；第二，注釋可靠；第三，修訂反切；第四，記錄大量又音。

〔十一〕《韻補》五卷，宋吳棫撰。蓋棫音《詩》，音《楚辭》皆據其本文，推求古讀，尚能互相比較，粗得大凡，故朱子有取焉。此書則泛取旁搜，無所持擇。所引書五十種中，下逮歐陽修、蘇軾、蘇轍諸作與張商英之偽《三墳》，旁及《黃庭經》、《道藏》諸歌，故參錯冗雜，漫無體例。然自宋以來，著一書以明古音者，實自棫始。而程迥之《音式》繼之。迥書以三聲通用、雙聲互轉為說，所見較棫差的，今已不傳。（《四庫全書總目》卷四二）

〔十二〕《古今韻會》三十卷，元黃公紹撰。分 107 部，原書已佚。元至元二十九年（1292）音韻訓詁學家黃公紹編成《古今韻會》一書。此書收集資料極為豐富，然卷帙過於浩繁，不便覽觀流傳。熊忠於是刪繁就簡，補收缺遺，編成《古今韻會舉要》一書。此書共三十卷，收字 9590 字，加上《禮韻續降》、《禮韻補遺》的 244 字，毛晃《增修互注禮部韻略》所增的 2142 字，以及熊氏自增的 676 字。書中首載《凡例》，包括「韻例」、「音例」、「字例」和「義例」。

〔十三〕《歷代鐘鼎彝器款識法帖》二十卷，宋薛尚功撰。尚功嗜古好奇，又深通篆籀之學，能集諸家所長，而比其同異，頗有訂訛刊誤之功，非鈔撮蹈襲者比也。（《四庫全書總目》卷四二）

〔十四〕《倉頡篇》三卷，《續》一卷，《補》二卷。孫星衍原輯，任大椿續輯，陶方琦補輯。

〔十五〕《小學鉤沉》十八卷，任大椿輯。

　　漢後隋前傳記諸子，《新序》〔一〕、《說苑》〔二〕、《列女傳》〔三〕、《水經注》〔四〕最要，而《吳越春秋》〔五〕、《越絕書》〔六〕、《家語》〔七〕（王肅所集，故列此）、《漢官六種》〔八〕、《三輔黃圖》〔九〕、《華陽國志》〔十〕、《淮南子》〔十一〕、《法言》〔十二〕、《鹽鐵論》〔十三〕、《新論》〔十四〕、《潛夫論》〔十五〕、《論衡》〔十六〕、《獨斷》〔十七〕、《風俗通》〔十八〕、《申鑒》〔十九〕、《齊民要術》〔二十〕、文中子《中說》〔二一〕、《顏氏家訓》〔二二〕、《九章算術》〔二三〕皆宜讀。

【注釋】

〔一〕《新序》十卷，漢劉向撰。推明古訓，在諸子中猶不失為儒者之言也。(《四庫全書總目》卷九一）

〔二〕《說苑》二十卷，漢劉向撰。以君道、臣術、建本、立節、貴德、復恩、政理、尊賢、正諫、法誡、善說、奉使、權謀、至公、指武、談叢、雜言、辨物、修文為目，其議論醇正，不愧儒宗。(《四庫全書總目》卷九一）

〔三〕《古列女傳》七卷，漢劉向撰。分母儀、賢明、仁智、貞順、節義、辯通、孽嬖。西漢時期，外戚勢力強大。劉向認為「王教由內及外，自近者始」，故撰成此書，以勸諫皇帝、嬪妃及外戚。

〔四〕《水經注》四十卷，後魏酈道元撰。

〔五〕《吳越春秋》十卷，漢趙曄撰。

〔六〕《越絕書》十五卷，不著撰人名氏。其文縱橫曼衍，與《吳越春秋》相類，而博麗奧衍則過之，中如計倪、內經、軍氣之類，多雜術數家言，皆漢人專門之學，非後來所能依託也。(《四庫全書總目》卷六六）

〔七〕《孔子家語》十卷，魏王肅注。是書王肅自序云：「鄭氏學行五十載矣，義理不安，違錯者多，是以奪而易之。孔子二十二世孫有孔猛者，家有其先人之書，昔相從學，頃還家方取以來，與予所論，有若重規疊矩。」是此本自王肅始傳。考《漢書·藝文志》，有《孔子家語》二十七卷，顏師古注云：「非今所有《家語》。」

〔八〕清孫星衍輯《漢官六種》：(1)《漢官》一卷，作者及成書年代亦不詳。《隋志》作五卷，宋時僅存一卷，旋即亡缺。今所見佚文唯存《續漢書·百官志》注中，內容側重於公卿員吏人數及品秩，並附記諸郡郡治距京師里程數。(2)《漢官解詁》一卷。原名《小學漢官篇》，凡三篇，建武年間新汲令王隆撰。其書為蒙書，略道公卿內外之職，旁及四夷，博物條暢，多所發明。東漢中後期重臣胡廣深諳官制儀式，為其作注。(3)《漢舊儀》二卷《補遺》二卷。原

書四卷，東漢議郎衛宏撰。此書涉及官制、禮制（如籍田、宗廟、春桑、酎、祭天等禮儀），隋唐史志多將其列入儀注類。因其所載官制較詳備，故自《直齋書錄解題》始，稱其書為《漢官舊儀》。（4）《漢官儀》二卷。原為十卷，東漢軍謀校尉應劭撰。時獻帝遷都於許，舊章湮滅，書記罕存，應劭於是綴集舊聞，而作此書。漢官諸書中，此作最為系統，佚文史料價值亦最高。（5）《漢官典職儀式選用》一卷。簡稱《漢官典職》，或《漢官典儀》。原為二卷，東漢衛尉蔡質撰。雜記官制及上書謁見儀式。（6）《漢儀》一卷，吳大史令丁孚撰。較他書簡略，流傳不廣，鮮為人知。

〔九〕《三輔黃圖》六卷，不著撰人名氏。唐肅宗以後人作。其書皆記長安古蹟，間及周代靈臺、靈囿諸事，然以漢為主。亦間及河間日華宮、梁曜華宮諸事，而以京師為主。故稱《三輔黃圖》。所紀宮殿苑囿之制，條分縷析，至為詳備，考古者恒所取資。（《四庫全書總目》卷六八）

〔十〕《華陽國志》十二卷，常璩撰。全書分為兩大部分，前四卷《巴志》、《漢中志》、《蜀志》、《南中志》為地理之部，所涉及的疆域，北起今陝甘南部，南到今滇南和滇西南邊境，西起今川西地區，東至長江三峽地區。後九卷記載西南地區重大歷史事件和人物，起遠古蠶叢、魚鳧之傳說時期，迄於東晉咸康五年。任乃強有《華陽國志校補圖注》。

〔十一〕《淮南子》二十一卷，漢淮南王劉安撰。

〔十二〕《法言》十卷，漢揚雄撰，宋司馬光集注。蓋當時甚重雄書也。自程子始謂其曼衍而無斷，優柔而不決。蘇軾始謂其以艱深之詞，文淺易之說。至朱子作《通鑒綱目》，始書「莽大夫揚雄死」，雄之人品、著作，遂皆為儒者所輕。

〔十三〕《鹽鐵論》十二卷，漢桓寬撰。所論皆食貨之事，而言皆述先王，稱六經，故諸史皆列之儒家。（《四庫全書總目》卷九一）

〔十四〕《桓子新論》十七卷，後漢六安丞桓譚撰。桓譚著書言當世行事二十九篇，號曰《新論》，上書獻之，世祖善焉。（《後漢書》卷二八上）

〔十五〕《潛夫論》十卷，漢王符撰。卷首《贊學》一篇，論勵志勤修之旨。卷末《五德志篇》，述帝王之世次志，《氏姓篇》考譜牒之源流，其中《卜列》、《相列》、《夢列》三篇，亦皆雜論方技，不盡指陳時政，范氏所云，舉其著書大旨爾。（《四庫全書總目》卷九一）

〔十六〕《論衡》三十卷，漢王充撰。攻之者眾，而好之者終不絕。（《四庫全書總目》卷一二〇）

〔十七〕《獨斷》二卷，漢蔡邕撰。全書條理統貫，雖小有參錯，固不害其宏旨，究考
　　　　證家之淵藪也。（《四庫全書總目》卷一一八）

〔十八〕《風俗通義》十卷，漢應劭撰。其書因事立論，文辭清辨，可資博洽。（《四庫
　　　　全書總目》卷一二〇）

〔十九〕《申鑒》五卷，漢荀悅撰。《後漢書‧荀淑傳》稱「悅侍講禁中，見政移曹氏，
　　　　志在獻替，而謀無所用，乃作《申鑒》五篇，其所論辨，通見政體。既成奏上，
　　　　帝覽而善之」。此書剖析事理，亦深切著明，蓋由其原本儒術，故所言皆不詭
　　　　於正也。（《四庫全書總目》卷九一）

〔二十〕《齊民要術》十卷，後魏賈思勰撰。李燾《孫氏齊民要術音義解釋序》曰：「賈
　　　　思勰著此書，專主民事。又旁摭異聞，多可觀。在農家最嶷然出其類。」（《四
　　　　庫全書總目》卷一〇二）

〔二一〕《中說》十卷，隋王通撰。

〔二二〕《顏氏家訓》二卷，本題北齊黃門侍郎顏之推撰。其書大抵於世故人情深明利
　　　　害，而能文之以經訓。（《四庫全書總目》卷一一八）

〔二三〕《九章算術》，不知何人所傳。凡有九篇，曰：《方田》第一，《粟米》第二，《衰
　　　　外》第三，《少廣》第四，《商功》第五，《均輸》第六，《盈不足》第七，《方
　　　　程》第八，《句股》第九。此書是中國古代第一部數學專著，系統總結戰國、
　　　　秦、漢時期之數學成就，最早提到分數問題，首次記錄盈不足諸問題，「方程」
　　　　章首次闡述負數及其加減運算法則。

　　算經隋前尚有六種，乃專門之學，極有實用，至唐至明其書不少，後出愈
善，至國朝而極精。此取其古為通經之用，此外子部如《太玄經》〔一〕、《易林》
〔二〕、《物理論》〔三〕、《中論》〔四〕、《人物志》〔五〕、《高士傳》〔六〕、《博物志》
〔七〕、《古今注》〔八〕、《南方草木狀》〔九〕、《洛陽伽藍記》〔十〕、《荊楚歲時記》
〔十一〕、《世記》〔十二〕、《抱朴子》〔十三〕、《金樓子》〔十四〕之屬，雖頗翔實，僅
資詞章談助，與其餘偽作之書，咸宜辨別。

【注釋】

　〔一〕《太玄經》十卷，漢揚雄撰。本擬《易》而作，以家準卦，以首準象，以贊準
　　　爻，以測準象，以文準《文言》，以摛、瑩、捝、圖、告準《繫詞》，以數準《說
　　　卦》，以沖準《序卦》，以錯準《雜卦》，全仿《周易》。（《四庫全書總目》卷一
　　　〇八）

〔二〕《易林》十六卷，漢焦延壽撰。其書以一卦變六十四，六十四卦之變共四千九
　　　十有六。各繫一詞，皆四言韻語。（四庫全書總目卷一〇九）

〔三〕楊泉撰《楊子物理論》十六卷，已佚。晉楊泉《物理論》一卷，清黃奭輯。

〔四〕《中論》二卷，漢徐幹撰。大都闡發義理，原本經訓，而歸之於聖賢之道，故
　　　前史皆列之儒家。

〔五〕《人物志》三卷，魏劉邵撰。所言究悉物情，而精覈近理。蓋其學雖近乎名家，
　　　其理則弗乖於儒者也。（《四庫全書總目》卷一一七）

〔六〕《高士傳》三卷，晉皇甫謐撰。

〔七〕《博物志》十卷，舊本題晉張華撰。

〔八〕《古今注》三卷，舊本題晉崔豹撰。

〔九〕《南方草木狀》三卷，晉嵇含撰。考書中所載，皆嶺表之物，則疑襄陽或誤題
　　　也。其書凡分草、木、果、竹四類，共八十種。敘述典雅，非唐以後人所能
　　　偽，不得以始見《宋志》疑之。（《四庫全書總目》卷七〇）今按：今人馬泰來
　　　先生已將其證偽。

〔十〕《洛陽伽藍記》五卷，後魏楊炫之撰。以城內及四門之外分敘五篇。敘次之後
　　　先，以東面三門、南面三門、北面三門各署其新舊之名，以提綱領。體例絕為
　　　明晰。其文穠麗秀逸，煩而不厭，可與酈道元《水經注》肩隨。其兼敘爾朱榮
　　　等變亂之事，委曲詳盡，多足與史傳參證。其他古蹟藝文及外國土風道里，採
　　　摭繁富，亦足以廣異聞。（《四庫全書總目》卷七〇《洛陽伽藍記提要》）

〔十一〕《荊楚歲時記》一卷，梁宗懍撰。此書皆記楚俗。（《四庫全書總目》卷七〇）

〔十二〕《帝王世記》，又作《帝王世紀》，晉皇甫謐撰。專述帝王世系、年代及事蹟，
　　　　上起三皇，下迄漢魏，分星野，考都邑，敘墾田，計戶口，內容多採自經傳圖
　　　　緯及諸子雜書，載錄《史記》及兩《漢書》闕而不備之史事。宋翔鳳《帝王世
　　　　紀集校序》稱宣聖之成典，復內史之遺則，遠追繩契，附會恒滋，揆於載筆，
　　　　足資多識云云。

〔十三〕《抱朴子內外篇》八卷，晉葛洪撰。抱朴子者，洪所自號，因以名書也。自序
　　　　謂內篇二十卷，外篇五十卷。其書內篇論神仙、吐納、符籙、克治之術，純為
　　　　道家之言。外篇則論時政得失、人事臧否，詞旨辨博，饒有名理，而究其大
　　　　旨，亦以黃老為宗。（《四庫全書總目》卷一四六）

〔十四〕《金樓子》六卷，永樂大典本，梁孝元皇帝撰。其書於古今聞見事蹟，治忽貞
　　　　邪，咸為苞載。附以議論，勸誡兼資。蓋亦雜家之流。而當時周秦異書未盡亡

佚，具有徵引，如許由之父名，兄弟七人，十七而隱，成湯凡有七號之類，皆史外軼聞，他書未見。又《立言》、《聚書》、《著書》諸篇，自表其撰述之勤，所紀典籍源流，亦可補諸書所未備。（《四庫全書總目》卷一一七）

【今按】徐敬修《經學常識》第四章《治經之方法》第一節《古人治經之方法》：「以子證經。諸子乃六藝之支流，其學皆出於七十子：如《韓詩外傳》為《韓詩》義；班固《列女傳》為《魯詩》義；《韓非子》、《淮南子》為《春秋》、《左氏》義；《白虎通德論》為《春秋》、《禮》義：荀子，蔡邕《獨斷》為《禮》義；此皆彰明較著者，其他則在讀者之善為溝通耳。」（《民國時期經學叢書》第一輯第四冊，第154頁）

經與史相表裏第二十一

經與史異學，而古史多與經相表裏。故治經猶不可不讀史。〔一〕

【注釋】

〔一〕明姚舜牧《來恩堂草》卷一《裁訂史綱要領間出小論序》：蓋學者既窮經，則必讀史矣。史載天地古今，固與經相出入者。孔子贊《易》，刪《詩》、《書》，定《禮》、《樂》，作《春秋》，人孰不稱為經哉？而《易》該天道、人事之始終，《書》敘帝王經濟之大略，《詩》詠王風，頌至德，《禮》謹儀節，嚴舉廢，而一十二公之褒貶，闡天常而植人紀，豈非史學之本始哉？知經之兼乎史，則知史之通於經矣。

《史記》〔一〕、前後《漢書》〔二〕、《三國志》〔三〕四史最要。司馬遷本得《古文尚書》之傳，故其書多古文說，而所搜輯多先秦故制，其書甚善。班史多古字古義，范書、陳書雖不及前二種，而漢儒家法、地理事實足資考證。故讀史猶宜讀其表志。由此而讀二十四史，博而約之，存乎其人。

【注釋】

〔一〕《史記》一百三十卷，漢司馬遷撰。凡十二本紀，十表，八書，三十世家，七十列傳，共為百三十篇。

〔二〕《漢書》一百二十卷，漢班固撰。《後漢書》一百二十卷，本紀十卷，列傳八十卷，宋范蔚宗撰。

〔三〕《三國志》六十五卷，晉陳壽撰，宋裴松之注。凡《魏志》三十卷，《蜀志》十五卷，《吳志》二十卷。其書以魏為正統。裴松之受詔為注，所注雜引諸書，亦時下己意。綜其大致，約有六端：一曰引諸家之論以辨是非，一曰參諸書之

說以核訛異，一曰傳所有之事詳其委曲，一曰傳所無之事補其闕佚，一曰傳所有之人詳其生平，一曰傳所無之人附以同類。

為治經計，如《逸周書》、《國語》、《國策》、《山海經》、《竹書紀年》、《穆天子傳》、《晏子春秋》、《越絕書》、《列女傳》、《新序》、《說苑》、《東觀漢記》之屬，皆可歸入史部〔一〕，皆不可不讀。

【注釋】

〔一〕分類參見《書目答問》。

【今按】徐敬修《經學常識》第四章《治經之方法》第一節《古人治經之方法》：「以史證經。《史記》中之《五帝本紀》、《夏本紀》、《殷本紀》、《周本紀》可以證《尚書》，《春秋列國世家》可以證《尚書》，亦可證《左傳》；《孔子世家》、《仲尼弟子列傳》可以證《論語》；《荀孟列傳》可以證《孟子》；近人繆祐孫有《兩漢書引經考》，言之最詳。」（《民國時期經學叢書》第一輯第四冊，第 154 頁）按：繆祐孫（1851～1894），字右岑，江蘇江陰人。

說經必先識文字第二十二〔註1〕

《說文》云：「字，孳也。」言其孳生無盡也。字，古謂之文。

字有形，形不一：一古文〔一〕，二籀文〔二〕，三小篆〔三〕，四八分〔四〕，五隸書，六楷書，相因遞變。字有聲，聲不一：有三代之音，有漢魏之音，有六朝至唐之音（詳《音韻源流》篇）。字有義，義不一：有本義〔五〕，有引申義〔六〕（即《訓詁篇》所言者），有通假義〔七〕（即假借之謂）。形聲不審，訓詁不明，豈知經傳所言者何物、所說者何事耶？且經傳原本篆書，古韻自有部分，識古篆之形，曉古語之聲，方能得古字之義。大率字類定於形，字義聲於生於聲，知篆形方可審今形之非，知古音則可訂今音之誤，故形聲實為識字之本。然則，如之何而後能審定音義？曰必須識小篆，通《說文》，熟《爾雅》，「五雅」〔八〕、《玉篇》、《廣韻》並宜參究，俗師知其一不知其二，知其末不知其源，騁其臆說，恍如囈語，此事甚不易，非翻檢字書，遍能通曉者也。又《說文》初看無味，細看極有意趣。段玉裁注《說文》，精而較繁，可先看大徐本《說文解字》。

【注釋】

〔一〕古文：上古之文字。泛指甲骨文、金文、籀文和戰國時通行於六國之文字。許

〔註1〕原注：「與《字學源流》、《音韻源流》參看。」

慎《說文解字敘》：「倉頡之初作書，蓋依類象形，故謂之文，其後形聲相益，即謂之字。文者物象之本，字者言孳乳而寖多也。著於竹帛謂之書，書者如也。以迄五帝三王之世，改易殊體……及宣王大史籀著大篆十五篇，與古文或異。」

〔二〕籀文：我國古代書體之一種。亦也叫「籀書」、「大篆」。因著錄於《史籀篇》而得名。春秋、戰國間通行於秦國。與篆文近似。今存石鼓文即這種字體之代表。王國維《戰國時秦用籀文六國用古文說》：「是秦之小篆本出大篆，而《蒼頡》三篇未出，大篆未省改以前，所謂秦文，即籀文也。」

〔三〕小篆：秦代通行之一種字體，省改大篆而成。許慎《說文解字敘》：「秦始皇帝初兼天下，丞相李斯乃奏同之，罷其不與秦文合者。斯作《倉頡篇》，中車府令趙高作《爰歷篇》，太史令胡毋敬作《博學篇》，皆取史籀大篆，或頗省改，所謂小篆者也。」

〔四〕八分：漢字書體名。字體似隸而體勢多波磔。相傳為秦時上谷人王次仲所造。關於八分之命名，歷來說法不一，或以為漢隸之波折，向左右分開，「漸若八字分散」（《書斷》卷上），故名八分；或以為二分似隸，八分似篆，故稱八分。近人以為八分非定名，漢隸為小篆之八分，小篆為大篆之八分，今隸為漢隸之八分。

〔五〕本義：指漢字本來之意義。一般指造字之初字形與字義密合之義。

〔六〕引申義：由本義引申而成之新義。

〔七〕假借義：借用已有音同或音近文字而表示之意義。如「而」本義為鬍鬚，借用為連詞義；「來」本義為小麥，借用為來去之「來」。

〔八〕《釋名》別本或題曰《逸雅》，蓋明郎奎金取是書與《爾雅》、《小爾雅》、《廣雅》、《埤雅》合刻，名曰「五雅」，以四書皆有雅名，遂改題《逸雅》，以從類。（《四庫全書總目》卷四〇）

說經必先通訓詁第二十三

訓詁之源，肇於《爾雅》，《釋詁》、《釋訓》，各詳其義。邢氏疏云：「訓，道也。」引《周禮・地官》有「土訓」〔一〕、「誦訓」〔二〕；鄭司農說，以遠方土地所生異物，以告道王〔註2〕。後鄭說，則謂土訓能訓土地善惡之勢，誦訓能訓說四方所誦習人所作為及時事。《釋訓》言形貌也。詁者，古也，古今異言，

〔註 2〕廣文本刊語云：原本「道王」誤倒。

解之使人知也。「詁」文從古聲，古，故也，從十口，識前言也。「詁」本通作「故」，毛公傳《詩》則曰《故訓傳》。「故訓」即「詁訓」，亦即「古訓」。《烝民》詩云：「古訓是式。」是也。

【注釋】

〔一〕土訓：古官名。負責向帝王陳報山川地勢、土質好壞及土地所宜生產。《周禮·地官·土訓》：「土訓掌地道圖，以詔地事，地道慝以辨地物，而原其生以詔地求。」鄭玄箋：「道，說也。說地圖九州形勢山川所宜，告王以施其事也……訓，謂能訓說土地善惡之勢。」孫詒讓《周禮正義》：「土訓者，此官與誦訓並掌訓說土地圖志之事，故亦屬司徒。」

〔二〕誦訓：周代官名。掌為王者述說四方久遠故事，說明各地風俗所忌諱之言語；王者巡狩，隨從王車左右。《周禮·地官·誦訓》：「誦訓，掌道方志以詔觀事，掌道方慝以詔辟忌，以知地俗。王巡守，則夾王車。」《國語·楚語上》：「倚几有誦訓之諫。」韋昭注：「誦訓，工師所誦之諫，書之於幾也。」

據《爾雅》分篇之義，詁通古今異言，訓則皆言形貌，而說經之道也，不外此二字：通古言，通古音，而古義無不通矣；知形訓，知聲訓，而古訓無不明矣。如《明堂位》〔註3〕云：「夏曰醆〔一〕，殷曰斝〔二〕，周曰爵〔三〕。」此古言之異也。《方言》：「楚謂聿，燕謂弗，秦謂筆。」此古音之異也。《說文》：「石，山石也。」「厓，山邊也。」此依形立訓也。「日，實也。」「月，闕也。」此依聲立訓也。依聲立訓，於古書十居其九，如旬之為均也，音之為蔭也，妃之為配也，平之為便也，皆以聲為訓也。他如：資讀為齊，而義即通為齊，《巽卦》「喪其資斧」是也。鮮讀為獻，而義即通獻，「天子乃獻羔開冰」〔註4〕是也。辨讀為貶，而義即通貶，《玉藻》〔註5〕「立容辨卑毋〔註6〕諂」是也。美讀為儀，而義即通儀，《少儀》〔註7〕「鸞〔註8〕和之美」是也。又如「桓」字有三音，《禹貢》「西傾因桓是來」，又「和夷底〔註9〕績」，《水

〔註3〕【明堂位】《禮記》篇名。
〔註4〕見《禮記·月令》。
〔註5〕【玉藻】《禮記》篇名。
〔註6〕廣文本刊語云：原本「毋」誤「貫」。
〔註7〕【少儀】《禮記》篇名。
〔註8〕廣文本刊語云：原本「鸞」誤「變」。
〔註9〕廣文本刊語云：原本「厎」誤「底」。

經注》云：「和即桓。」《漢書注》：「桓楹」即「和表」，「和表」又轉為「華表」，桓譚《新論》，《隋志》又作華譚，皆隨訓而轉者也。率字有五音，「將〔註10〕率」音「帥」，「縠〔註11〕率」、「藻率」音「（立）〔律〕」，量名音「刷」，「督率」音「朔」，算法約數之「率」音類〔註12〕，亦隨訓而轉者也。至若「繇」有六義，「離」有十六義〔四〕，闢有三十七義，衰有四音，賈有七音，差有八音，敦有九音，苴有十四音，音同訓異，義隨訓移，惟在明於訓詁者之變而通焉。

【注釋】

〔一〕醆：用同「盞」。酒杯。《詩·大雅·行葦》「或獻或酢，洗爵奠斝」毛傳：「夏曰醆，殷曰斝，周曰爵。」

〔二〕斝：古代青銅製貯酒器，有鋬（把手）、兩柱、三足、圓口，上有紋飾，供盛酒與溫酒用。盛行於殷代和西周初期。後借指酒杯、茶杯。

〔三〕爵：古代一種盛酒禮器，像雀形，比尊彝小，受一升。亦用為飲酒器。《禮記·禮器》：「宗廟之器，貴者獻以爵。」鄭玄注：「凡觴，一升曰爵。」

〔四〕「離有十五義」：字義之多，莫如離。離別通訓也。卦名見《易》。黃離、倉庚見《說文》。大琴曰離，見《爾雅》。流離，鳥名，見《毛詩》。長離，鳳名，見相如賦。纖離，馬名，見李斯書。又陸離，參差也，見《文選》。木名，見《孔子世家》。水名，見《地理志》。人姓，見《氏族志》。江離，草名，接離，冠名，見字書。《公羊傳》二人會曰離會，謂各是所是，各非所非，不能定也。又艾字有十二義。《說文》水臺也，即今靈艾老也。《曲禮》五十曰艾，屈原《九歌》舞幼艾少長也。《爾雅》「艾歷也」，郭注：「長者多所更歷也。」《詩》：「朕未有艾。」又養也。《爾雅》：「頤艾，育養也。」《詩》：「福祿艾之。」又美也。《孟子》：「知好色，則慕少艾，又過半也。」《詩》「夜未艾」，治也。《詩》或肅或艾。又息也。《左傳》襄九年：「大勞未艾。」又安也。《詩》：「保艾爾後。」又懲創也。魏相傳無所懲艾。又修也。《孟子》有私淑艾。又姓。

【今按】近儒徐澄宇《詩經學纂要·訓詁第十四》：「詁訓之原，肇於《爾雅》。釋詁釋訓，各詳其義。詁者，古言也，以古言釋今言，以今言釋古言，謂之詁；從言，古聲。古，故也，

〔註10〕「將」，原本誤作「收」。

〔註11〕廣文本刊語云：原本「縠」誤「穀」。

〔註12〕「算法約數之率音類」，原本誤作「算法約率音律之類」。

從十口，識前言也。詁，通作故。毛公詩傳名曰故訓，即古訓也，亦即訓詁。《蒸民》詩云：『古訓是式。』訓者，順也，謂順其語氣而釋之也。師古曰：故者，通其指義也。邢昺曰：訓，道也。訓詁者，因古書而順道之，使通其義也。」（《民國時期經學叢書》第一輯第 31 冊，第 119頁）按：此段顯然抄襲《經解入門》。

【又按】徐敬修《經學常識》第四章《治經之方法》第二節《今後吾人治經之方法》之第四條：「研究小學。治經學者，當參考古訓，誠以古經非古訓不明也；故研究經學，非兼研究小學不可。研究小學時所當注意者蓋有三端：一為當通音韻，二為當明訓詁，三為辨別形體；學者苟能於此三者加以工夫，則治經時之困難，可以減少許多也。」（《民國時期經學叢書》第一輯第四冊，第 164 頁）

說經必先明假借第二十四

許氏《說文》論六書，「假借」曰：「本無其字，依聲託事，令長是也。」此謂造字之始則然也。至於經典古字聲近而通，則有不限於無字之假借者，往往本字見存而古本則不用本字，而用同聲之字。何也？古者傳經，多以口授，而傳寫則易於別出。學者改本字讀之，則怡然理順，依借字解之，則以文害辭。是以漢世經師作注，有「讀為」之例，有「當作」之條，皆由聲同聲近者，以意逆之，而得其本字，所謂「好學深思，心知其意」也。

如古有借「光」為「廣」者，而仍解為「光明」之「光」，誤矣。有借「有」為「又」者，而仍解為「有無」之「有」，誤矣。有借「簪」為「攢」，而仍解為「冠簪」之「簪」，非。有借「蠱」為「故」，而仍解為「蠱惑」之「蠱」，非。有借「辨」為「徧」，而仍解為「分辨」之「辨」，非。借「只」為「氐」、為「底」，而仍解「只」為語詞，非。借「易」為「埸」，而仍解為「平易」之「易」，非。借「緆」為「喬」，而仍解緆為「綆」，非。借「井」為「阱」，而仍解為「井泉」之「井」，非。借「湅」為「鸞」，而仍以為「其薪維何」之「薪」，非。借「時」為「待」，而仍以為「四時」之時非。借「繻」為「襦」，而仍以為「水濡」之「濡」，非。借「尊」為「樽」，而誤解為「尊卑」之「尊」，非。借「坼」為「毛」，而仍以為「開坼」之「坼」，非。借「財」為「載」，而解為「財富」之「財」，非。借「榮」為「營」，而解為「榮幸」之「榮」，非。借「聞」為「問」，而仍以為「聞見」之「聞」，非。借「綸」為「論」，而仍以為「經綸」之「綸」，非。借「貢」為「功」，而仍以「貢」為「告」，非。借「洗」為「先」，而仍以為「洗濯」之「洗」，非。借「雜」為「帀」，而解

為「雜碎」之「雜」，非。借「噫」為「抑」，而仍解為「噫乎」發歎，非。借「盛」為「成」，而仍解為「盛衰」之「盛」，非。借「平」為「辨」，而仍解為古文「乑」字，非。借「恤」為「謐」〔註13〕，而仍以「恤」為優，非。借「胄」為「育」，而仍以「胄」為「長」，非。借「粒」為「立」，而仍以「粒食」之「粒」，非。借「忽」為「滑」，而仍以為「怠忽」之「忽」，非。借「璣」為「暨」，而仍以為「珠璣」之「璣」非。借「猶」為「由」，而仍以「猶」為「尚」非。借「明」為「孟」，而以為「明暗」之「明」非。借「暫遇」為「漸遇」〔註14〕，而解者以為「暫遇人」非。借「沈」為「淫」，而仍解者以為「沉溺」之「沈」非。借「指」為「底」，而解者以為指「滅亡」之意非。借「昏」為「泯」，而解者以為「昏亂」之「昏」非。借「謀」為「敏」，而解者以為「下進其謀」非。借「政」為「正」，而解者以為「政事」之「政」非。借「逢」為「豐」，而解者以為「遭逢」字非。借「考」為「巧」，而解者以「考」為「父」，又以為「成」非。借「忘」為「亡」，而解者以為「遺亡」之「亡」非。借「極」為「亟」，而解者以「極」為「終」非。借「冒」為「懋」，而解者以為「覆冒」之「冒」非。借「衣」為「依」，而解者以「衣」為「服行」非。借「別」為「辨」，而解者以〔註15〕「分別」之「別」非。借「亂」為「率」，而解者以「亂」為「治」非。借「陳」為「較」，而解者以為「陳列」之「陳」非。借「面」為「劢」，而解者以為「面見」，非。借「文」為「紊」，而解者以為「禮文」，非。借「依」為「隱」，而解者以為「依怙」之「依」，非。借「正」為「政」，而解者以為「正道」，非。借「閱」為「說」，而解者以為「檢閱」之「閱」非。借「咸」為「代」，而解者以「咸」為「皆」，非。借「義」為「俄」，而解者以為「仁義」之「義」，非。借「富」為「福」，而解者以為「貨賂」，又以為「備」，非。借「擇」為「斁」，而解者誤以為「選擇」，非。借「格」為「嘏」，而解者誤以「格」為「至」，非。借「輸」為「渝」，而解者以為「輸信」，非。借「哲」為「折」，而解者以「哲」為「知」，非。借「忌」為「甚」，而解者以為「畏忌」之「忌」，非。借「惡」為「諲」，而解者誤以為「好惡」之「惡」，非。借「方」為「放」，而解者以「方」為「有」，非。借「墍」為「愾」，而解者以「墍」為「安息」，非。借「景」為

〔註13〕「謐」，《經義述聞》原為「謐」。
〔註14〕「遇」，《經義述聞》原為「愚」。
〔註15〕廣文本刊語云：「分」上疑脫「為」字。

－209－

「憬」，而解者以為古「彰」字，非。借「眾」為「終」，而解者以為「眾寡」之「眾」，非。借「能」為「而」，而解者以為「才能」之「能」，非。借「濕」為「㬈」，而解者以為「潤濕」之「濕」，非。借「還」為「嬛」，而解者以「還」為「便捷之貌」，非。借「寐」為「沫」，而解者以為「寤寐」之「寐」，非。借「子」為「茲」，而解者以為「斥娶」者，非。借「鹽」為「苦」，而解者以「鹽」為「不堅固」，非。借「為」為「訛」，而解者以為「為人」，非。借「辰」為「慎」，而解者以「辰」為「時」，非。借「（記）〔紀〕」為「杞」，借「堂」為「棠」，而解者以「紀」為「基」、「堂」為「畢」、道平如堂，非。借「訊」為「誶」，而解者則以「訊」為「訛」字，非。借「偕」為「皆」，而解者以「偕」為「齊等」，非。借「譽」為「豫」，而解者以為「名譽」，非。借「蘀」為「擇」，而解者以「蘀」為「落葉」，非。借「芋」為「宇」，而解者以「芋」為「大」，非。借「猗」為「阿」，而解者以「猗」為「旁依」，非。借「意」為「億」，而解者以為「心意」之「意」，非。借「卒」為「猝」，而解者以為「卒者崔嵬」，非。借「佻佻」為「燿燿」，而解者以「佻佻」為「獨行貌」，非。借「交」為「姣」，而解者以為「與人交」，非。借「求」為「逑」，而解者以為「干求」之「求」，非。借「亡」為「無」，而解者以為「滅亡」之「亡」，非。借「土」為「杜」，而解者以「土」為「居」，非。借「時」為「蒔」，而解者以「時」為「是」，非。借「作」為「柞」，而解者以「作」為「起」，非。借「栵」為「烈」，而解者以為「木名」，非。借「唪唪」為「菶菶」，而解者以「唪唪」為「多實貌」，非。借「溉」為「概」，而解者以「溉」為「清」，非。借「隨」為「譖」，而解者以為「隨人之惡」，非。借「垢」為「詬」，而解者以「垢」為「暗冥」，非。

　　以上皆假借之例，不可以本義求之。經中惟此例最繁，故約舉各條以見義，學者熟審乎此，則解經之道思過半矣。

說經必先知音韻第二十五　　與《音韻源流》參看

　　字有古音〔一〕，即有古韻，以今音〔二〕今韻繩之，則扞格不合。猶語有北音〔三〕，以南音〔四〕繩之，扞格猶故〔註16〕也。人知南北之音繫於地，不知古今之音繫乎時。《穀梁傳》云：「吳謂善伊謂稻緩。」今吳人無此音也。《唐韻》云：「韓滅，子孫散處，江淮間音以韓為何，字隨音變，遂謂何氏。」今江淮

〔註16〕廣文本刊語云：「猶故」疑當作「不合」。

間無此音也。《呂氏春秋》云：「君呿而不唫，所言者莒也。」〔註17〕高誘注云：「呿，開；唫，閉。」顏之推謂：「北人之音多以『舉』、『莒』為『矩』，惟李季節云：『齊桓公與管仲於臺上謀伐莒，東郭牙望齊桓公口開而不閉，故知所言者莒也。』然則『莒』、『矩』必不同呼可知。」且古今音異，不特如徐鉉所云皂音香、乃音仍也。〔註18〕如杜子春云帝讀為定、（漲）〔涊〕讀為泯、絜讀為騂、鼇讀為戚、（硍）〔硍〕讀為鏗、笮讀為唶、祴讀為陔、荀讀為選之類；鄭司農〔註19〕纛讀為徽、瑱讀為鎮、砥讀為衰、陂讀為罷、紛讀為粉、義讀為儀、比讀為庀之類；鄭康成敦讀為燾、獻讀為沙、修讀為滌之類。今亦未嘗有此音。又有一字異音，觭，杜子春讀為奇，鄭康成讀為掎；燋，杜讀為樵，鄭讀為雀；鋤，杜讀為助，先鄭讀為藉；「焌」，先鄭讀為俊，後鄭讀為尊之類，不可殫述，皆與今不同。如以今音繩之，誤矣！

【注釋】

〔一〕古音：宋人稱隋陸法言《切韻》以前漢語音韻為古音。對《切韻》以後各韻書稱今音而言。現稱前者為上古音。隋、唐、宋語音為中古音，統稱古音。

〔二〕今音：音韻學名詞。指以《切韻》、《廣韻》、《集韻》等韻書為代表的隋唐音，跟以《詩經》押韻、《說文》諧聲等為代表的「古音」（周秦音）相對。

〔三〕北音：北方的語音。錢泳《履園叢話·考索·北音無入聲》：「顧炎武曰：『李子德編入聲俱轉去聲，蓋北音無入聲，以五經、《左》、《國》盡出北人也。』」

〔四〕南音：南方的語音。

其音異因而其韻異。顧亭林云：「三代六經之音，失其傳也久矣！其文之存於世者，多後人所不能通，以其不能通，而執今世之音改之，於是乎有改經之病。古人文皆有韻，如《易·漸》上九：「鴻漸於陸，其羽可用為儀。」范諤昌〔註20〕改「陸」為逵。朱子謂以韻讀之良是，而不知古人讀「儀」為俄，不與「逵」為韻也。《小過》上六：「弗遇過之，飛鳥離之。」朱子存其二說，謂仍當作「弗過遇之」，而不知古人讀「離」為羅，正與「過」為韻也。《雜卦

〔註17〕見《呂氏春秋·重言》。

〔註18〕見閻若璩《尚書古文疏證》卷五下第七十四。

〔註19〕【鄭司農】即鄭眾（？～114），字仲師，南陽（今河南魯山東南）人。官大司農，故又曰鄭司農。孫星衍撰《鄭司農年譜》一卷。

〔註20〕范諤昌有《大易源流圖》一卷。朱震《漢上易解》云：「陳摶以《先天圖》傳種放，放傳穆修，穆修傳李之才，之才傳邵雍。放以《河圖》、《洛書》傳李溉，溉傳許堅，許堅傳范諤昌，諤昌傳劉牧。」

傳》:「晉，晝也；明夷，誅也。」孫奕〔註21〕改「誅」為「昧」，而不知古人讀「晝」為注，正與「誅」為韻也。《楚詞·天問》:「簡狄在（帝）〔臺〕嚳何宜，玄鳥致詒女何嘉。」〔註22〕後人改「嘉」為「喜」，而不知古人讀「宜」為牛何反，正與「嘉」為韻也。《招魂》:「魂兮歸來，北方不可以止些。增冰峨峨，飛雪（重）〔千里〕些。歸來歸來，不可以久些。」〔註23〕《五臣文選》本作「不可以久止」，而不知古人讀「久」為幾，正與「止」為韻也。《老子》:「朝甚除，田甚蕪，倉甚虛，〔服〕文采，帶利劍，厭飲食，財貨有餘，是為盜誇。」楊慎改為「盜竽」，本之《韓非子》，而不知古人讀「誇」為刳，正與「除」為韻也。《淮南子·原道訓》:「以天為蓋，以地為輿，四時為馬，陰陽為驂，乘雲凌霄，與造化者俱，縱志舒節，以馳大區。」後人改「驂」為「御」，而不知古人讀「驂」為「邾」（據才老《韻補》引此作驂），正與「輿」為韻也。《史記·龜策傳》:「雷電收之，風雨迎之，流水行之，侯王有德，乃得當之。」後人改「迎」為「送」，而不知古人讀「迎」為「昂」，正與「收」為韻也。然何知古讀之然也？《詩》曰:「汎彼柏舟，在彼中河。髧彼兩髦，實維我儀。之死矢靡它。」是古人讀「儀」為「俄」之證也。《易·離》九三:「日昃之離，不鼓缶而歌，則大耋之嗟。」是古人讀「離」為「羅」之證也。張衡《西京賦》:「微通外周，千廬內附。衛尉八屯，巡夜警晝。」〔註24〕是古人讀「晝」為「注」之證也。《詩》曰:「君子偕老，副笄六珈。委委佗佗，如山如河。象服是宜，子之不淑，云如之何？」〔註25〕是古人讀「宜」為「牛何反」之證也。又曰:「何其久也，必有以也。」〔註26〕又曰:「吉甫燕喜，既多受祉。來歸自鎬，我行永久。」〔註27〕是古人讀「久」為「幾」之證也。左思《吳都賦》:「橫塘查下，邑屋隆誇。長干延屬，飛甍舛互。」〔註28〕是古人讀「誇」為「刳」之證也。《漢書·敘傳》:「舞陽鼓刀，滕公廄騶，潁陰商販，曲周庸夫，攀龍附

〔註21〕【孫奕】字季昭，號履齋，廬陵人。生卒年均不詳，約宋光宗紹熙初前後在世。嘗為侍從官。著有《示兒編》。

〔註22〕【簡狄】帝嚳之妃也。玄鳥，燕也。詒，遺也。言簡狄侍帝嚳於臺上，有飛燕墮遺其卵，喜而吞之，因生契也。（漢王逸《楚辭章句》卷三）

〔註23〕前句言北方常寒，其冰重累，峨峨如山，涼風急時，疾雪隨之，飛行於千里，乃至地也。後句言其寒殺人，不可久留也。（漢王逸《楚辭章句》卷九）

〔註24〕《文選》原文作:「微道外周，千廬內附，衛尉八屯，警夜巡晝。」

〔註25〕見《詩經·墉風·君子偕老》。

〔註26〕見《詩經·邶風·旄丘》。

〔註27〕見《詩經·小雅·六月》。

〔註28〕見《文選》卷五。

鳳，並乘天衢。」〔註29〕是古人讀「驥」為「邻」之證也。《莊子》：「不（收）〔將〕不迎，應而不藏，故能勝物而不傷。」〔註30〕又曰：「無有所（收）〔將〕，無有所迎。」〔註31〕是古人讀「迎」為「昂」之證也。此音韻古今之異，不可以強同者也。不審乎此，又烏足以說經哉！

又古時九州語言不同，而誦《詩》讀《書》同歸正讀，故太史公曰：「言不雅馴，薦紳難言。」〔註32〕班孟堅曰：「讀應爾雅，古語可知。」〔註33〕雅者，正也，近世一淆於方言，一誤於俗師，至於句讀離合，文義所繫，尤宜講明。音讀雅正可據者，有唐陸德明《經典釋文》一書，其中皆採集魏、晉南北朝諸家音釋不同者並存之，各本經文不同者標出之，此可聽學者自視家法，擇善而從，總不出此書之外，即可為有本之學。

《經典釋文》皆用反切。反切者何？反，翻也，猶言翻譯也（反切之反平聲，讀如平反之反，與翻同字。《通鑑》注音，即書作翻。宋人有《翻譯名義集》）。切，急也（唐人忌反字，改稱切）。反者，一字翻成兩聲；切者，兩字合成一聲，其實一也。緩讀則是反切之兩字，急讀便成所求之一音。如經傳所載「不可」為「叵」、「之乎」為「諸」、「奈何」為「那」、「勃鞮」為「披」、「邻婁」為「鄒」、「終葵」為「椎」、「鞠窮」為「芎」、「不律」為「筆」、「須封」為「崶」，三代語如此者不可枚舉。魏孫炎因創為反語之法，以兩字定一音，為直音一字易差（字下注音某者，名直音，一形容有寫訛，一聲亦恐小變）。反切兩音難混也（有兩字互相參驗，不至兩字形聲，一時俱誤也）。反切之義，不過如此，法甚簡，理甚淺，婦孺可曉（初制反切之時，不過取其合聲，就此兩字推測之，則上一字必同母，下一字必同韻，此乃自然之理，不勞求索而自合）。乃宋以後人不信古經，而好佛書，遂以為反切字紐出於西域，牽合華嚴字母等攝，煩碎令人迷惘。其實與三代秦漢六朝以來之聲韻絲毫無關。夫經字須用反切者，所以教不識字之童子也。如後世紐弄等韻之說，文士

〔註29〕見《漢書》卷一〇〇下。

〔註30〕見《莊子》卷三下第七《應帝王》。

〔註31〕見《莊子》卷七下第二十二《知北遊》。

〔註32〕《史記》卷一《五帝本紀第一》：學者多稱五帝，尚矣！《索隱》曰：尚，上也，言久遠也。然「尚矣」文出《大戴禮》。然《尚書》獨載堯以來。而百家言黃帝，其文不雅馴，《正義》曰：馴，訓也。謂百家之言皆非典雅之訓。薦紳先生難言之。徐廣曰：薦紳即縉紳也，古字假借。

〔註33〕《漢書・藝文志》：「書者，古之號令，號令於眾，其言不立具，則聽受施行者弗曉。古文讀應爾雅，故解古今語而可知也。」

老儒且多瞀惑，古人何苦造此難事，以困童蒙哉（辨字母之非古，詳戴震《東原集》）！因近世學人，每每以反切為微眇難窮之事，故為淺說之，或將反切兩音合讀而不能得聲者，不曉古音故耳。如「亨」字許庚反，古讀許如滸也。長幼之長，丁丈反，射中之中，丁仲反，古讀丁如爭也。德行之行，下孟反，古讀下為滸，讀孟為芒，去聲，讀行為杭，去聲也。霸王之王，於況反，古讀於如污也。殷監之監，工暫反，古讀監如淦也。褻，私列反，古讀私如犀也。知古音則反切萬無一失矣。

經傳中語同此一字，而區分平仄，音讀多門，以致韻書數部並收，異同之辨，相去秒忽，此皆六朝時學究不達本原，不詳通變者所為（本原者，形聲；通變者，轉注、假借）。揆之六書之義，實多難通，故《顏氏家訓》已發其端，《經典釋文敘錄》頗沿其失，近代通儒糾摘尤備。特初學諷誦，不示區分，將各騁方言，無從畫一。且義隨音別，解識（記也）為易。律體詩賦一出，更難通融。此乃因時制宜之道。又同此一字，或小有形變，而解詁遂殊，點畫無差，而訓釋各別。訓因師異，事隨訓改，各尊所受，歧說滋多。然正賴此經本異文、異讀、異義參差牴牾得以鉤考古義。學者博通以後，於音義兩端窺其本原，自曉通借，先知其分，而後知其合，不可以躐等求也（此二條雖是約說，頗有深識，小學家字書、韻書，大指略具，通材詳焉）。

說經必先審句讀第二十六

群經句讀，古今各有不同，說經者不可不審。

《易·乾》九三：「終日乾乾夕惕若厲无咎。」有讀「夕惕若」句，「厲」句，「无咎」句；有讀「夕惕若厲」句，「无咎」句；有讀「終日乾乾夕惕」句，「若厲无咎」句。

《象》曰：「天行健君子以自強不息。」有以「天行」為一讀，有讀「天行健」句。

《坤》：「元亨利牝馬之貞。」有以「利」為一讀，「牝馬之貞」另為句。

「先迷後得主利西南得朋東北喪朋。」有以「利」字屬上「主」字為句，有以「後得主」為句，「利」屬下「西南」讀。

《屯》初九：「盤桓利居貞。」有以「利居貞」為句，有以「居」字為讀，「貞」字別為義，不與居連文。

六三：「君子幾不如舍往吝。」有以「幾」字為句，有「幾不如舍」連讀

為句。

《需》九二象詞：「需於沙衍在中也。」有以「沙」絕句，有以「衍」絕句。

《訟》：「有孚窒惕中吉。」有讀「有孚窒」句，「惕中吉」句；有讀「訟有孚」句，「窒」一字句，「惕」一字句。

九二：「不克訟歸而逋其邑人三百戶無眚。」有以「孚」字句，「其邑〔人〕三百」句；有讀「逋其邑〔人〕」句，「三百戶無眚」句。

六三：「食舊德貞厲終吉。」有以「貞」字絕句，「厲」下屬「終吉」為句；有以「食舊德」為句，「貞厲」為句。

《師》：「貞丈人吉。」有以「貞」字絕句，有以「師」為讀，「貞」字連下「丈人」為句。

九二：「在師中吉无咎。」有一「在師中」為句，「吉」字屬下讀，有以「吉」字屬上讀。

《小畜》六四：「有孚血去惕出无咎。」有以「血去」連文讀，有以「有孚血去」句。

上九：「尚德載婦貞厲。」有以「載」字絕句，有以「尚德載婦」屬讀。

《謙》九三：「勞謙君子有終吉。」有以「君子有終」句，有讀「勞謙君子」句。

六四：「無不利撝謙。」有以「無不利撝謙」分屬二句，有以「無不利撝謙」為一句。

《蠱》初六：「有子考无咎厲終吉。」有以「考」字絕句，有以「子」為句，「考」字屬下讀。

《觀》六三：「觀我生進退。」有以五字為一句，有以「進退」另為一句。

《剝》初六：「剝床以足蔑貞凶。」有以「蔑貞」為讀；有以「剝床以足」為句，「蔑」另為句，「貞凶」亦另為句。

六三：「剝之无咎。」有以「剝之」為句，「无咎」為句，有以「剝之无咎」連為一句。

《无妄》象曰：「天下雷行物與无妄。」有以「物與」絕句，有以「物與无妄」連讀。

《大畜》：「剛健篤實輝光日新其德剛上而尚賢。」有以「剛健篤實輝光」為句，「日新其德」為句；有以「輝光日新」為句。

《頤》六二：「顛頤拂經於丘頤征凶。」有以「顛頤」句，「拂經於丘頤」句；有以「拂經」為句，「於丘頤」為句。

《坎》六四：「樽酒簋貳用缶。」有以「樽酒」絕句，「簋貳」絕句；有以「樽酒簋貳用缶」絕句。

「納約自牖終无咎。」有以「納約自牖」為句，有以「納約」絕句，「自牖」屬下讀。

《離》象曰：「明兩作離。」有以「明兩作」絕句，有以四字為一句。

初九：「履錯然敬之无咎。」有以「然」字絕句，有以「履錯然」三字連讀。

上九：「王用出征有嘉折首獲匪其醜。」有讀「有嘉」為句，有讀「有嘉折首」為句。

《恒》六五：「恒其德貞婦人吉夫子凶。」有以「恒其德貞」為句，有以「德」字絕句，「貞」字屬下讀。

《遯》初六：「遯尾厲。」有以「遯尾厲」三字連文為句，有以「遯尾」一讀，「厲」字一讀。

《晉》初六：「罔孚裕无咎。」有以「罔孚」為句，「裕」屬下；有以「罔孚裕」連文為句。

《明夷》九三：「得其大首不可疾貞。」有以「不可疾貞」為句，有以「不可疾」為句。

《解》上六：「公用射隼於高墉之上獲之無不利。」有以「公用射隼於高墉之上」九字為句，「獲之」為句；有以「公用射隼」為句，「於高墉之上獲之」為句。

《損》九：「弗損益之。」有以四字連讀，有以「弗損」絕句。

《夬》九二：「惕號莫夜有戎勿恤。」有以「惕號莫夜有戎」為句；有以「惕號」為句，「莫夜有戎」為句。

《萃》初六：「若號一握為笑。」有以六字為句，有以「若號」為句，「一握為笑」另為一句。

《（用）〔困〕》：「亨貞大人吉。」有以「貞」另讀；有以「貞大人吉」連讀。

《井》上六：「井收勿幕有孚。」有以「井收勿幕」連讀；有以「勿幕有孚」為句。

《漸》初六：「小子厲有言。」有以「小子厲」斷句，有以「厲」屬下讀。

《巽》九二：「巽用史巫紛若吉。」有以「紛若」屬上讀，有以「紛若」屬下讀。

《繫詞》：「君子居其室出其言善則千里之外應之。」有以「出其言善」絕句，有以「善」字連下讀。

《雜卦》：「親寡旅也。」有以「親寡」為句，有以「親」字絕句，「寡旅也」別為句。

《書·堯典》：「曰若稽古帝堯曰放勳。」有讀「曰若稽古」句，有讀「曰若稽古帝堯」句。

「明明揚側陋。」有以「明明」斷句，「揚側陋」又一讀；有以「明明揚側陋」為句。

「克諧以孝烝烝乂不格奸。」有讀「克諧」句，「以孝烝烝乂不格奸」句；有讀「克諧」句，「以孝烝烝」句，「乂不格奸」句；有讀「克諧以孝烝烝乂」句「不格奸」句。

「正日同律度量衡。」有以「同」字屬「律度量衡」為句；有以「正日」連下「同律度量衡」為一句。

「讓於殳斨暨伯與。」有以「殳」為一讀，「斨」為一讀；有以「殳斨」連文為讀。

「舜生三十徵庸三十在位五十載陟方乃死。」有以「庸」字、「位」字、「死」字絕句，有以「舜生三十」為句，「徵庸三十」為句，「在位五十載」為句。

「曰若稽古皋陶。」有讀一句，有以「古」字絕句。

「予未有知思曰贊贊襄哉。」有以「思」字屬上讀，有以「思」字屬下讀。

《禹貢》：「冀州既載壺口。」有讀「冀州既載」句，有讀「既載壺口」句。

「厥賦貞作十有三載乃同。」有讀「貞」字斷句，有讀「厥賦」為句。

「雲土夢作乂。」有讀「雲土夢」為句，「作乂」為句；有讀「雲土」為句，「夢作乂」為句。

「包匭菁茅。」有以「包」一讀，「匭菁茅」一讀；有以「包匭菁茅」連讀。

「西傾因桓是來浮於潛。」有以「因桓是來」屬下文為句，有以「是來」斷句。

「朔南暨聲教訖於四海。」有以「朔南暨」絕句，有以「朔南暨聲教」為句。

《盤庚》：「今予命汝一。」有以「一」字為句，有以「今予命汝」為句。

《金縢》：「史乃策祝曰惟爾元孫某遘厲虐疾。」有以「策祝」連讀；有以「史乃策」句，「祝」字屬下「曰」字讀。

《康誥》：「我西土惟時怙冒聞於上帝。」有以「怙冒」為句，「聞於上帝」為句；有以「怙」字屬下為句。

《酒誥》：「不克畏死辜在商邑越殷國滅無罹。」有以「死」字絕句，有以「死辜」連文為句。

《梓材》：「皇天既付中國民越厥疆土於先王肆王惟德用。」有以「肆」字屬上為句，有以「肆」字屬下為句。

《洛誥》：「厥攸灼敘弗其絕。」有以「敘」字絕句，有以「敘」字屬下為句。

《立政》：「三亳阪尹。」有以「三亳」為一讀，「阪尹」為一讀；有以「三亳阪尹」合為一句。

《顧命》：「今天降疾殆弗興悟。」有以「殆」字絕句，有以「殆」字屬下為句。

《呂刑》：「王享國百年耄荒度作刑。」有以「耄荒」字為句，有以「荒」字屬下為句。

此《易》與《尚書》各家之異讀也。《詩》、《禮》、《春秋傳》、《孝經》、《論語》、《孟子》，各有異讀，繁不勝舉，故特舉二經以見例，學者不可不審（又有注中句讀與疏家異讀，惟在讀時字字留意，斯能有得）。

說經必先明家法第二十七

家法〔一〕者，即《左雄傳》注所謂「儒有一家之學，故稱家法」〔二〕是也。

【注釋】

〔一〕家法：漢初儒家傳授經學，都由口授，數傳之後，句讀義訓互有歧異，乃分為各家。師所傳授，弟子一字不能改變，界限甚嚴，稱為家法。至唐代家法已基本消亡。應劭《風俗通·十反·司徒梁國盛允》：「叔矩則其孝敬，則粥身苦思，率禮無違矣；則其友於，則褒兄委榮，盡其哀情矣；則其學藝，則家法洽覽，誨人不倦矣；則其政事，則施於已試，靡有闕遺矣。」《後漢書·徐防傳》：

「伏見太學試博士弟子，皆以意說，不修家法，私相容隱，開生奸路。」李賢注：「諸經為業，各自名家。」《宋書·百官志上》：「漢武建元五年，初置五經博士。宣成之世，五經家法稍增，經置博士一人。」宋濂《諸子辯》：「穆公之立，距孔子之沒七十年，子思疑未長也，而何有答問哉？兼之氣質萎弱，不類西京以前文字，其偽妄昭然可見。或者謂其能守家法，不雜怪奇，歷戰國、秦、漢流俗而無所浸淫，未必然也，未必然也！」王鳴盛《十七史商榷·漢書二十一·師法》：「漢人重師法如此。又稱家法，謂其一家之法，即師法也。」皮錫瑞《經學歷史·經學昌明時代》：「漢人最重師法，師之所傳，弟之所受，一字毋敢出入。」

〔二〕語見《後漢書》卷六一。

【附錄】

清惠棟《松崖文鈔》卷一《九經古義述首》：「漢人通經有家法，故有五經師訓詁之學，皆師所口授，其後乃著竹帛，所以漢經師之說立於學官，與經並行。『五經』出於屋壁，多古字古言，非經師不能辨。經之義存乎訓。識字審音，乃知其義，是故古訓不可改也，經師不可廢也。余家四世傳經，咸通古義，守專室，呻稿簡，日有省也，月有得也，歲有記也。顧念諸兒尚幼，日久失其讀，有不殖將落之憂，因述家學，作《九經古義》一書。吾子孫其世傳之，毋隳名家韻也。」清孫寶瑄《忘山廬日記》評之曰：「古訓固不可改，而執古太泥者亦有不可通之處。治經學者不可不知。」

其大旨在守師說。如《易》有施、孟、梁丘、費、高；《書》有伏、孔；伏之傳下有歐陽、大小夏侯；《詩》有毛與齊、魯、韓；《禮》有二戴、慶氏；《春秋》有左、公、穀。其間文字異同，章句錯互，各守師傳，不相沿襲。故趙賓變「箕子」之訓，《易》家證其非〔一〕；焦贛本隱士之傳，光祿明其異〔二〕。田何之《易》，實淵源乎商瞿。毛公之《詩》，公、穀之《傳》，乃權輿於子夏。申公之於《魯詩》，張蒼之於《左氏》，並溯源於荀卿。伏生傳今文，先秦之博士也。安國傳古文，孔氏之舊文也。高堂博士禮，魯國老師也。由七十二子迄四百餘年，如高曾之授昆孫，仍淵流之衍枝瀆，則前漢之重家法也。

【注釋】

〔一〕蜀人趙賓好小數書，後為《易飾》、《易文》，以為：「箕子明夷，陰陽氣亡箕子；箕子者，萬物方荄茲也。」賓持論巧慧，《易》家不能難，皆曰：「非古法也。」（《漢書》卷八八）

〔二〕京房受《易》梁人焦延壽。延壽云嘗從孟喜問《易》。會喜死，房以為延壽《易》即孟氏學，翟牧、白生不肯，皆曰非也。至成帝時，劉向校書，考《易》說，以為諸《易》家說皆祖田何、楊叔、丁將軍，大誼略同，唯京氏為異，黨焦延壽獨得隱士之說，託之孟氏，不相與同。(《漢書》卷八八）按：光祿指劉向。

而後漢何獨不然？《易》則劉昆〔一〕受施氏《易》於沛人；窪丹〔二〕諸人則傳自孟氏，戴馮、孫期、魏滿諸儒並出自費氏〔三〕，馬融、鄭康成之徒亦並傳費氏。《尚書》則濟陰曹曾〔四〕受業歐陽歙，北海牟融傳大夏侯，東海王良傳小夏侯，馬、鄭諸儒傳孔安國。《詩》則後漢皆傳毛公，《禮》則皆傳戴氏。《公》、《穀》、《左氏》，各守其傳，《論語》、《孝經》，兩出張氏〔五〕。此後漢之家法，釐然可考。而漢學之可貴，即於此（也）〔可〕見。

【注釋】

〔一〕劉昆，字桓公，陳留東昏人，侍中弘農太守、光祿勳。事蹟見《後漢書・儒林傳》。

〔二〕窪丹，字子玉，南陽育陽人。世傳《孟氏易》，作《易通論》七篇，官至大鴻臚。觟陽鴻，字孟孫，中山人，少府。任安，字定祖，廣漢綿竹人。事蹟均具《後漢書・儒林傳》。

〔三〕戴馮，字次仲，汝南平輿人，侍中兼領虎賁中郎將。孫期，字仲奇，濟陰成武人，兼治《古文尚書》，不仕。魏滿，字叔牙，南陽人，弘農太守。事蹟均具《後漢書・儒林傳》。

〔四〕曹曾，字伯山，諫大夫。

〔五〕張氏指張禹，字子文，河內軹人，徙家蓮勺。以《論語》授成帝，官至丞相安昌侯。

國朝經師，亦莫不以此為重。崑山〔一〕、太原〔二〕，特開其先；吳江〔三〕、南皖〔四〕，相繼而起。臧氏〔五〕、惠氏〔六〕，則皆紹厥先；武進〔七〕、高郵〔八〕，則世繼其業。二雲之傳，則源本曉徵；顨軒〔九〕之學，則獨出東原。伯淵〔十〕、稚存〔十一〕，資乎師友；誠齋〔十二〕、千里〔十三〕，受業於芸臺〔十四〕。累葉相維，前後崛起。上之松崖〔十五〕，倡率江左。近之高郵，私淑顧氏。

【注釋】

〔一〕崑山指顧炎武。

〔二〕太原指閻若璩。

〔三〕吳江指惠棟。

〔四〕南皖指戴震。

〔五〕臧氏指臧琳、臧庸。

〔六〕惠氏指惠周惕至惠棟祖孫三代。

〔七〕武進指莊氏存與。

〔八〕高郵指王念孫、王引之父子。

〔九〕顨軒指孔廣森。

〔十〕孫星衍字伯淵。

〔十一〕稚存為洪亮吉。

〔十二〕金鶚號誠齋。

〔十三〕顧廣圻字千里。

〔十四〕阮元號芸臺。

〔十五〕松崖先生，即惠棟，字定宇，一字松崖。

　　莫非以家法〔註 34〕明，則流派著。可以見經學之衍別，可以知授受之異同，可以知眾儒之實據，可以存古義於相承。兩漢經師之盛，盛於此；我朝經學之隆，亦隆於此，故學者必以此先云。〔一〕

【注釋】

〔一〕汪榮寶《法言義疏》十：蓋諸經師說，雖不勝異義，然皆所以發揚雅訓，藩衛聖教，異於諸子之言非聖無法者。今以群儒之聚訟，而遂謂聖道之不復存，則必有以廢經學，絕儒術為便者矣。故深警之明言之不可不慎也。漢世學人尤重師法。趙氏春沂《兩漢經師家法考》云：「六籍之學，盛於漢氏，諸儒必從一家之言以名其學。《左雄傳》注所謂『儒有一家之學，故稱家法』是也。家法又謂之師法……大抵前漢多言師法，而後漢多言家法。有所師乃能成一家之言。師法者，溯其源；家法者，衍其流也。蓋漢世治經，凡不守家法者，世不見信……夫家法明，則流派著。可以見經學之衍別，可以知經文之同異，可以知眾儒之授受，可以存周秦之古誼。漢學之盛，盛於家法也。」此云各習其師，即各守師法之謂，乃當時學人之通義。蓋天下無聖承學之士，非即其所習之師說而信好之，何以為學，學者之各習其師，不可以為陋，猶赤子之各識其親不可以為愚也。精而精之，是在其中矣。

〔註34〕廣文本刊語云：「家法」上疑脫「家法明」三字。

經解入門卷五

字學源流第二十八

　　文字之源，肇於上古。五帝三王，代有更別。至秦為一大變，漢則各體競出，魏、晉而下，俗書紛行矣。許氏《說文自敘》云：「古者庖犧氏之王天下也，仰則觀象於天，俯則觀法於地，視鳥畜之文與地之宜，近取諸身，遠取諸物，於是始作《易》八卦，以垂憲象。黃帝之史倉頡，見鳥畜蹄迒之跡，知分理之可相別異也，初造書契，百工以乂，萬品以察，蓋取諸夬。『夬揚於王庭』，言文者宣教明化於王者朝廷。倉頡之初作書，蓋依類象形，故謂之文；其後形聲相益，即謂之字。文者物象之本，字者言孳乳而寖多也。著於竹帛謂之書，書者如也，以迄五帝三王之世，改易殊體（如書法所云，伏羲氏作「龍書」，神農作「穗書」，黃帝作「雲書」，少昊作「鸞書」，高陽作「蝌蚪書」，高辛作「人書」，堯作「龜書」，禹作「鐘鼎書」，務光作「倒薤書」，文王作「鳥書」，史佚作「魚書」之類）。封於泰山者七十有二（家）代，靡有同焉。《周禮》：『八歲入小學，保氏教國子，先以六書（詳《古有六書》篇）。』及宣王太史籀著大篆十五篇，與古文或異。至孔子書『六經』，左（氏）〔丘明〕述《春秋傳》，皆以古文，厥意可得而說。其後諸侯力政，不統於王，惡禮樂之害己，而皆去其典籍，分為（六）〔七〕國，田疇異晦，車塗異軌，律令異法，衣冠異制，言語異聲，文字異形。秦始皇帝初兼天下，丞相李斯乃奏同之，罷其不與秦文合者。斯作《倉頡篇》，中（軍）〔車〕府令趙高作《爰歷篇》，太史〔令〕胡母敬作《博學篇》，皆取史籀、大篆，或頗省改，所謂小篆者也。是時，秦燒滅經書，滌除舊典，大發吏卒，興戍役，官獄職務繁，初有隸書，

以趣約易，而古文由是絕矣。自爾，書有八體：一曰大篆，二曰小篆，三曰刻符，四曰蟲書，五曰摹印，六曰署書，七曰殳書，八曰隸書。漢興，有章草。尉律：學童十七以上，始試諷籀書九千字，乃得為（史）〔吏〕，又以八體試之，郡移太守並課，最者以為尚書史。書或不正，輒舉劾之。今雖有尉律，不課。小學不修，莫達其說久矣。孝宣皇帝時召通《倉頡》讀者，張敞從受之。涼州刺史杜業，沛人爰禮，講學大夫秦近，亦能言之。孝平皇帝時徵禮等百餘人，令說文字未央（殿）〔廷〕中，以禮為小學元士。黃門侍郎揚雄採以作《訓纂篇》。凡《倉〔頡〕》以下十四篇，凡五千三百四十字，群（經）〔書〕所載略存之矣。及亡新居攝，使大司空甄豐等校文書之部，頗改定古文，時有六書：一曰古文，孔子壁中書也；二曰奇字，即古文而異者也，三曰篆書，即小篆，秦始皇帝使下杜人程邈所作也，四曰左書，即秦隸，五曰繆隸，所以摹印也，六曰鳥蟲書，所以書幡信也。壁中書者，魯恭王壞孔子宅，而得《禮記》、《尚書》、《春秋》、《論語》、《孝經》，又北平侯張蒼獻《春秋》左氏傳，郡國亦往往得鼎彝，其銘即前代之古文，皆自相似。雖叵可復見遠流，其詳可得略說也。而世人大共非訾，以為好奇者也，故詭更正文，向壁虛造不可知之書，變亂常行，以耀於世諸聲競逐說字，解經義理，稱秦之隸書為倉頡時書，云父子相傳，何得改易？乃猥曰馬頭人為長，人持十為斗，蟲者屈中也。廷尉說律，至以字斷法，苛人受錢，苛之字止句，若此者甚眾，皆不合孔氏古文，謬於史籀，俗儒鄙夫，玩其所習，蔽所希聞，不見通學，未嘗睹字例之條，怪舊義而善野言，以其所知為秘妙，究洞聖人之微旨。又見《倉頡篇》中。幼子承詔，因曰古帝之所作也，其辭有神仙之術焉，其迷誤不諭，豈不悖哉？《書》曰予欲睹古人之象，言必遵舊文而不穿鑿。今敘篆文合以古籀，博採通人，至於小大，信而有徵。」云云。

此《說文解字》之所以存古篆於漢代也。然如許君所云，字體雜出，在漢已然，而群經文字尚存古篆，即傳今文者，亦惟隸書而已。書籍之變用楷書，則肇始於唐，而宋、元以下皆因之，古文乃不可得。今講小學，則當以許氏《說文》為宗主，而旁搜鐘鼎之遺。近之治《說文》者，則以段氏玉裁、桂氏馥之書為善本，而兼求朱氏〔一〕、阮氏〔二〕、王氏〔三〕金石之學，深研古義，不為俗書所惑，字學（說）〔既〕明，而後古經可得而讀矣。

【注釋】

〔一〕朱氏指朱楓（1695～？），字近漪，號排山，又號柑園，錢塘（今浙江杭州）

人。康乾時期布衣。1767 年尚存世。著有《古金待問錄》、《秦漢瓦圖記》、《雍州金石記》。事蹟見《續修杭州府志·文苑二》。

〔二〕阮氏指阮元，著有《積古齋鐘鼎款識》、《兩浙金石志》、《粵東金石略》。

〔三〕王氏指王昶，著有《金石萃編》。

音韻〔註1〕源流第二十九　與《古無四聲》參看

文之有韻，自六經始。虞廷〔一〕賡歌〔二〕，韻之最古。《毛詩》用韻，《周易》〈彖〉、〈小象〉、〈雜卦〉皆韻。《離騷》、《太玄》、《易林》無不韻。其不韻者，散體之文耳。然其時用韻，本諸天籟，依其聲而協之，初無韻書之準也。

【注釋】

〔一〕虞廷：亦作「虞庭」。指虞舜的朝廷。相傳虞舜為古代的聖明之主，故亦以「虞廷」為「聖朝」的代稱。

〔二〕虞廷賡歌：楊慎《丹鉛摘錄》卷十一：「或問余音韻之原，余曰：唐虞之世已有之矣。《舜典》曰：『聲依永，律和聲』，是也。『元首喜哉，股肱起哉，百工熙哉，元首明哉，股肱良哉，庶事康哉。』熙之叶喜，康之叶明，即吳才老韻之祖也。『日出而作，日入而息，鑿井而飲，耕田而食，帝於我有何力哉？』即沈約韻之祖也。大凡作古文賦頌當用吳才老古韻，作近代詩詞當用沈約韻。近世有倔強好異者，既不用古韻，又不屑用今韻，惟取口吻之便鄉音之叶而著之詩焉，良為後人一笑資爾。」閻若璩《古文尚書疏證》卷八：「古人三聲皆通押，而只無入聲。如《尚書》歌股肱起、元首喜、百工熙，此本韻三聲也。元首叢脞、股肱惰、萬事墮，此通韻三聲也。推之他書，無不然者。」錢大昕《十駕齋養新錄》卷十六「雙聲亦韻」：「雙聲亦可為韻。自有文字，即有聲韻。虞廷賡歌，股肱叢脞，即雙聲之權輿。」

韻書，始萌芽於魏晉李登之《聲類》〔一〕、梁沈約〔二〕之《韻譜》。積三百餘年，隋陸法言等撰《切韻》，唐郭知玄〔三〕又附益陸書而為《切音》，孫愐以《切音》為謬，增加刊正，別為《唐韻》。其時沈約諸韻書亦無存者，宋陳彭年〔四〕、邱雍之《廣韻》計二萬三千五百二十五字，丁度〔五〕、宋祁〔六〕之《集韻》計五萬三千五百二十五字，大概本陸、孫二家而刊益之，而《廣韻》最為近古，世儒多稱為《唐韻》。《集韻》頗訾陳彭年、邱雍引用舊文繁簡失當。景

祐以還，列學宮而通行者，則《禮部韻略》〔七〕，止收九千五百九十字。他如王宗道〔八〕之《指玄》〔九〕，特詳切音，吳棫〔十〕之《韻補》〔十一〕，多收古書，是殆即韻中而通其意者耳。紹興間，毛晃之《增韻》〔十二〕行，而向之《廣韻》漸廢。

【注釋】

〔一〕《聲類》：三國魏李登編撰。以宮、商、角、徵、羽各為一篇。凡十卷，原書早已失傳。被後人稱為是韻書的始祖。晉代呂靜編撰的《韻集》共六卷，也已經失傳。

〔二〕沈約（441～513），字休文，南朝吳興武康（今浙江德清）人。曾修《晉書》、《宋書》，撰《四聲譜》。事蹟見《梁書》本傳。

〔三〕郭知玄，四川成都人。唐時進士。官多田縣丞。儀鳳二年（677）於《切韻》拾遺緒正，更以朱箋三百字。其論書曰：「氣韻本於遊心，神彩生於用筆。」

〔四〕陳彭年（961～1017），字永年，江西南城人。官至兵部侍郎。贈右僕射，諡曰文僖。彭年以辭藻被遇，上表獻箴，詳練儀制，若可嘉尚，乃附王欽若、丁謂，溺志爵祿，甘為小人之歸，論者惜之。事蹟見《宋史》本傳。

〔五〕丁度（990～1053），字公雅，其先恩州清河人，徙居祥符（今河南開封）。度強力學問，好讀《尚書》。為紫宸殿學士，兼侍讀學士，改觀文殿學士，再遷尚書左丞，卒贈吏部尚書，諡文簡。著《邇英聖覽》、《龜鑑精義》、《編年總錄》，奉詔領諸儒集《武經總要》。事蹟見《宋史》本傳。

〔六〕宋祁（998～1061），字子京，湖北安陸人。與歐陽修合修《新唐書》。

〔七〕《禮部韻略》，舊本不題撰人，晁公武《讀書志》云丁度撰。其上平聲三十六桓作歡，則南宋重刊所改。自景祐以後，敕撰此書，始著為令式，迄南宋之末不改。然收字頗狹，嘗為俞文豹《吹劍錄》所議。（《四庫全書總目》卷四十二）

〔八〕王宗道，字興文，南宋豐化人，生卒年不詳。嘉定元年進士。著有《切韻指玄論》三卷，已亡佚。

〔九〕《指玄》，即《切韻指玄論》，晁公武曰：皇朝王宗道撰。切韻之學。切韻者，上字為切，下字為韻，其學本出西域，今其法類本韻字各歸於母：幫、滂、并、明、非、敷、奉、微，唇音也；端、透、定、泥、知、徹、澄、娘，舌音也；精、清、從、心、邪、照、穿、牀、審、禪，齒音也；曉、匣、影、喻，喉音也；見、溪、群、疑，牙音也；來、日，半齒半舌也。凡三十六，分為五

音，天下之聲總於是矣。切歸本母、韻歸本等者謂之音和，常本等聲，盡泛入別等者謂之類隔變也。中國自齊梁以前，此學未傳，至沈約以後，始以之為文章，至於近時，始有專門者矣。(《文獻通考》卷一九〇)

〔十〕吳棫，字才老，福建武夷人。宣和六年（1124）進士，紹興中為太常丞。所著有《書裨傳》、《詩補音》、《論語指掌考異續解》、《楚辭釋音》、《韻補》。《宋史》無傳。凌迪知《萬姓統譜》：「棫字才老，建安人，時號通儒。朱子評近代考訂訓釋之學，亦亟稱之。」

〔十一〕《韻補》五卷，宋吳棫撰。此書則泛取旁搜，無所持擇。所引書五十種中，下逮歐陽修、蘇軾、蘇轍諸作與張商英之偽《三墳》，旁及《黃庭經》、《道藏》諸歌，故參錯冗雜，漫無體例。(《四庫全書總目》卷四十二)

〔十二〕《增修互注禮部韻略》五卷，宋毛晃增注，其子居正校勘重增。是書因《禮部韻略》依韻增附。凡增二千六百五十五字，增圈一千六百九十一字，訂正四百八十五字，居正續拾所遺，復增一千四百二字，各標總數於每卷之末。其每字疊收重文，用《集韻》之例；每字別出重音，用《廣韻》之例。(《四庫全書總目》卷四十二)

　　淳祐中，平水劉淵始並為一百七部，又增四百三十六字，名《壬子新（刻）〔刊〕禮部韻略》〔一〕，是韻之失，不在二百六部之分，而在一百七部之合。元陰時夫又並上聲之「極」於「迥」，存一百六部，較禮韻、毛、劉韻刊落三千一百餘字，有字極古而刊者，有訛字、俗字而闌入者〔二〕，訛誤不一，而當時或目為《沈韻》，或目為《平水韻》，誤矣。黃公紹之《韻會》，分併依劉，而箋注較博，增字至一萬三千五百二十二字，泥七音、三十六字母之說，顛倒雜糅。議者謂唐、宋韻部分亡於劉，音紐亂於黃，信哉！

【注釋】

〔一〕南宋劉淵淳祐壬子《新刊禮部韻略》：宋初，與審定《切韻》改撰《廣韻》同時，以適應科舉應試之需。禮部頒行《韻略》，比《廣韻》簡略。宋景德年間稱之為《景德韻略》。實是《廣韻》之略本。戴震《聲韻考說：「是時無《禮部韻略》之稱，其書名《韻略》，與所校定《切韻（案：即《廣韻》同日頒行，獨用、同用例不殊。明年，《切韻》改賜新名《廣韻》，而《廣韻》、《韻略》為景德、祥符間詳略二書。」可知《景德韻略》與《廣韻》同時產生。景祐四年（1037），即在《集韻》成書當年，宋仁宗命丁度等人「刊定《廣韻》十三處」，對《景德韻略》再加刊定，改名為《禮部韻略》。可見它與《集韻》又是同時

的作品。《禮部韻略》收字九千五百九十個，較《廣韻》為少。收字過少，以便於應試士人之記誦。但韻部方面，仍與《廣韻》一樣，分為二百零六部。此書行世以後，歷代時有增補。宋紹興三十二年（1162），毛晃向皇帝進獻其所撰《增修互注禮部韻略》和這部書在原書的基礎上，增加了兩千六百多字。淳熙年間又有所謂淳熙《禮部韻略》，通行的本子題名為《附釋文互注禮部韻略》，中仍分二百零六個韻部。復將淳祐（宋理宗年號）十二年（1252），山西平水人劉淵將其修編為《壬子新刊禮部韻略》。此書比原來《禮部韻略》增加四百三十六字。原書二百零六個韻部歸並為一百零七部。此書後代亡佚，元人黃公紹所作《韻會》所分的一百零七部，實依據此書而來。兩宋期間，士人作詩用韻，特別是科舉考試，皆以《禮部韻略》為依據的。考《禮部韻略》原書今已不存，現在所能見到的，是《附釋文互注禮部韻略》。

〔二〕《韻府群玉》：我國現存最早第一部韻書，由陰幼遇（時夫）在其父陰應夢（1224～1314）的指導下編成的，由幼遇之兄幼達作注。《韻府群玉》掎摭群書，以類相從，是以韻分的類書。全書共二十卷，分韻為一百零六部，按詞語最下一字歸韻。內容包括音切、散事（新增許氏《說文》、徐氏《音義》）、事韻、活套、卦名、書篇、詩篇、年號、歲名、地理（附州郡名、地名）、人名（附字與號、帝王名號、國君名號、夷名、妓名）、姓氏、草木（附花名、木名、草名、藥名、果名）、禽獸（禽名、獸名）、鱗介、昆蟲、曲名、樂名（附律名）等項。

　　明初樂韶鳳〔一〕〔註2〕、宋濂等撰《洪武正韻》〔二〕，刪並分部，省為七十六韻，而並「冬」於「東」，並「江」於「陽」。後以其未當合，劉三吾〔三〕校勘黃公紹《韻會》，書竟不行。詞人相承，惟用平水劉韻〔四〕。隆慶間，潘恩之又有《詩韻輯略》〔五〕，又分二百有八部。

【注釋】

〔一〕樂韶鳳（？～1380），字致和，一字來儀（《明史》為「舜儀」），安徽全椒人。與宋濂同修《洪武正韻》。官兵部尚書。事蹟見《明史》卷一百三十六。

〔二〕《洪武正韻》十六卷，明樂韶鳳、宋濂等奉敕撰。成書於明洪武八年（1375）。宋濂《洪武正韻序》云：「韻學起於江左，殊失正音，有獨用當並為通用者，如東、冬、清、青之屬，亦有一韻當析為二韻者，如虞、模、麻、遮之屬，若

〔註2〕廣文本刊語云：「原本『韶鳳』誤倒。」

斯之類，不可枚舉。」此書大旨斥沈約為吳音，一以中原雅韻更正其失。並平、上、去三聲，各為二十二部，入聲為十部，於是古來相傳之二百六部並為七十六部。其注釋以毛晃《增韻》為稿本，而稍以他書損益之。《洪武正韻》的分類和王文郁、劉淵的《平水韻》有較大的不同。《洪武正韻》所平分平、上、去與元人周德清《中原音韻》的十九部十分相似。《洪武正韻》亦是韻書革命之要著，雜採古今、調和新舊，對研究元、明時代官話的讀書音具有重要價值。自問世以來，也屢經翻刻，但未廣泛流傳，釋義和音切方面錯訛之處極多。

〔三〕劉三吾（1313～1400），初名昆，後改如步，以字行，自號坦坦翁，湖南茶陵人。仕元，為廣西靜江路副提舉。洪武十八年（1385），以茹瑺薦召至，年七十三矣，奏對稱旨，授左贊善，累遷翰林學士。時天下初平，典章闕略，帝銳意製作，宿儒凋謝，得三吾晚，悅之。一切禮制及三場取士法，多所刊定。三吾博學善屬文，帝制《大誥》及《洪范注》成，皆命為序。敕修《省躬錄》、《書傳會選》、《寰宇通志》、《禮制集要》諸書，皆總其事，賜賚甚厚。事蹟見《明史》卷一三七。

〔四〕平水韻：原為金代官韻書，供科舉考試之用。平水是舊平陽府城（今山西臨汾市）的別稱，因該韻書刊行於此，故名。有兩種：一種將宋代《禮部韻略》注明同用之韻悉數併合，又原不同用的上聲「迥」、「拯」及去聲「徑」、「證」，亦各並為一部，共一百零六韻：上、下平各十五韻，上聲廿九，去聲三十，入聲十七。其韻目見於金王文郁《平水新刊禮部韻略》、張天錫《草書韻會》及宋末陰時夫《韻府群玉》，為後來作近體詩者押韻的依據。又一種分為一百零七韻，上聲「迥」、「拯」不並，為宋末劉淵《壬子新刊禮部韻略》所本。劉書不傳，其韻目見於元初熊忠《古今韻會舉要》。

〔五〕《詩韻輯略》五卷，潘恩撰。潘恩，字子仁，上海人。嘉靖二年（1523）進士。《千頃堂書目》卷三、《明史・藝文志》均著錄此書。朱彝尊《靜志居詩話》卷十一：「潘恩，字子仁，上海人。嘉靖癸未進士，累官南京工部尚書，改都察院左都御史，卒贈太子少保，諡恭定。有《笠江集》。先大母徐安人，為恭定公女孫所出。予七齡時，塾師課以屬對不協，安人述舊事，謂公六歲能調四聲，因以公所訂《詩韻輯略》授予，自是知別四聲矣。公詩凡風雅什樂府五言雜體靡不擬，又與高子業、田叔禾相酬和，知其用力深而取友之善也。」周中孚《鄭堂讀書記》卷十四：「《詩韻輯略》五卷，隆慶己巳刊本，明潘恩

撰。恩字子仁，號笠江，上海人。嘉靖癸未進士，官至左都御史，諡恭定。《明史藝文志》著錄。前有自序，謂音韻之衰，權輿於詩，故繫之以詩名，其義則不止言詩也。今按：是書韻依陰氏《韻府群玉》，注多採之熊氏《韻會舉要》，惜其愛博，而決擇不精，訛誤冗俗，往往而有，又多刊去引用書名，不及前人韻書之善焉。第就明人行本而論，猶屬庸中佼佼者。邵青門撰《古今韻略》，實以此編為藍本。青門又言明崇禎間有梁應圻者，取是書翻板，行不增損一字，更名《詩韻釋略》，每卷首列關中梁應圻訂，吳梅村為序，入國朝，其子又翻板行世，漸有知是書出潘氏者，今坊行者大抵皆梁本也。今此本尚屬潘氏原刊，足以證梁本之竊取云。」

總之，自梁而下，韻書益密，而於經愈病。唐、宋諸韻惟《廣韻》猶不甚壞，其餘徒供詞人之用而已。至本朝諸儒起，而古韻乃漸講明。顧炎武謂古音止有十部：一東、冬、鍾、江，二〔支、〕脂、之、微、齊、佳、皆、灰、咍，三魚、虞、模、侯，四真、諄〔註3〕、臻、文、殷、元、魂、痕、寒、桓、刪、山、先、仙，五蕭、宵、肴、豪、〔尤、〕幽，六歌、戈、〔麻〕，七陽、唐，八〔庚、〕耕、清、青，九蒸、登，十侵、覃、談、鹽、添、咸、銜、嚴、凡。江慎修於「真」以下十四韻、「侵」以下九韻各析為二，蕭、宵、肴、豪及尤、侯、幽亦為二，故列十三部。而段氏玉裁謂《詩》三百篇之韻確有十七部，於顧氏十部、江氏十三部之後又確然分之。於今韻，則依《廣韻》部分；於字〔書〕，則宗《說文解字》；於古音，則窮《三百篇》及群經有韻之文；於言古韻之書，則考顧氏《音學五書》、江氏《古韻標準》。以《三百篇》及周秦所用，正漢魏以後轉移之音，而歷代音韻沿革源流以見，而陸氏部分之故，及顧氏、江氏之未協者亦見，此誠千有餘年莫之或省者，一旦而明白通曉者也。故言古韻者，當以段氏為最精。而為韻學者，當以《三百篇》及群經有韻之文；較其異同以證諸家之誤，而不可以齊、梁以下之韻書繩三代以前之方音也。

古有六書第三十

《周官》：「保氏〔一〕教國子〔二〕，先以六書。」鄭注六書：「象形、會意、轉注、處事、假借、諧聲。」《漢書·藝文志》云：「象形、象事、象意、象聲、

〔註3〕廣文本刊語云：原本「諄」誤在「文」下。

轉注、假借。」許氏《說文解字敘》云：「一曰指事、二曰象形、三曰形聲、四曰會意、五曰轉注、六曰假借。」其次第各有不同。鄭樵《通志》云：「六書也者，象形為本；形不可象，則屬諸事；事不可指，則屬諸意；意不可（全）〔會〕，則屬諸聲，聲則無不諧矣。五不足而後假借生焉。」〔註4〕

【注釋】

〔一〕保氏：古代職掌以禮義匡正君王、教育貴族子弟的官員。

〔二〕國子：公卿大夫的子弟。《周禮・地官・師氏》：「以三德教國子。」鄭玄注：「國子，公卿大夫之子弟。」《漢書・禮樂志》：「朝夕習業，以教國子。國子者，卿大夫之子弟也。」清劉書年《劉貴陽說經殘稿・國子證誤》：「國子者，王大子、王子、諸侯公卿大夫士之子弟，皆是，亦曰國子弟。」

許君首指事，即以其書之例，首列「一部」之故。至解「六書」之義，諸家皆與許同，云：指事者，視而可見，察而見意，「上」、「下」是也；象形者，畫成其物，隨體詰詘，「日」、「月」是也；形聲者，以（字）〔事〕為名，取譬相成，「江」、「河」是也；會意者，比類和義，以見指撝，「武」、「信」是也；轉注者，建類一首，同意相授，「考」、「老」是也；假借者，本無其字，依聲託事，「令」、「長」是也。

然考《通志》曰：「獨體為文，合體為字。」觀乎天文，觀乎人文，而文生焉。天文者，自然而成，有形可象者也；人文者，人之所為，有事可指者也，故文統象形、指事二體。字者孳乳而寖〔註5〕多也，合數字以成一字者皆是，則會意、形聲二體也。四者為經，造字之本也；轉注、假借為緯，用字之法也。或疑既分經緯，即不得名曰六書；不知六書之為名，後賢所定，非皇頡〔一〕先定此例而後造字也。猶之左氏釋《春秋》例，皆以意逆志，比類而得其情，非孔子作《春秋》先有此例。而六書次第，自唐以來，易其先後者凡數十家，要以班書為是。象形、指事皆獨體也，而有物然後有事，故宜以象形居首。會意、形聲皆合體也，而會意兩體皆義，形聲則聲中大半無義，且俗書多形聲，其會意者千百之一二耳，即此足知其先後矣。轉注、假借在四事之中，而先後亦不可淆也。轉注合數字為一義，假借分一字為數義，故以六書分為三耦論之。象形實，指事虛，物有形事無形也。會意實，形聲虛，合二字三字以為意，而其

〔註4〕《通志》卷三十一《六書略・六書序》。
〔註5〕廣文本刊語云：原本「寖」誤「寢」。

義已備，形聲則不能賅備，如煉、練一字，所煉者金，練之者火，鏝〔二〕、槾〔三〕一字，其器兼用金木，而皆分為兩體，此尤不能賅備之明驗也。轉注實，假借虛，「考」自成為「考」，「老」自成為「老」，其訓互通，而各有專義，即如桷〔四〕、榱〔五〕，挹〔六〕、抒〔七〕，同為一物一事，而名從主人，各有所謂而不可改也。若夫「令」為號令而借為「令」，善長為久長而借為君長，須於上下文法求之，不能據字而直說之，故為虛也。凡變亂班書之次者，皆不察其虛實者也。

【注釋】

〔一〕皇頡：對蒼頡的尊稱。相傳蒼頡為黃帝的史官，漢字的製造者。鄭樵《通志‧總序》：「皇頡製字，使字與義合。」曾國藩《祭韓文公祠文》：「皇頡造文，萬物咸秩。」

〔二〕鏝：瓦工抹牆用的抹子。《爾雅‧釋宮》：「鏝，謂之杇。」邢昺疏：「鏝者，泥鏝也。一名杇，塗工之作具也。」

〔三〕槾：抹子。泥工的抹牆工具。《論語‧公冶長》「糞土之牆不可杇也」何晏《集解》引三國魏王肅曰：「杇，槾也。」陸德明《經典釋文》：「槾，或作鏝，塗工之器。」

〔四〕桷：方形的椽子。

〔五〕榱：屋椽。《左傳‧襄公三十一年》：「棟折榱崩。」《急就篇》卷三：「榱椽欂櫨瓦屋樑。」顏師古注：「榱即椽也，亦名為桷。」王應麟補注引《說文》：「秦名為屋椽，周謂之榱，齊魯謂之桷。」

〔六〕挹：酌，以瓢舀取。

〔七〕抒：舀出，汲出。《詩‧大雅‧生民》「或舂或揄」，毛傳：「揄，抒臼也。」孔穎達疏：「謂抒米以出臼也。」

　　且一字之蘊，「形」、「聲」、「義」盡之，即六書之名，亦可以「形」、「聲」、「義」統之，如「天」字，一、大，其形也；「顛」，其義也；「他前切」，其聲也。兼明之，而一字之蘊盡矣。象形，形也；指事、會意，義也；形聲、轉注、假借，皆聲也。

　　夫轉注、假借，在形、事、意、聲四者之中，而可專屬之聲者，假借固無不以聲借也。有去形存聲者，《石鼓文》：「其魚隹可。」即「維何」也，是謂省借；有字外加形者，《檀弓》：「子蓋言之志於公乎？然則蓋行乎？」鄭注：

「蓋當作盉。」《商頌》:「百祿是何。」儋荷〔註6〕其本義也。《左·隱三年》引作「荷」是也。是謂增借;有省之增之其聲無不同者,故亦借及偏旁不同而聲同之字,如《禮》云:「射之為言繹也。」知「射」古音「繹」。繹、斁同從「睪」聲。《振鷺》:「在此無斁。」《中庸》引之作「射」也。

　　至於轉注,則同一物也,而命之者不同,則字不同;同一事也,而謂之者不同,則字不同;古人用字,貴時不貴古,取其地之方言而製以為字,取足達其意而已。而聖人所生之地不同也。唐虞三代,遞處於山西、陝西之境,孔子又生於山東,各用其地之方言,不得少轉注一門矣。故同一「持」也,而縣持曰挈,脅持曰拑,閱持曰摞,握持曰摯,則不同也。此然猶有「縣」、「脅」、「閱」、「握」之分也。乃「揣」、「摵」、「批」、「抑」皆「挴」也,「效」、「媛」皆「美」也,「娛」、「媟」皆「樂」也,義無異而名不同也。以至《爾雅·釋詁》一名而累數十字未已,是又兼假借而為轉注者矣。蓋意有輕重,則語之所施亦有輕重。是以有假借者一字而數義,何為其數義也?口中之同聲〔註7〕也;轉注者數字而一義,何為其數字也?口中之聲不同也。故其始也,呼為天地,即為天地字,以寄其聲;呼為人物,即造人物字,以寄其聲,是聲者造字之本也,及其後也,有是聲即以聲配形而為字,形聲一門之所以廣也。綜四方之異,極古今之變,則轉注之所以分,著其聲也。無其字而取同聲之字以表之,即有其字而亦取同聲之字以通之,則假借之所以薈萃其聲也,是聲者用字之極也。此六書之旨之大略也。明乎六書之旨,又何以有難解之字哉?

古無四聲第三十一

　　四聲之字,倡於齊、梁。齊周彥倫作《四聲切韻》〔一〕,梁沈約繼之撰《四聲》一卷,而韻譜成矣,古無是也。

【注釋】

〔一〕周顒,字彥倫,汝南安城(今河南平輿)人。晉左光祿大夫顗七世孫。清貧寡欲,終日長蔬,雖有妻子,獨處山舍。甚機辯。轉國子博士,兼著作如故。太學諸生慕其風,爭事華辯。善識聲,為文皆用宮商,以平上去入為四聲,以此

〔註6〕廣文本刊語云:「原本『何儋荷』誤『荷儋何』。」按:百祿是何,謂當擔負天之多福。

〔註7〕廣文本刊語云:「同聲」疑倒。

制韻，不可增減，號「永明體」，始著《四聲切韻》行於時。事蹟見《南史》卷三四。周顒曾經隱于北山，後應詔出為鹽官令，欲過北山，孔稚珪乃假山靈之意，作《北山移文》以嘲之。

錢氏曉徵云：「昔倉頡製字，黃帝正名，各指所之，有條不紊。許氏《說文》，分別部居，以形定聲，不聞於聲之中更有輕重異讀，而魏晉以後經師強立兩音，千餘年來遵守不易，唯魏華父著論非之，謂未有四聲反切之前，安知不皆有平聲？此何可謂先覺者矣。《離騷》『好蔽美而稱惡』，與『固』、『悟』、『古』為韻。『孰云察余之美惡』，與『宇』為韻，是美惡之『惡』亦讀去聲。《左傳》『周鄭交惡』，陸元朗無音，是相惡之『惡』亦讀入聲。《孝經》：『愛親者不敢惡於人。』『行滿天下無善惡。』陸元朗並云：『惡，烏路反，舊如字。』蓋好惡之有兩讀，始於葛洪《字苑》，漢晉諸儒並無區別。陸氏生於陳、隋之世，習聞此說，而亦不能堅守，且稱為『舊』，則今之分別，非古音之舊審矣。『予我』之『予』，『錫予』之『予』，今人分平、上兩音，而《三百篇》、《楚辭》皆讀上聲。『當直』之『當』，『允當』之『當』，今人分平、去兩音，而孔子贊《易》皆讀平聲。漢儒言讀若者，正其義不必易其音，鄭康成注《禮記》『仁者人也』，讀若相人偶之人。自古訖今，未聞『人』有別音，可見虛實動靜之分，皆六朝俗師妄生分別，古人固未之有也。顏之推譏江南學士讀《左傳》口相傳述，自為凡例。軍自敗曰『敗』，打破〔註8〕軍曰『敗』（補敗反），此為穿鑿，而《廣韻》十七夬部，『敗』有『薄邁』、『補敗』二切，以自破、他破為別，即用江南學士穿鑿之例。蓋自韻學興，而聲音益戾於古，自謂密於審音，而齟齬不安者益多。」

而顧氏亭林云：「四聲之論，雖起於江左，然古人之詩已自有遲（徐）〔疾〕輕重之分，故平多韻平，仄多韻仄，亦有不盡然者，而上或轉為平，去或轉為平上，入或轉為平上去，則在歌者之抑揚高下，故四聲可以並用。『騏驑是中，騧驪是驂。龍盾之合，鋈以觼軜。言念君子，溫其在邑。方何為期，胡然我念之。』〔註9〕『合』、『軜』、『邑』、『念』四字皆入，而韻『驂』。『一之日觱發，二之日栗烈。無衣無褐。何以卒歲。』〔註10〕『發』、『烈』、『褐』三在一皆去聲而韻『歲』。今之學者必曰，此字符有三音，有兩音，故可通用。不知古人

〔註8〕廣文本刊語云：顧氏《音論》「打破」下有「人」字。
〔註9〕見《毛詩·國風·小戎》。
〔註10〕見《毛詩·國風·七月》。

何嘗屑屑於此哉？一字之中自有平上去入，今一一取而注之，字愈多，（言）〔音〕愈雜，而學者愈迷不其本，此所謂大道以多歧亡羊也。」又云：「五方之音，有遲疾輕重之不同，《淮南子》云：『輕土多利，重土多遲，清水音小，濁水音大。』陸法言《切韻序》曰：『吳越則時傷輕淺，燕趙則多傷重濁，秦隴則去聲為入，梁、益則平聲似去。』約而言之，即一人之身，而詞氣〔註11〕先後之間亦不能齊。其重其疾，則為去、為上；其輕其遲，則為平，遲之又遲，則一字而為二字。『茨』為『蒺藜』、『椎』為『終葵』是也。故注家多有疾言、（遲）〔徐〕言之解，而劉勰《文心雕龍》謂『疾呼中宮，徐呼中徵』。夫一字而可以疾呼徐呼，此一字兩音三音之所由昉也。」

案：顧氏之說與錢氏異，四聲之起在齊、梁，而顛亂則在唐下。惟我朝諸老出，而稍稍探源古音，以歸於正，亦天地之氣運為之歟！

有目錄之學第三十二

目錄之學，由來久矣。《禮記·經解》：「溫柔敦厚，《詩》教也；疏通知遠，《書》教也；廣博易良，《樂》教也；絜靜精微，《易》教也；恭儉莊敬，《禮》教也；屬辭比事，《春秋》教也。」此數語已為目錄之先河。

而其後國史之作，則有《經籍志》、《藝文志》之屬，載著書者姓氏以及卷帙部數，班史而下，八代皆然。

至宋王堯臣等有《崇文總目》〔一〕，鄭樵有《藝文略》〔二〕，晁公武則有《郡齋讀書志》〔三〕，趙希弁則有《讀書志考異》並《附志》〔四〕，尤袤則有《遂初堂書目》〔五〕，陳振孫則有《直齋書錄解題》〔六〕，馬端臨則有《經籍考》〔七〕，王應麟則有《漢書·藝文志考證》〔八〕，明楊士奇則有《文淵閣書目》〔九〕，朱睦㮮則有《授經圖》〔十〕，皆詳加考訂，不僅留其書之名目。而國朝則有欽定《天祿琳琅書目》〔十一〕及《四庫全書提要》，編校異同，參究得失，為古來諸家書目所未及。至黃虞稷《千頃堂書目》〔十二〕、朱彝尊《經義考》〔十三〕、謝啟昆《小學考》，又燦然大備，精覈靡遺。

蓋目錄者，本以定其書之優劣，開後學之先路，使人人知某書當讀，某書不當讀，則為學易，而成功且倍矣。吾故嘗語人曰：「目錄之學，讀書入門之學也。」

〔註11〕廣文本刊語云：顧氏《音論》「詞氣」下有「出詞吐氣」。

【注釋】

〔一〕《崇文總目》十二卷，宋王堯臣等奉敕撰。宋代官修書目，著錄經籍共 3445 部，30669 卷。《崇文總目》原為六十六卷，按四部分四十五類。

〔二〕《藝文略》為鄭樵《通志》中的一部分，所列頗多舛訛。《通典》、《通志》與《文獻通考》號稱「三通」，《通志》多泛雜無歸，《通考》或詳略失當，均不及《通典》之精覈。

〔三〕《郡齋讀書志》四卷，宋晁公武撰。公武字子止，巨野人。沖之之子。官至敷文閣直學士，臨安少尹。

〔四〕《附志》，趙希弁撰，希弁袁州人，宋宗室子，自題稱江西漕貢進士，秘書省校勘，以輩行推之，蓋宋太祖之九世孫。

〔五〕《遂初堂書目》一卷，宋尤袤撰。袤字延之，無錫人。紹興十八年進士，官至禮部尚書，諡文簡。事蹟見《宋史》本傳。陳振孫《書錄解題》稱其遂初堂藏書為近世冠。（《四庫全書總目》卷八十五）

〔六〕《直齋書錄解題》二十二卷，宋陳振孫撰。其例以歷代典籍分為五十三類，各詳其卷帙多少，撰人名氏，而品題其得失，故曰「解題」。馬端臨《經籍考》惟據此書及《郡齋讀書志》成編。（《四庫全書總目》卷八十五）

〔七〕《經籍考》七十六卷，元馬端臨撰。《經籍考》卷帙雖繁，然但據晁、陳二家之目，參以諸家著錄，遺漏弘多。

〔八〕《漢藝文志考證》十卷，宋王應麟撰。

〔九〕《文淵閣書目》四卷，明楊士奇編。此書以千字文排次，自「天」字至「往」字，凡得二十號，五十櫥。四庫館臣以《永樂大典》對勘，發現所收之書，世無傳本者，往往見於此目，可見其儲庋之富。（《四庫全書總目》卷八十五）

〔十〕《授經圖》二十卷，明朱睦㮮撰。是編專述經學源流，首敘授經世系，次諸儒列傳，次諸儒著述，歷代經解名目、卷數。（《四庫全書總目》卷八十五）

〔十一〕《欽定天祿琳琅書目》十卷，乾隆四十年奉敕撰。其書亦以經、史、子、集為類，而每類之中，宋、金、元、明刊版及影寫宋本，各以時代為次。或一書而兩刻皆工致，則兩本並存，猶尤袤《遂初堂書目》例也；一版而兩印皆精好，亦兩本並存，猶漢秘書有副例也。每書各有解題，詳其鋟梓年月及收藏家題識、印記，並一一考其時代、爵里，著授受之源流。（《四庫全書總目》卷八十五）

〔十二〕《千頃堂書目》三十二卷，清黃虞稷撰。虞稷（1629～1691），字俞邰，先世福

建泉州人，崇禎末流寓上元。所錄皆明一代之書，經部分十一門，既以「四書」為一類，又以《論語》、《孟子》各為一類，又以說《大學》、《中庸》者入於三禮類中。蓋欲略存古例，用意頗深。(《四庫全書總目》卷八十五)

〔十三〕《經義考》三百卷，清朱彝尊撰。彝尊，字錫鬯，號竹垞，秀水人。康熙己未薦舉博學鴻詞，召試授檢討，入直內廷。彝尊文章淹雅，初在布衣之內，已與王士禎聲價相齊。博識多聞，學有根柢，復與顧炎武、閻若璩頡頏上下。凡所撰述，具有本原。是編統考歷朝經義之目。(《四庫全書總目》卷八十五)

有校勘之學第三十三

校勘〔一〕者何？校其異同，勘其謬誤。此例開於七十子。子夏知「三豕」為「己亥」之訛〔二〕，即校勘之類。而兩漢經師特重此學。

【注釋】

〔一〕校勘：指對同一書籍用不同的版本和有關資料加以比較核對，以考訂其文字的異同和正誤真偽。

〔二〕卜商衛人，無以尚之，嘗返衛見讀史志者云：「晉師伐秦，三豕渡河。」子夏曰：「非也，己亥耳。」讀史志曰：「問諸晉史果曰己亥。」於是衛以子夏為聖。(《孔子家語》卷九《七十二弟子解》) 子夏之晉，過衛，有讀史記者曰：「晉師三豕涉河。」子夏曰：「非也，是己亥也。夫『己』與『三』相近，『豕』與『亥』相似。」至於晉而問之，則曰「晉師己亥涉河」也。辭多類非而是，多類是而非。是非之經，不可不分，此聖人之所慎也。然則何以慎？緣物之情，及人之情，以為所聞，則得之矣。(《呂氏春秋·察傳》)

成帝時，劉向典校書，考《易》說，以為諸《易》家說皆祖田何，楊叔元、丁將軍大義略同，唯京氏為異。向又以中古文〔一〕《易經》校施、孟、梁丘三家之《易經》，或脫去「无咎悔亡」，唯費氏經與古文同。

【注釋】

〔一〕中古文：指漢代藏於皇宮中的古文經籍。《漢書·藝文志》：「劉向以中古文《易經》校施、孟、梁丘經。以中古文《尚書》校歐陽、大小夏侯三家經文。」顏師古注：「中者，天子之書也。言中，以別於外耳。」龔自珍《說中古文》：「成帝命劉向領校中五經秘書，但中古文之說，余所不信。秦燒天下儒書，漢因秦宮室，不應宮中獨藏《尚書》，一也；蕭何收秦圖籍，乃地圖之屬，不聞收

《易》與《書》，二也。」

張霸《百兩篇》，劉向校之，非是，後遂黜其書。恭王於孔壁得《古文尚書》〔一〕，孔安國以校伏生所誦，為隸古寫之，增多二十五篇，又伏生誤合五篇，凡五十九篇為四十六卷。

【注釋】

〔一〕《古文尚書》者，出孔子壁中。武帝末，魯共王壞孔子宅，欲以廣其宮，而得《古文尚書》及《禮記》、《論語》、《孝經》凡數十篇，皆古字也。共王往入其宅，聞鼓琴瑟鍾磬之音，於是懼，乃止不壞。孔安國者，孔子後也，悉得其書，以考二十九篇，得多十六篇。安國獻之。遭巫蠱事，未列於學官。劉向以中古文校歐陽、大小夏侯三家經文，《酒誥》脫簡一，《召誥》脫簡二。率簡二十五字者，脫亦二十五字，簡二十二者，脫亦二十二字，文字異者七百有餘，脫字數十。《書》者，古之號令，號令於眾，其言不立具，則聽受施行者弗曉。古文讀應爾雅，故解古今語而可知也。（《漢書》卷三〇）

先後鄭氏亦精校勘之學，如《禮》注司農讀「匪頒」之「頒」為「班布」之「班」，康成讀「利」為「上思利民」之「利」，「嬪貢」之「嬪」，鄭云故書作「賓」，「七事」之「七」，鄭云故書為「小」之屬皆是。

蓋以讀書而不知校勘，則書之真偽，義之同異，文之脫誤，均無由見。故先儒必以校勘為要。

而國朝以校勘名家者：惠氏棟、何氏焯、盧氏見曾、全氏祖望、盧氏文弨、錢氏大昕、李氏文藻、戴氏震、王氏念孫、張氏敦仁、丁氏傑、孫氏星衍、阮氏元、顧氏廣圻、趙氏懷玉、鮑氏廷博、袁氏廷檮〔一〕、吳氏騫諸儒。其最精者則稱戴、盧、丁、顧四人。所校勘各書，俱屬善本，是正文字，皆有依據，讀其書，可以知其功之所存。學者明乎此，則讀書自不敢不細心矣。

【注釋】

〔一〕袁廷檮（1764～1810），字又愷，一字壽階，江蘇吳縣人。監生。著有《紅蕙山房吟稿》。按馮桂芬《（同治）蘇州府志》卷八十三：袁廷檮，更名廷壽，字又愷，國學生。生六歲而孤，生母韓教之成立。家有竹柏樓，韓所居也。廷檮繪圖，徵海內詩文，以顯其節，故竹柏樓頗著聲藝林間。家饒於貲，遺書萬卷。廷檮與錢詹事大昕、王侍郎昶、王光祿鳴盛、江徵士聲、段大令玉裁為師友，而尤與黃主事丕烈相契，故學有本原。後家中落，曾都轉燠招修《揚州圖

經》，同事震其名，既乃歎曰：『今黃叔度也。』卒年四十八。」

【今按】徐敬修《經學常識》第四章《治經之方法》第二節《今後吾人治經之方法》之第五條：「當知校勘之學。校勘一事，為整理國故最要之條件，且最合科學之方法。蓋古經傳至今日，遭兵火蟲魚之劫，其間脫誤及損壞之處必多，非加以校勘，無以補其缺點。古來學者，多有研究及此。然以代王念孫、王引之、盧文弨、孫星衍、顧廣圻、孫詒讓、俞樾諸人為最完密謹嚴，合科學之方法。孫詒讓《札迻序》云：『大氏以舊刊精校為據依，而究其微旨，通其大例，精研博考，不參成見。其諟正文字訛舛，或求之於本書，或旁證之他籍，及援引之類書，而以聲類通轉為之錧鍵。』能明乎此，則校劫之學，思過半矣。」（《民國時期經學叢書》第一輯第四冊，第 165 頁）

有訓詁之學第三十四

所謂訓詁，前已詳言之矣，而其學實可專門而名者。何也？說經之道，以訓詁為第一要事。訓詁通，斯經義無不通矣。

詁者，古言也〔一〕，謂以今語解古語〔二〕也；訓者，順也，謂順其語氣以解之也。以今語解古語，則逐字解釋者也；順其語氣以解之，則逐句解釋也。時俗講義，何嘗不逐字逐句解釋，但字義多杜撰，語意多影響，與所謂訓詁有別。訓詁者，必古有是訓，確而見之故書，然後引而釋經，不附會，不穿鑿，不憑空而無據。

【注釋】

〔一〕鄭樵《爾雅鄭注》卷上：釋詁者，古言也，格之以今；釋言者，今言也，格之以正。

〔二〕以今語解古語：王筠《菉友蛾術編》卷上：扶胥，《毛詩》「山有扶蘇」，傳曰：「扶蘇，扶胥，小木也。」可知扶蘇是周語，扶胥是秦漢間語，毛以今語解古語。《詩傳》、《詩說》則直以今語改古語也。

【附錄】

清惠棟《九經古義》六：《烝民》云：「古訓是式。」傳云：「古故訓道。」箋云：「故訓，先王之遺典也。」《說文》引《詩》作詁訓（言部），云訓故言也。張揖《雜字》云：「詁者，古今之異語也。訓者，謂字有意義也。郭氏《爾雅》有釋詁、釋訓，樊孫等《爾雅》皆為釋故（見《詩》釋文）、釋訓，《藝文志》：《詩》有《魯故》、《韓故》、《齊后氏故》、《孫氏故》、《毛詩故訓傳》。（唐石經及正義皆作詁訓，《釋文》作故訓。正義云：定本作故）《書》有大小夏侯解故，皆所謂故訓，先王之遺典也。小顏曰：「故者，通其指義。」孔穎達以為古訓者，故舊之道故，

為先王之遺典，何其謬與？《周書‧大開武》曰：「淫文破典，典不式，教民乃不類。」荀卿子引傳曰：「博聞強志，不合《王制》，君子賤之，皆謂不式古訓者也。」（《正義》首卷詁訓傳下亦引是詩以為證，與此疏異者。顧君寧人所謂「諸儒義疏不出一人之手」，是也）

兩漢諸儒，類皆明於訓詁，故其立說切實可靠，不同宋人之以空言說理者。國朝經學家，如顧氏〔一〕、閻氏〔二〕而下，亦皆精通乎此，故能上接漢代，且有發漢儒所未發者。不然，憑空臆造，蔑古又孰甚哉！

總之，解經有至切至要之訣：但能以一字解一字，不添一虛字，而文從字順，疑義頓晰者，便是絕好；經解若須添數虛字，補綴幹旋，方能成語者，定非。

然欲通訓詁，宜講漢學。漢學者，漢人注經講經之說也。經是漢人所傳，注是漢人創作，義有師承，語有根據，去古最近，多見古書，能識古文，通古語，故必以漢學為本而推闡之，乃能有得。

【注釋】

〔一〕顧氏指顧炎武。

〔二〕閻氏指閻若璩。

【附錄】

《二程遺書》卷十八：「古之學者一，今之學者三，異端不與焉：一曰文章之學，二曰訓詁之學，三曰儒者之學。欲趨道，捨儒者之學不可。」「今之學者有三弊：一溺於文章，二牽於訓詁，三惑於異端。苟無此三者，則將何歸必趨於道矣。」

宋黃震《黃氏日鈔》卷四十九「儒學傳」條：「排二氏以續孔、孟之絕，約六經以起八代之衰，唐之儒學，孰有加於文公乎？若訓詁之學，則陸德明、顏師古、孔穎達用意亦良苦，如漢馬、鄭之流矣。今唐史凡議一制度之沿革、一俎豆之隆殺者皆謂之儒，甚至修姓氏之學者亦預焉。嗚呼，是何儒學之褻哉！」

宋林光朝《艾軒集》卷四：學者有意於六經，則訓詁之學不可盡廢。欲無惑於訓詁，其於古人造字之本，與夫前代所以損益之，烏可不旁通之乎？

宋滕珙《經濟文衡》後集卷十二論漢儒訓詁之學《答劉淳叟》：此段謂漢儒窺見些小，終不曾見得大體。問：「漢儒何以溺訓詁而不及理？」答曰：「漢初諸儒專治訓詁，如教人亦只言某字訓某字，令自尋義理而已。至西漢末年，儒者漸有求得稍親者，終是不曾見全體。」問：「何以謂之全體？」答曰：「全體須徹頭徹尾見得方是。且如匡衡論時政，亦及治情性之說，及到得他入手做時，又卻只修得些小宗廟禮而已。翼奉言見道知王治之象，見經知人道之務，亦

自好了，又卻只教人主以陰陽日辰貪狼廉貞之類辨君子、小人，以此觀之，他只是復窺見得些子，終不曾見得大體也。唯董仲舒三篇說得稍親切，終是不脫漢儒氣味，只對江都易王云：『仁人正其誼不謀其利，明其道不計其功。』方無病，又是儒者語。」

宋俞琰《書齋夜話》卷四：李挺之語邵康節云：「科舉之外，有義理之學；義理之外，有物理之學；物理之外，有性命之學。」程伊川曰：「古之學者三，異端不與焉：一曰文章之學，二曰訓詁之學，三曰儒者之學。」蓋文章之學即科舉之學，訓詁之學即義理之學，儒者之學即性命之學。性命為上，物理、義理次之，科舉之學末也，學吟詩又其末也。

宋俞琰《書齋夜話》卷四：張子韶曰：「學者專意時文，不知研窮經史。」則舉業之外，叩之空空如也，亦可恥也。前輩謂「久不以古今灌溉胸次，試引鏡自照，面目必可憎，對人語言無味」，正此謂也。

元郝經《郝文忠公陵川文集》卷十九《辨微論》之「經史」篇：古無經史之分。孔子定「六經」，而「經」之名始立，未始有史之分也。「六經」自有史耳，故《易》即史之理也，《書》史之辭也，《詩》史之政也，《春秋》史之斷也，《禮》、《樂》經緯於其間矣，何有於異哉？至馬遷父子為《史記》，而經史始分矣。其後遂有經學，有史學，學者始二矣。經者，萬世常行之典，非聖人莫能作。史即記人君言動之一書耳，經惡可並？雖然，經史而既分矣，聖人不作，不可復合也。第以昔之經而律今之史，可也；以今之史而正於經，可也。若乃治經而不治史，則知理而不知跡；治史而不治經，則知跡而不知理。苟能一之，則無害於分也。故學經者，不溺於訓詁，不流於穿鑿，不惑於議論，不尼於高遠，而知聖人之常道，則善學者也。訓詁之學始於漢而備於唐，議論之學始於唐而備於宋，然亦不能無少過焉。而訓詁者或至於穿鑿，議論者或至於高遠，學者不可不辨也。學史者，不昧於邪正，不謬於是非，不失於予奪，不眩於忠佞，而知所以廢興之由，不為矯詐欺，不為權利誘，不為私嗜蔽，不以記問談說為心，則善學者也。古無史之完書，三變而訖於今：左氏始以傳《春秋》，錯諸國而合之；馬遷作《史記》，離歷代而分之；溫公作《通鑒》，復錯歷代而合之。三變而史之法盡矣。古不釋經，亦三變而訖於今：訓詁於漢，疏釋於唐，議論於宋。三變而經之法盡矣，後世無以加也。但學之而不遺，辨之而不誤，要約而不繁，得其指歸而不異，而終之以力行而已矣。嗚呼！後世學經者，復務於進取科名，徇時之所尚，破碎分裂，經之法復變矣。學史者務於博記注，滋談辯，釣聲譽，以愛憎好尚為意，混淆無偽，而史之法復變矣。其將變而無窮耶？其亦變而止於是耶？其由變而經史之道遂亡也邪？「九師興而《易》道微，『三傳』作而《春秋》散」，昔人之議猶若是，矧於今之變乎？變而不已，其亦必亡矣。

元胡炳文《雲峰集》卷二《明復齋記》：友人王敏夫以「明復」名其書室，請記於予。予曰：子學《易》，盍稽之《易》。《復》造化陰靜而陽動，世亂而治，吾道屈而伸，無有極而不復

者。然必曰「七日復」，由乎數，人善端有時發見，亦無有不可復也。復之由乎學。《論語》大學第一章首揭一「學」字，子朱子謂：「明善而復其初。」皆因學言復。性本善，學以明其善；心本明，學以明其明。不失無復，不學不能復。然古今之學有三，曰吾儒之學，曰訓詁之學，曰詞章之學。漢專門尚訓詁，注盡聖賢千言萬語，於身心無纖毫益。唐科舉詞章，則枝葉愈繁，本根愈失，而去道愈遠矣。惜不知我得於天者何物？

　　明魏校《莊渠遺書》卷十一《與鄒魯別紙》：聖人說話，都是教人切實做工夫。如《學而》首章聖人分付要如此如此，假令有一學生只管去念，眾必驚訝，以為病狂喪心。嗚呼！此乃後世記誦之學設。有一生只管對人解說學是如何，習是如何，眾必驚訝以為病狂喪心。嗚呼！此後世訓詁之學設。又有一生要求勝夫子，夫子說學，他便要說以不學為學，夫子說習，他便要說以不習為習，如此眾有不大驚訝者乎？此即慈湖是也。此正棒喝禪師、訶佛罵祖者也。魯生，魯生，胡不觀鷹乃學習，都是實事，空言使不得也。

　　【今按】以上各家論述，皆可參考利用。

有考據之學第三十五

　　考據〔一〕者，考歷代之名物〔二〕、象數〔三〕、典章〔四〕、制度〔五〕，實而有據〔六〕者也。

【注釋】

〔一〕考據：研究歷史、語言之一種方法。通過考核事實和歸納例證，提供可信材料，從而作出結論。考據方法主要是訓詁、校勘和資料之搜輯整理。陳澧《東塾讀書記・孟子》：「引『雨我公田』以證周用助法，考據之學也。」馮桂芬《闕里致經堂記》：「漢學善言考據，凡名物、象數、文字形聲、訓詁，非漢儒不傳。」朱自清《經典常談・文》：「當時漢學家提倡考據，不免繁瑣的毛病。」

〔二〕名物：事物之名稱、特徵。《周禮・天官・庖人》：「掌共六畜、六獸、六禽，辨其名物。」賈公彥疏：「此禽獸等皆有名號物色，故云『辨其名物』。」

〔三〕象數：《左傳・僖公十五年》：「龜，象也；筮，數也。物生而後有象，象而後有滋，滋而後有數。」杜預注：「言龜以象示，筮以數告，象數相因而生，然後有占，占所以知吉凶。」《周易》中凡言天、日、山、澤之類為象，言初、上、九、六之類為數。象數並稱，即指龜筮。

〔四〕典章：制度法令之統稱。

〔五〕制度：謂在一定歷史條件下形成之法令、禮俗等規範。

〔六〕實而有據：與「架空立說」相對。朱熹《晦庵集》卷五十九《答趙致道》：「不
　　曰理而曰禮者，蓋言理則隱而無形，言禮則實而有據。禮者，理之顯設而有節
　　文者也。言禮則理在其中矣。故聖人之言，體用兼該，本末一貫。」沈佳《明
　　儒言行錄》卷八：「陽明先生解生知是知此義理，學知困知是學知困知此義理，
　　不必在名物、象數上推求。不知名物、象數，無非吾心之義理所流露。若精神
　　一味奔向書冊，不向自己理會，此是向外馳求。然又不是拋棄書冊，一味靜
　　坐，須知另外有個意思在，即讀書靜坐，著衣吃飯，隨所往無非是此個，如此
　　才不起念頭，不思而得，不勉而中，亦必由擇執純熟來，才有此意。」王陽明
　　以為考據是「向外馳求」。

　　此其學至博至大而至難精。古人有考一事而聚訟至數十百家，積千載而不
能晰者。學者非熟讀「十三經」，縱覽諸子、各史及先儒傳注記載之屬，不足
以語於此。

　　國朝顧炎武、閻若璩、毛奇齡、朱彝尊、戴震、錢大昕、紀昀、阮元諸人，
皆該貫六藝，斟酌百家，故其考據始有可信。若夫偏袒一家，得此失彼，依前
人之成說，作附會之空談，是丹非素，毫無所得，則一孔之論也。

　　此學切實，有益於用，凡讀子讀史及言經濟者，皆當講求。但非倉猝可
辦，學者必積數十年之實力，乃可以言貫通。不然，則泥今非古，皆無當也。

　　余列目錄之學〔一〕，示人以讀書之門徑；列校勘之學〔二〕，示讀書之當細
心。由是而通訓詁，精考據，則經學之事盡矣，即凡為學之事亦盡矣〔三〕。由
是而見諸躬行，發為經濟，則視其人之善自立也。

【注釋】

〔一〕顧千里《思適齋集》卷十四題跋：夫書之為物至多，人生讀之難遍。以謝山之
　　　博覽，而弗知北宋本之尚存。如僕者，雖知別有南宋本，而垂老始獲一見，於
　　　柯溪之得，然則目錄之學亦豈易言哉？

〔二〕朱一新《無邪堂答問》卷三：國朝人於校勘之學最精，而亦往往喜援他書以改
　　　本文。不知古人同述一事，同引一書，字句多有異同，非如今之校勘家一字不
　　　敢竄易也。今人動以此律彼，專輒改訂，使古書皆失真面目。此甚陋習，不可
　　　從。凡本義可通者，即有他書顯證，亦不得輕改。古書詞義簡奧，又不當以今
　　　人文法求之。

〔三〕朱一新《佩弦齋文存》卷下《答龔菊田刺史書》：漢、宋學術，務持其平，而
　　　於漢學家之說自天算地輿、六書音韻、制度名物及校勘之學，是其專長；外其

有謬託漢儒之義以詆宋儒，而實失漢儒之真者，詖淫害道，則必嚴辨之。九流百家之書、釋迦摩西之教以及近時洋務西學，自有裨實用；外其或謬詡新奇以大害人心者，亦必嚴斥之。大旨學必期其有用，功必歸諸實踐，由訓詁進求義理，而如漢學家溺於訓詁、以害義理者則不取；由義理探源性道，而如講學家空衍性天以汨義理者則不從。言治術務求可行，而不敢為高遠之論；言時務必明大勢，而深鄙夫揣摩之徒。雖不敢謂百世不惑，要有異乎近時名下士之所為，諸生幸多就我繩墨，以此為教，庶鮮流弊。第使今之名士見之，必有罵我不通者。通不通，何足論，期無誤諸生來學之意而已。此書與乾嘉以前儒者之言可相印證，與乾嘉以後儒者之言則多不合，與吾江浙學者之言尤多不合。合不合何足計，期不背聖門教人之旨而已……近儒中惟錢竹汀若並世而生，謹當退避三舍，他如王西莊之徒，當與並驅中原，餘子碌碌，則事我者也。君乃揚彼而抑此，未免顛倒矣。

【附錄】

葉德輝《書林清話》卷一：近人言藏書者，分目錄、板本為兩種學派：大約官家之書，自《崇文總目》以下至乾隆所修《四庫全書總目提要》，是為目錄之學；私家之藏，自宋尤袤遂初堂、明毛晉汲古閣及康雍乾嘉以來各藏書家，斷斷於宋元本舊鈔，是為板本之學。然二者皆兼校讎，是又為校勘之學。本朝文治超軼宋元，皆此三者為之根柢，固不得謂為無益之事也。昔顧潤賞《跋蔡中郎文集》云：「書以彌古為彌善，可不待智者而後知矣。乃世間有一等人（其人蕘翁門下士也），必謂書毋庸講本子。噫！將自欺耶？欺人耶？敢書此以質蕘翁。」跋載黃記蕘翁有此門下，亦可謂失傳衣缽矣。同年友某嘗與吾笑談，謂平生不知板本，但見其書有字即讀。吾戲語之曰：「君所讀書皆無字。」是亦各明一義矣。

經解入門卷六

解經不尚新奇第三十六

經義平允，解者不可以新奇求勝。蓋凡新則不古，奇則不正。十三經皆先聖遺言，意義醇厚，豈有如後世子部、說部之書，徒快一時口舌哉！故如或解「豚魚」二字，謂即今之「江豚」〔一〕；解「舊井無禽」，謂「桔槔之上似禽，舊井無水，不用桔槔，故云無禽」〔二〕；解「西方美人」，謂「佛教東流，始於周代」〔三〕之類，皆說經家所不取。

【注釋】

〔一〕宋丁易東撰《易象義》：豚魚，今之江豚是也。豚魚知風，豚魚之出，則澤上有風之兆也，所謂石燕飛而雨至，江豚出而風生也。江豚，東南之所常見，惟西北則多不之聞，故先儒或析豚魚為二物，非也。江豚澤，將有風則出，無風則不出，最信者也，故中孚取象焉。巽為魚為風，兌為澤故也。吾信如豚魚之知風，則吉矣。行乎澤上而知風，則利涉大川而無虞矣。兌澤為大川，巽木在上，乘木有功，利涉大川也。利貞。爻位正不正相間，恐其不正，欲其得正也。得正則應乎天道，而無不利矣。此卦中心孚信，而能涉險者也。

〔二〕宋王應麟輯、長洲惠棟考補《增補鄭氏周易》卷中：「井，坎水也，巽，木桔槔也，互體離兌，離外堅中虛，瓶也，兌為暗澤，泉口也。言桔槔引瓶，下入泉口，汲水而出，井之象也。井以汲人，水無空竭，猶君子以政教養天下，惠澤無窮也。」（《新本鄭氏周易》卷中）朱謀㙔《周易象通》卷六：「坎為水泉，巽為桔槔。水出桔槔之上，故為井。古者方里而井，四井為邑。邑則人之所聚，井則人之所養，人有遷移，井無更變，故曰改邑不改井，無喪無得，往來

－245－

井井，是其象也。然井雖養人，必待施綆而後其用行。若徒有井而無綆，猶廢井矣。有其綆而羸，其瓶猶廢綆矣。故曰井者，德之地也，而其用則遷也。占者得此，必具體用而施諸行事，乃獲其吉，故並言未綆羸瓶之凶焉。」

〔三〕《四庫全書總目》卷十六《毛詩稽古編提要》：「至於附錄中『西方美人』一條，牽及雜說，盛稱佛教東流始於周代，至謂孔子抑三王，卑五帝，薉三皇，獨歸聖於西方。捕魚諸器一條，稱廣殺物命，恬不知怪，非大覺緣果之文莫能救之，至謂庖犧必不作網罟，皆於經義之外，橫滋異學，非惟宋儒無此說，即漢儒亦豈有是論哉！」清夏炘《讀詩劄記》卷三：「康熙時吳江有陳啟源者，著《毛詩稽古編》一書，寫以小篆，專闢朱子，而宗《小序》、毛、鄭，可謂古調獨彈矣。其附錄中『西方美人』一條，盛稱『佛教東流，始於周代』，孔子抑三王，卑五帝，薉三皇，獨歸聖於西方，侮聖悖經，至斯已極，則其專斥朱子尤罪之小者矣。」清陳啟源《毛詩稽古編》卷三十：「夫子謂商太宰曰：『西方之人，有聖人者焉，不治而不亂，不言而自信，不令而自行，蕩蕩乎民無能名焉。』此目我釋尊言也。《簡兮》詩『西方美人』，所指將無同。蓋漢明以前，大法雖未被東土，然觀周昭穆二王時，太史蘇由扈多睹充風而知祥西極化人，說者以為即神足弟子中天台之建，寔佛剎之濫觴，可見此時大法必稍有流傳，一二士大夫明悟淵識者能默記之，但未比戶誦習耳。故邶國詩人聞風思慕，晉語亦引西方之書，齊姜氏大國女，所聞必有由來矣。『彼美人兮，西方之人兮』，渴仰戀慕，情見於詞，抑賢人其修淨土觀者，與姜氏所引書曰：『懷與安，寔疚大事。』懷則不能解脫，安則不能精進。大事所謂一大事因緣也。姜引之，雖斷章，要皆微妙，宗旨略見於周世者，合之夫子之言，足證東土之有大法久矣。及秦火之後，已遭煨燼，然劉向序列仙，著有佛名，傅毅承明帝問，便對以天竺之教，非素有流傳，豈能知之乎？又夫子之答太宰，抑三王，卑五帝，薉三皇，獨歸聖於西方，非神孚冥契，在語言文字之表不能推尊至此，所謂惟聖知聖也，與邶賢齊女得之於流傳者又異矣。噫！此可為知者道也。」

按江藩《國朝經師經義目錄·詩》云：國朝崇尚實學，稽古之士崛起。然朱鶴齡之《通義》雖力駁廢《序》之非，而又採歐陽修、蘇轍、呂祖謙之說，蓋好博而不純者也。鶴齡與陳啟源商榷《毛詩》，啟源又著《稽古編》三十卷，惠徵君定宇亟稱之。其書雖宗鄭學，訓詁聲音以《爾雅》為主，草木蟲魚以陸《疏》為則，可謂專門名家矣。然而解「西方美人」，則盛稱「佛教東流，始於周代」，至謂「孔子抑薉三皇而獨聖西方」。解「捕魚諸器」，謂「廣殺物命，

恬不知怪,非大覺緣果之文莫能救之」,妄下斷語,謂「庖犧必不作網罟」。吁!可謂怪誕不經之談矣!

　　無論漢儒、宋儒及國朝諸儒,各說之新奇無理者,皆當訂正,斯為有功於經。如舊說本平允可據,而解者妄生議論,好逞新奇,於古書毫無所據,固為蔑古。即或有子部之言,及隋以前說家之書可證,然怪誕荒謬,皆於經旨無當,雖有證亦不尚〔一〕。蓋經為三代之文,解經者即說三代之語,安得以新奇自喜、矜為心得乎?大凡學解經者,讀書不多,見理不足,往往好立新說,以為醒目。不知此是說經第一大病〔二〕。學者切宜力戒!倘此病深入,則終身不能進益矣。

【注釋】

〔一〕《輶軒語・語學第二》「讀子為通經」條云:「以子證經,漢王仲任已發此義。子有益於經者三:一證佐事實,一證補諸經訛文、佚文,一兼通古訓、古音韻。然此為周、秦諸子言也,漢、魏亦頗有之。至其義理,雖不免偏駁,亦多有合於經義,可相發明者。宜辨其真偽,別其瑜瑕,斯可矣。唐以後子部書最雜,不可同年而語。」

〔二〕劉秉章《十三經注疏校勘記識語序》:以示來學……使知望文生義、向壁虛造誠儒者之恥,若單文孤證,果於立異,亦當深戒。尤冀能讀書者實事求是,推求尋覽,毋事苟簡,毋尚新奇,以遠虛浮孤陋之譏。(《續修四庫全書》第183冊,第548頁)

【附錄】

　　《朱子語類》卷八十七:人只是讀書不多,今人所疑,古人都有說了,只是不曾讀得。

　　宋滕珙輯《經濟文衡後集》卷十七「論漢儒最善說經」曰:「秦漢諸儒,解釋文義雖未盡當,然所得亦多,今但就分數多處論之,則以為得其言而不得其意,與奪之際,似已平允,若更於此一向刻核過當,卻恐意思迫窄,而議論偏頗,反不足以服彼之心。」「論六經不可求奇」曰:「至於文字之間,亦覺向來病痛不少。蓋漢儒說經最為守章句者,然亦多是推衍文義,自做一片文字,非惟屋上架屋,識得意味淡薄,且是使人看者將注與經作兩項工夫做了,下梢看得支離,至於本旨全不相照,以此方知漢儒可謂善說經者,不過只說訓詁,使人以此訓詁玩索經文。訓詁、經文不相離異,只做一道理看了,只是意味深長也。」

　　《六經奧論》卷三「解經不可牽強」:橫渠張先生曰:「置心平易,始知詩。」余謂讀六經之書皆然。如《書》曰:「刑故無小,宥過無大。」諸家解用十數句解不盡。曾見作者說曰:「刑

故無刑小，宥過無宥大。」只添二字，而辭意明白，不用解經而理自明。孟子謂「民之秉彝」句亦如此。

明張泰《滄洲詩集》卷三《讀書》：讀書不多膽不大，造理不深心不卑。從古聖賢辛苦在，後生何敢挾生知。

明周子文《藝藪談宗》卷二：讀書不多，未可輕議古人。

清高廷珍輯《東林書院志》卷六：學者要多讀書。讀書多，心量便廣闊，義理便昭明。讀書不多，理便不透。理不透，則心量窒塞矣。吾人心量原是廣闊的，只因讀書少，見識便狹窄。若讀書窮理工夫，到窮得一分理，心量便開一分。讀書即明心也。

清陸隴其《三魚堂文集》卷六：讀《詩經》、《禮記》皆不能成誦。聖賢經傳與濫時文不同，豈可如此草草讀過，此皆欲速而不精之故。欲速是讀書第一大病。工夫只在綿密不間斷，不在速也。能不間斷，則一日所讀雖不多，日積月累，自然充足。若刻刻欲速，則刻刻做潦草工夫，此終身不能成功之道也。方做舉業，雖不能不看時文，然時文只當將數十篇看其規矩格式，不必將十分全力盡用於此。若讀經，讀古文，此是根本工夫。根本有得，則時文亦自然長進。千言萬語，總之讀書要將聖賢有用之書為本，而勿但知有時文；要循序漸進，而勿欲速；要體貼到自身上，而勿徒視為取功名之具。

清陳啟源《毛詩稽古編》卷一《序例》：先儒釋經，惟求合古；後儒釋經，多取更新。故者，古也，合於古，所以合於經也。後儒厭故喜新，作聰明以亂之，棄雅訓而登俗詮，緣叔世以證先古，為說彌巧，與經益離遠也。欲參伍眾說，尋流溯源，推求古經本指，以挽其弊……存其信而闕其疑，勿以亂古之真，竊謂有一得焉，古今為詩學者無慮數十家，其說燦兮備矣。今日論詩不必師心以逞，惟當擇善而從，故斯編止參酌舊詁，不創立新解。

清張澍《養素堂文集》卷二十四：所著有《周禮匯解》、《左傳闡義》二書，大抵採宋儒之說，而參以本朝諸家，於方靈皋尤為服膺，其言平實堅確，不尚新奇，可傳也。（《續修四庫全書》第 1506 冊）

清張之洞《創建尊經書院記》：初學窮經，知所從。憑臆妄說無益，不辨純駁，任意抄撮亦無益。每課發題，經解題必出先儒，已有確解定論者，使之疏證，以覘其悟。疏證者，比類引書以徵實。或舊解兩歧者，使之自決，以覘其斷。先檢元書，宣示諸生，使其領解，然後下筆。主講既評其卷，指其乖合通塞，必為書一確解，張於講堂。（《張之洞全集》第十二冊，第371 頁）

桂文燦《經學博採錄》卷六：黃氏以來，其傳微矣，二千載而後，能嗣其音者，以文燦所聞，蓋自曾勉士學正始。學正名釗，南海九江堡人也，為諸生時，即以經明行修聞。阮文達公開學海堂，學正首膺授經弟子之選。道光乙酉，以拔萃貢成均，旋補合浦縣教諭，調欽州。學

正所著有《周易虞氏義箋》、《詩毛鄭異同辨》文集共若干卷，或以經解經，或援據精確，不襲故說，不尚新奇，最為世所推重云。

羅澤南《姚江學辨》卷二：以好博之心解經，不可也。謂解經即是好博，尤不可也。好博之不可者，如後世考據之家，泛覽群書，自矜博洽，徇外誇多，毫無關於身心。其識愈多，其心愈昏，非聖賢之學也。若夫探義理之精微，窮聖賢之蘊奧，究其當然，復究其所以然，以之體於身心，則為修德之要功，以之達於國家，則為經世之大用，此聖學入德之門，非好博也。不博則其理有所不明也。是故「五經」者，聖道之所寄也。《詩》以言性情，《書》以道政事，《周易》備陰陽之消長，《春秋》明治世之大法，《周官》、《儀禮》古先王之制度文為備載其中。讀其書，可以明聖人之道。明其道，即以晰吾心之理。

王嗣槐《桂山堂詩文選》卷五《明經學》：經也者，聖人之心，萬世之耳目也。由是而行焉之謂道，由是而言焉之謂經。秦人焚之而出焉，不能亡也。秦人焚之而不出焉，亦不能亡也。秦之焚書也，三墳五典八索九丘不可得而睹矣。古書三千，自帝魁而下，古詩三千，若孔子所逸雜見他書者不可得而睹矣。然而伏生所藏，孔壁所發，二十九篇而全書可概也，三百五篇而全詩可概也，又何必問孔子昔所除所刪之詩書丘索乎哉？……漢儒經學，可為訓詁詳明，指事有本，而不免破碎穿鑿者，此也。伊川《易傳》，言理不言數，晦庵述《詩》，信經不信序。其於《易》之教、《詩》之教何如也？蔡沈注《書》憑臆說，胡文定傳《春秋》多牽強，《小戴禮》鄭玄為注，而宋人不為注，其於《書》《禮》《春秋》何如也？宋儒經學，可為探微窮奧，見理甚醇，而不免紆滯拘攣者，此也。然則以經解經，不可解也，漢儒是也。以我解經，不可解也，宋儒是也。以經從我而解經，不可解也，漢儒經外又擬經焉是也。以我從經而解經不可解也，宋儒闡經而反為經掩焉是也。夫惟以一經通六經而貫其義，以一心合六經而會其神，斯為善學經，而去二儒之蔽者乎？國家以專經取士，不謂其能舉一經之辭，謂其明一經而六經畢貫於此也。雖然，宋儒之學所為優於漢者，豈非漢儒所明者義例，而宋儒所明者理道哉？故曰：經也者，聖人之心，而即萬世之心也。學經者於此求之，思過半矣。

【今按】各家贊同「解經不尚新奇」。經學從來不是爭奇鬥豔的場所。今人力主創新，已不明「此是說經第一大病」！如果此病不除，不但終身不能進益，且無法穿越古今的鴻溝。

解經不可虛造第三十七

凡說經，一字一義必當求其實據，原原本本，敘出來歷，方為可靠。〔一〕若以「想當如是」之法行之，依稀彷彿，似是而非，此名「虛造」。昔許氏《說文敘》嘗云：「世人詭更正文，向壁虛造不可知之書，變亂常行，以耀於世。」然則虛造之弊，漢時已有，故許君有《說文解字》之作。然漢俗虛造，大半由

於無書可考。今人生經學昌明之會，典策圖書，無乎不備。老師大儒，互相講明。而猶不能自勉，力窮源委，以蹈虛造之習，其得罪許君孰甚！學者有志窮經，必先力除此病，然後可與入道〔二〕。

【注釋】

〔一〕胡培翬《研六室文鈔》卷六：考據之學，至今特盛者。宋之大儒，研求性命精微之旨，先其大者，而亦不遺乎小。後人得其糟粕，耳食空談，一切儒先古誼輕於背棄，以致聲音訓詁之不詳，而訛文脫字日多，制度名物之不講，而蔑古荒經者眾。國朝諸儒乃特矯而正之，詳加釐訂，一一必求其實據，不敢逞私臆斷，亦運會使然，非以爭勝於前人也。以孔門之教論之。漢儒先博學致知，而不廢躬行。宋儒重躬行，而亦必本於博學。考據之學，則又兼博學、審問、慎思、明辨以求致知者也。以漢學為難，得其門徑亦非難。以宋學為易，則誠有非易者。昔人謂宋學不在多言，要於躬行實踐。易乎？難乎？漢儒之學具存注疏，而毛、鄭之注《詩》、《禮》尤其精者。宋儒之學，在五子書，而《小學》、《近思錄》尤為切要。大抵風俗之敗壞，皆由小學等書不講之故也。若夫考據之學，必先以博覽多識，似須精力強壯為之，晚年恐有不及。足下向學之意甚殷，而又疾世風之不古，急急以正人心風俗為務，誠為有志聖賢之學，而惜所見之未深也，故不憚詳悉指陳，惟垂察焉。（《續修四庫全書》第1507冊）

〔二〕《經學通論》：「子曰：『多聞闕疑。』又曰：『君子於其所不知，蓋闕如也。』然則聖人生於今日，其解經必不向壁虛造，而自欺欺人也明矣。」今按，古曰向壁虛造，今曰憑空想像。

【附錄】

《朱子語類》卷六十：大抵解經不可便亂說，當觀前後字義也。

《建炎以來繫年要錄》卷一百五十二：己未上謂大臣曰：「近多有人進《春秋解》，可令通經者詳之。蓋《春秋》難解，人各有說，當取所長頒示學者。」秦檜曰：「解經不可執一說。王安石要人從己說，故為學者譏議。蓋道猶海也，隨所得之深淺不同耳。」上曰：「說雖不同，必有所歸。」檜曰：「四瀆之廣，同歸於海也。」

《科場條例》卷十三：嘉慶十一年奉上諭：御史楊昭奏鄉會試及歲科小試請仍照舊制專經取士一折。士子讀書應試，自當通習諸經，敦尚實學。乾隆五十一年，皇考高宗純皇帝以分經閱卷易滋弊竇，改為「五經」輪試，於輪試畢，為鄉會試，第二場兼用「五經」，迄今已閱二十餘年。各該省取中試卷於「五經」題文均能一律完善。今該御史奏稱「中人以下之質勢難『五經』

俱熟，或強事涉獵，恐有名無實」等語，在該御史係雲南人，自以「五經」全熟為難。若江浙大省，士子彬彬向學，何難「五經」俱孰？且現值經學昌明之會，應試諸生讀「五經」者日多。

不可望文生訓〔一〕第三十八

　　古書一字一句，皆有精義。若不加詳考，就文說之，如王介甫〔註1〕以「波」為「水皮」，蘇東坡不知「鳩」字從鳥從九之義，而云「《詩》曰：『鳲鳩在桑，其子七矣。』合一父一母則為九，故其文為九」之類，此為望文生訓。又凡經文數語，必與全篇之義相屬。解者不審全篇之義，姑就本文串之，似為近理，亦為望文生訓。初學均宜切戒。前人成說，如犯此弊，亦必細心為之糾正。〔註2〕

【注釋】

〔一〕望文生訓：同「望文生義」。指不推求詞句的確切涵義，只從字面上去附會，作出錯誤的解釋。如王念孫《廣雅疏證》卷六上：「……言大凡也。無慮亦謂大率，無小計慮耳……揚攉、婷榷、堤封、無慮皆兩字同義。後人望文生訓，遂致穿鑿而失其本旨，故略為辯正。大氐雙聲疊韻之字，其義即存乎聲，求諸其聲則得，求諸其文則惑矣。」《讀書雜志・漢書第一》：「此望文生訓，而非其本旨。」俞樾《湖樓筆談》五：「望文生訓，實非古義。」《諸子平議》卷十七：「望文生訓，殊為失之。」《諸子平議》卷二十九：「望文生訓，失之泥矣。」俞樾《茶香室經說》卷三：「望文生訓，殊非確詁。」孫詒讓《札迻》卷四：「望文生訓，傅會可笑。」《札迻》卷五：「望文生訓，不足據。」清郭慶藩《莊子集釋》卷三上：「望文生訓，殊為失之。」卷四中：「望文生訓，殊不足據。」

不可妄詆古訓第三十九

　　漢人解經，皆守師說，即其作訓，亦必確有所本，不同臆造。或當時傳聞

───────────

〔註1〕【王介甫】王安石字介甫。

〔註2〕此條方國瑜校點本作：古書一字一句，皆有精義。如王介甫以「波」為「水之皮」，蘇東坡詰之曰：「然則『滑』乃『水之骨』？」介甫《字說》多如此類。東坡又嘗設「鳩」字從九之義嘲之，謂《詩》云：「鳲鳩在桑，其子七兮。」連娘帶爺，豈不是九？此望文生訓之戒也。又凡經文數語，必與全篇之義相屬，且與他經之義不相窒礙。若不審其全，會其通，姑就本文說之，似為近理，亦必細心為之糾正，不可因人之誤以誤經。

本皆如此，或前代語言與今不同。學者遇古訓不可猝解者，必須詳考時代，求
其實情。果有不安，然後可以訂正，不得粗心流覽，於我未解，妄加詆毀。如
或斥康成《禮注》「八十一御妻」及「冕旒」之屬，非是古人有失，實其自己
淺陋，初學萬不可蹈此輕薄習氣！

【注釋】

〔一〕鄭玄於《天官》九嬪注：「嬪，婦也。《昏義》曰：『古者天子后立六宮、三夫
　　　人、九嬪、二十七世婦、八十一御妻，以聽天下之內治，以明章婦順，故天下
　　　內和而家理也。』不列夫人於此官者，夫人之於后，猶三公之於王，坐而論婦
　　　禮，無官職。」疏云：帝嚳時立四妃象后妃四星，其一明者為正妃，其三小者
　　　為次妃。帝堯因焉，至舜不告而娶，不立正妃，但三夫人而已。夏后氏增以三
　　　三而九，為十二人，殷人又增有三九二十七，合三十九人。周人上法帝嚳，而
　　　立正妃又三九二十七為八十一人，以增三十九，並后合百二十一人。其位后
　　　也、夫人也、九嬪也、二十七世婦也、八十一女御也。

〔二〕《周禮・夏官・弁師》：「掌王之五冕，皆玄冕、朱裏、延、紐。五采繅，十有
　　　二，就皆五采玉十有二，玉笄，朱紘。」鄭玄注：「延，冕之覆，在上，是以
　　　名焉。紐，小鼻，在武上，笄，所貫也。注繅雜文之名也，合五采絲為之，繩
　　　垂於延之前後，各十二，所謂邃延也，就成也，繩之每一帀而貫五采玉，十二
　　　斿則十二玉也，每就間蓋一寸。朱紘，以朱組為紘也。紘一條，屬兩端於武。」
　　　鄭玄注以為冕之前後皆有旒。江永《鄉黨圖考・衣服・冕考》：「《大戴禮》及
　　　東方朔《答客難》皆云冕而前旒，所以蔽明，則無後旒可知。後旒何所取義
　　　乎？鄭謂前後皆有旒，此因《玉藻》前後邃延而誤耳。前後邃延，謂版長尺六
　　　寸，自延端至武前後皆深邃，非謂後亦有旒也。《玉藻》言十有二旒，未嘗言
　　　前後皆十有二旒也。據疏引漢禮器制度，亦云垂於延之前後，豈叔孫通失之
　　　與，抑所引者非禮器制度之原文與？且袞冕二十四旒，用玉二百八十八，如
　　　此繁重，恐首不能勝，夫子論為邦，何為取於周冕乎？鄭所計用玉，每冕皆當
　　　去其半。」錢玄《三禮辭典》，第 705 頁：「江氏說是。今繪圖及劇裝或仍為
　　　前後有旒，非是。」（江蘇古籍出版社，1998 年版）

又如宋人之說，近今言漢學者，無論是與不是，輒屏斥之不貸。抑知宋人
說經，未嘗盡背漢說。蔡氏《書傳》〔一〕、朱氏《詩傳》〔二〕，其遵古訓者實十
之八，易古訓者十之二，且其所辨出是非，萬不可以耳食之餘輕議前哲！但
要平心自思，前人之敢立說者，胸中必非一無所據，且諸名儒類皆萬卷，羅

網眾家，豈以〔註3〕我能見到者彼反失之不及之理？由是以思，自不敢輕肆舌鋒，妄詆古訓矣。不詆古訓，即能深研其義，而虛憍之氣除，為學之力日益進矣。

【注釋】

〔一〕蔡氏《書傳》指宋蔡沈《書集傳》。

〔二〕朱氏《詩傳》指朱熹《詩集傳》。

不可剿竊舊說第四十

《史記·酷吏列傳》云：「攻剿為群盜。」〔註4〕《叔孫通傳》云：「鼠竊狗盜。」〔註5〕初學解經，見書不多，而妄取前人舊說，沒其姓名，以為己說，則與盜賊何異？且安知我能剿之竊之，而人不能發之捕之乎？我所讀之書，人人必讀；我所未讀之書，人之已讀者正多。倘事剿竊，欺人乎？實欺己耳！人而欺己，則終身無實獲之事，又烏足以知聖賢之道哉？故為學戒剿竊〔一〕。

【注釋】

〔一〕徐敬修《經學常識》第四章《治經之方法》第一節《古人治經之方法》四「何謂戒」之第九條：「當戒攘竊。考據之學，引書必注明出處；引舊人說，必標姓名，若掩取群書，據為己有，則直攘竊。」（《民國時期經學叢書》第一輯第四冊，第161頁）

不可穿鑿無理第四十一

《孟子》曰：「所惡於智者，為其鑿也。」〔註6〕穿鑿二字，智者往往不免。此為說經大病〔一〕。蓋穿鑿未有不失之無理者，豈有聖賢經傳可以無理解之乎？試多取古人說經之書及國朝經學家各書讀之，自可漸祛此病。如不讀古書，而妄自恃其聰明，其不至於穿鑿無理〔二〕不止。學者切宜自勉！

〔註3〕廣文本刊語云：「以」疑「有」之誤。

〔註4〕《集解》：「徐廣曰：剿音扶召反。」《索隱》：「《說文》云：剿，刺也；一云剿劫人。音敷妙反。」

〔註5〕顏師古曰：「如鼠之竊，如狗之盜。」（《前漢書》卷四十三）

〔註6〕見《孟子·離婁下》。注：「惡人慾用智而妄穿鑿，不順物之性，而改道以養之。」

【注釋】

〔一〕徐敬修《經學常識》第四章《治經之方法》第一節《古人治經之方法》四「何謂戒」之第七條：「當戒穿鑿。如王安石《字說》以坡為土之皮，詩為寺人之言，此即穿鑿之病也。清乾嘉時，好以鐘鼎彝器字解經，此雖由於信古太過，然犯穿鑿之病，則不可諱也。」（《民國時期經學叢書》第一輯第四冊，第161頁）

〔二〕清嚴元照《娛親雅言》卷四：穿鑿無理，不可以訓。

【附錄】

清唐鑒《學案小識》卷四《翼道學案》：或問：「聖人之言，其遠如天，其近如地，還是有近的，有遠的，抑或是言近而指遠？」曰：「有近的，有遠的，亦有言近而指遠的。本淺也，而鑿之使深，此最是說經大病。漢儒說《詩》、說《春秋》往往如此，然於聖言深處，人又每每看淺了，鑽研不入，卻又辜負了聖言處亦不少。總當平易其心，隨著文義，從容涵泳，咀嚼出滋味，紬繹得意旨，則淺者還淺，深者還深，無不得矣。若先橫著有個意見，則將聖人言語都攔入自己意見來，殊甚害事也。」

清俞樾《湖樓筆談》一：禮云：「記問之學，不足為人師。」然記問亦是一學。《周易》有《序卦》一篇，先儒以其無意義，疑非聖人作，其實即記問之學也。《周易》六十四卦次序頗不易記，故作此一篇以聯絡之，使自《屯》、《蒙》至《既濟》、《未濟》，皆有意義可尋，則滿屋散錢貫穿成一線矣。趙邠卿注《孟子》，作《孟子篇敘》一篇……其說穿鑿無理，不知古人記問之學固如此也。

梅光迪《論今日吾國學術界之需要》：為學須有師承，中西學者皆然。往者吾國一學之倡，皆有人為之大師，授徒講學，故有所謂「家法」、「心傳」者，否則為「野狐禪」，不與於通人之列。近世西洋學術思想自由，往往一學之中，派別雜出，初學迷惑，莫知所宗，某書某家之優劣，與其發生之前因後果，非有名師指解，則事倍功半，難期深造。或誤入歧途，終身莫救，世固有以私淑成學，或法已往古人，奮起於千載之後者。然此或因並世無師，或有之而無親炙之緣，其艱苦自不待言，非一般學者所樂為也。吾國最初以西洋學術思想號於眾者，大抵速成之留東學生，與夫亡命之徒。前者急不能待，後者奔走於立憲或革命運動，無暇入彼邦高等以上學校，執弟子禮於名師之門，故於學術中各家之原原本本長短得失，皆憑其未受訓練之眼光以為觀察，而又以喚醒國人，刻不容緩，加之國人程度低下，無需高深，故彼等一知半解之學，亦聊勝於無。猶饑者易為食，渴者易為飲也。近年以來，留學歐美者漸多歸國，其中雖皆曾受大學教育，而為時太促，尚未能於學術界上有重大之貢獻，而少數捷足之徒，急於用世，不惜忘其學者本來面目，以迎合程度幼稚之社會，而「老不長進」，十餘年前之舊式改革家，亦多從而

和之。故今日所謂學術，不操於歐美歸國之士，而操於學無師承之群少年。若有言真正西洋學術者起，其困難又當倍加。蓋須先打破彼等之「野狐禪」及其「謬種流傳」，而後真正西洋學術乃可言也。凡治一學，必須有徹底研究，於其發達之歷史，各派之比較得失，皆當悉其原委，以極上下古今融會貫通之功，而後能不依傍他人，自具心得，為獨立之鑒別批評。其關於此學所表示之意見，亦足取信於儕輩，及社會一般之人，此之謂學有專長。今日吾國所謂學者，徒以剿襲販賣為能，略涉外國時行書報，於其一學之名著及各派之實在價值，皆未之深究，即為枝枝節節偏隘不全之介紹。甚或道聽塗說，毫無主張，如無舵之舟，一任風濤之飄蕩然。故一學說之來，不問其是非真偽，只問其趨時與否，所謂「順應世界潮流」者，正彼等自認在學術上不敢自信，徒居被動地位，為他人之應聲蟲之宣言。昔之冬烘，開口仁義禮智，堯舜周孔，而實則一無所知。今人亦開口社會主義，及各種之時髦學說，亦實一無所知，非新式之冬烘而何，京滬各地，無聊文人，盈千累萬，所出之叢書雜志，以包辦其所謂新文化者，無慮數十種。而究其內容，無非陳陳相因，為新式之老生常談，以彼等而言提倡新文化，豈非羊蒙虎皮乎？

【今按】此條規則成為了正統考據家普遍接受的觀念，也是正統學者與野狐禪（如王安石、康有為、胡適）的分界線。

不可附會無據第四十二

古事自有首尾，古禮自有當時制度。或散見本經，或錯見各經，或經傳尚略，諸子各傳記有詳之者，學者須詳求其音讀訓詁，考其當日事實。音訓明，方知此字為何語。考據確，方知此物為何物，此事為何事，此人為何人，然後知聖賢此言是何意義。不然，附會其義，敷衍成篇，即或有理，亦是郢書燕說〔一〕，於經旨何與？故解經戒附會。

【注釋】

〔一〕郢書燕說：《韓非子・外儲說左上》：「郢人有遺燕相國書者，夜書，火不明，因謂持燭者曰『舉燭』，云而過書『舉燭』。舉燭，非書意也。燕相受書而說之，曰：『舉燭者，尚明也；尚明也者，舉賢而任之。』燕相白王，王大悅，國以治。治則治矣，非書意也。」後因以「郢書燕說」比喻曲解原意，以訛傳訛。

【附錄】

宋劉恕《資治通鑑外紀》卷一：古者包犧氏之王天下也，包犧氏沒，神農氏作，神農氏沒，黃帝堯、舜氏作，載繼世更王而無三五之數，或以包犧至舜是為五帝，然孔子未嘗道，學者不可附會臆說也。

　　清葉燮《原詩》卷四：學詩者，不可忽略古人，亦不可附會古人。忽略古人，粗心浮氣，僅獵古人皮毛。要知古人之意有不在言者，古人之言有藏於不見者，古人之字句有側見者，有反見者，此可以忽略涉之者乎？不可附會古人，如古人用字句亦有不可學者，亦有不妨自我為之者不可學者。即《三百篇》中極奧僻字，與《尚書》殷盤周誥中字義，豈必盡可入後人之詩？古人或偶用一字，未必盡有精義，而吠聲之徒遂有無窮訓詁以附會之，反非古人之心矣。不妨自我為之者，如漢魏詩之字句未必一一盡出於《三百篇》，六朝詩之字句未必盡出於漢魏，而唐及宋、元，等而下之，又可知矣。今人偶用一字，必曰本之昔人，昔人又推而上之，必有作始之人，彼作始之人復何所本乎？不過揆之理，事情切而可通而無礙，斯用之矣。昔人可創之於前，我獨不可創於後乎？古之人有行之者，文則司馬遷，詩則韓愈是也。苟乖於理事情，是謂不通，不通則杜撰，杜撰則斷然不可。苟不然者，自我作古，何不可之有。若腐儒區區之見，句束而字縛之，援引以附會古人，反失古人之真矣。

　　徐敬修《經學常識》第四章《治經之方法》第一節《古人治經之方法》四「何謂戒」之第八條：「當戒附會。漢人以災異說《易》，傅會也；其後以《參同契》說《易》，以老莊說《易》，以圖書說《易》，以《皇極數理》說《易》，皆傅會也。(《民國時期經學叢書》第一輯第四冊，第161頁)

不可有騎牆之見第四十三

　　群經異義，自漢及今，甚有聚訟至數十百家者。解經者，當審擇精當，衷於一是，羅列群說，加以辨駁。合吾說者，吾引之而為證；背吾說者，吾駁之而明其非。先在審定明白，融會貫串，自無以可為否，以否為可之病。若平日看書不多，臨時全無把握，調停兩可，不能自主，是為騎牆之見，說經家甚所不取。

【附錄】

　　清陸隴其《四書講義困勉錄》卷二：此騎牆之見，亦不必從。

　　清王懋竑《白田雜著》卷三：自為騎牆之見，亦不必辨也。

　　清朱一新《無邪堂答問》卷四：讀書所得，每日所行必印證於義理，而以此為歸，非謂姑置於後，為緩圖也。生質本聰穎，志趣亦覺不凡，第為學太雜，欲兼包並騖，而少循序漸進之功，又未免見紛華而悅之意。故曰記中多自刻責語，而終不免游移，無他，年少氣盛，而未能收攝心神之所致也。學問之道，有本有末，有專營，有兼及，有所棄，乃有所取。考據之學，非生專長，亦不願生之汩沒於此，然既知經史之宜治義理之可貴，而又作騎牆之見，何也？

　　清皮錫瑞《經學歷史》：江藩作《漢學師承記》，以為梨洲、亭林兩家之學皆深入宋儒之

室，但以漢學為不可廢，多騎牆之見、依違之言，豈真知灼見者？乃以黃、顧二公附於冊後。竊謂如江氏說，國初諸儒無一真知灼見者矣，豈獨黃、顧二公？《師承記》首列閻若璩，江氏必以閻為真知灼見。案：閻氏之功，在考定古文之偽，而其《疏證》信蔡《傳》臆造之事實、邵子意推之年代，其說《詩》以王柏《詩疑》為然，謂鄭、衛為可刪，乃誤沿宋學，顯背漢儒者。江刻於黃、顧，而寬於閻，是並閻氏之書未之考也。當時如胡渭《易圖明辨》能闢圖書之謬，而《洪範》並攻漢儒，陳啟源《毛詩稽古編》能駁宋以申毛，而經說間談佛教，萬斯大、方苞等兼通「三禮」，多信宋而疑漢。其不染宋學者，惟毛奇齡，而毛務與朱子立異。朱子疑偽孔古文，而毛以偽孔為可信；朱子信《儀禮》，而毛以《儀禮》為可疑，此則朱是而毛非者。雖由門戶之見未融，實以塗徑之開未久也。此等處宜分別觀之，諒其求實學之苦心，勿遽責以守顓門之絕業。

不可作固執之談第四十四

孟子謂高子說《詩》之固〔註7〕，以其不能通《詩》之義與意也。學者解經，何獨不然？經義簡質，必證以他經，旁通諸子及諸家傳記之說，貫串靡遺，於義不背，方為通達。若徒守一家之言，妄加臆斷，斯為固執。固執之弊，亦由讀書不多而來。故欲治經，不可不博覽群書。

【附錄】

清仇兆鰲《杜詩詳注》卷十三：「讀書不多，未可輕議古人。」《朱子語類》卷第八十七：「人只是讀書不多。今人所疑，古人都有說了，只是不曾讀得。鄭康成注經禮三百，云是《周禮》，曲禮三千，云是《儀禮》。某嘗疑之。近看臣瓚注《漢書》云，經禮三百，乃冠昏喪祭，周官只是官名云云，乃知臣瓚之說已非康成之說矣。」《近思錄集解》卷四：「讀書少則無由考校得義精，蓋書以維持此心，一時放下，則一時德性，有讀書則此心常在，不讀書則終看義理不見，讀書不多，則見義不精，然讀書者又所以維持此心，使無放逸也。故讀書則心存，心存則理得。」

清胡承珙《求是堂文集》卷三《與竹村書》：宋人鹵莽尤甚，竟有肆駁毛、鄭，而實則於傳箋並未卒讀，且有似注疏從未寓目者。自通志堂刻外，承珙所見宋人說《詩》尚近十種，然皆一丘之貉耳。拙著從毛者十之八九，從鄭者十之一二，始則求之本篇，不得則求之本經，不得則證以他經，又不得，然後泛稽周秦古書，於語言文字、名物訓詁往往有前人從未道及者，

〔註7〕公孫丑問曰：「高子曰：《小弁》，小人之詩也。」孟子曰：「何以言之？」曰：「怨。」曰：「固哉高叟之為詩也。」注：高子，齊人也。《小弁》，小雅之篇，伯奇之詩也。怨者，怨親之過，故謂之小人。固，陋也。

不下數十百條，擬俟通錄一本後乃摘出別抄，以便就正。但近人著述如陳長發《稽古編》者不可多得，朋輩中又尠為此學者。里中絕無可與語，惟吳郡陳碩甫，段氏高足，學有師承，專擊毛義，時有新得。上年曾寄一冊見示，其中甚有精者，亦有與鄙見不合者，然不害其為同志也。惜相去頗遙，末由晤語。（《續修四庫全書》第 1500 冊）

門徑不可不清第四十五

為學各有門徑，何況治經？門徑一清，斯中有把握，不至泛濫無歸。至其經注，孰為師授之古學？孰為無本之俗學？尤宜抉擇分析，方不致誤用聰明。此事宜有師承，然師不易得，書即師也。余於《目錄之學篇》所列各種，本為讀書門徑，今為析而言之。

《四庫提要》為讀群書之門徑（《提要》較多，未必人人能置一編，別有《四庫簡明目錄》，乃將《提要》約撮而成，書止一帙，大抵初學須先將經史子集四種，分清何書應入何類，於此了然，則購書讀書皆有頭緒。然《簡明目錄》太略，書之得失亦未詳說，且四庫未收者，《提要》尚列存目於後，《簡明目錄》無，自不得誤認為世間所無也。略一翻閱，然後可讀《提要》）。《經義考》為治經之門徑，《小學考》〔一〕為治小學之門徑，《音學五書》〔二〕為韻學之門徑，《古今偽書考》為讀諸子之門徑〔三〕。學者先看此數書，由此而入，無不頭頭是道矣。

【注釋】

〔一〕《小學考》五十卷。清謝啟昆撰。依《經義考》之例，把小學分為訓詁、文字、聲韻、音義四類加以著錄。

〔二〕《音學五書》包括《音論》、《詩本音》、《易音》、《唐韻正》、《古音表》。

〔三〕參見司馬朝軍《姚際恒〈古今偽書考〉評析》（載《文獻辨偽學研究》，武漢大學出版社 2007 年版）。「《古今偽書考》為讀諸子之門徑」其實是一個偽命題，不足為據。

【附錄】

清龔自珍《定盦全集》文集補編卷四《與江子屏箋》：大著讀竟。其曰《國朝漢學師承記》，名目有十不安焉，改為《國朝經學師承記》，敢貢其說。夫讀書者，實事求是，千古同之，此雖漢人語，非漢人所能專，一不安也。本朝自有學，非漢學。有漢人稍開門徑，而近加邃密者，有漢人未開之門徑，謂之漢學，不甚甘心，不安二也。瑣碎餖飣，不可謂非學，不得為漢學，三也。漢人與漢人不同，家各一經，經各一師，孰為漢學乎？四也。若以漢與宋為對峙，尤非

大方之言。漢人何嘗不談性道？五也。宋人何嘗不談名物訓詁，不足概服宋儒之心。六也。近有一類人，以名物訓詁為盡聖人之道，經師收之，人師擯之，不忍深論，以誣漢人，漢人不受。七也。漢人有一種風氣，與經無與，而附於經，謬以禆灶梓慎之言為經，因以汨陳五行，矯誣上帝，為說經大易，《洪範》身無完膚，雖劉向亦不免，以及東京內學，本朝何嘗有此惡習，本朝人又不受矣。八也。本朝別有絕特之士，涵詠白文，創獲於經，非漢非宋，亦惟其是而已矣，方且為門戶之見者所擯。九也。國初之學與乾隆初年以來之學不同。國初人即不專立漢學門戶，大旨欠區別。十也。有此十者，改其名目，則渾渾圜無一切語弊矣。

　　孫寶瑄《忘山廬日記》：過午閱《皇清經解》中惠氏《易述》及焦氏《易通釋》。舊云：「治經之法有三，曰以字解經，以經解理，以師說解經。」朱蓉生云：「宗旨者，求道之門徑；家法者，治經之門徑。」所謂家法者，即師說也。其始也，不能不由斯入；其終也，守一先生之言而不化，猶非治經之上者也。故吾嘗謂，無論何事，皆先專後化，不易之言也。

　　清沈垚《落帆樓文集》卷八外集二：讀書二字，今殆將絕矣。夫小學，特治經之門戶，非即所以為學。金石，特證史之一端，非即所以治史。精此二藝，本非古之所謂通儒，況但拾其唾餘，以瓦礫炫耀耶？然能以此炫耀者，群奉為讀書人。而不工世俗之書，不為昏夜之乞，雖有瓦礫之耀，終於進取，尺寸無獲，故以瓦礫耀者，亦落落不數見也。

　　清俞樾《春在堂雜文》五編卷七《顧詠植西崖經說序》：經學至本朝而極盛矣。蓋《易經》先後天之異說，《尚書》古文之偽本，皆經前人論定，而不復為其所眩。至於治經之門徑，以及聲音訓詁之學、古書假借之法，皆已懸之日月，昭若發蒙。生其後者，竭心思之，所至以求微言大義之所在，事半功倍，有由然矣。

體例不可不熟第四十六

　　凡一書必有本書之大例，有句例，有字例。

　　學者讀時，必先知其例之所存，斯解時不失其書之文體。如《易》明天道，《詩》盡人情，《書》道政事，《禮》詳制度，《春秋》多微詞，《爾雅》記言語異同，《論語》言治道不言治法之類，此各書之大例也。

【附錄】

　　宋李幼武《宋名臣言行錄續集》卷二：「六經垂訓，蓋天所以奠世法也。三代以後，凡生民有一飯之安，皆六經之功。世蓋由之而不知久矣。獨恨更秦之禍，禮樂缺亡，而近者王安石以經術自任，又廢其一，意謂魯史既亡，而「三傳」不足取信，則《春秋》永無復可考，不知聖人作經，豈不料後世綿遠，群言次第湮沒，而此經獨存，當是時聖人豈不欲明其說於天下？且人之立言，辭不達意，而必待補足其說，則其義亦謬矣，而聖人之經豈乃至此是，弗思之甚

也！昔韓宣子適魯，見《易象》與《魯春秋》，曰：『周禮盡在魯矣。』《易》明天道，而《春秋》著世法，然則文王之《易》、孔子之《春秋》，皆周禮之所在也。願下明詔，復立《春秋》學官，三歲貢舉，遂以取士，庶幾共講聖人之遺經，以輔世教。並從之。」

明朱右《白雲稿》卷三《文統》：「羲軒之文見諸圖畫，唐虞稽諸典謨，三代具諸《易》、《書》、《詩》、《禮》、《春秋》。遭秦燔滅，其幸存者猶章章可睹。故《易》以闡象，其文奧；《書》道政事，其文雅；《詩》發性情，其文婉；《禮》辨等威，其文理；《春秋》斷以義，其文嚴。」

而《易》無虛象〔註8〕，《詩》無達詁，《書》有各代史筆之不同，《春秋》有「三傳」記載之各別，「三禮」典制異而統同，《爾雅》訓詁同而亦異，此句例、字例之〔註9〕宜講也。

注家亦有例，如馬、鄭之《易》皆費氏古文，伏、孔《尚書》今古互異，毛公傳《詩》亦守古本，鄭注「三禮」則據今文（觀其注稱故書可見），何氏、范氏深通《公》、《穀》之義，賈逵、服虔乃得《左氏》之傳，此注家之例之分也。

至於諸子、各史，皆有大例。學者欲讀其書，宜先知其例。書例既明，則其義可依類而得矣。

【附錄】

清黃以周《群經說》卷二《申毛傳匪紹匪遊義》：一書有一書之例。不通其例，觸處皆礙。（《續修四庫全書》第 178 冊，第 621 頁）

徐敬修《經學常識》第四章《治經之方法》第一節《古人治經之方法》：當通大誼。班志云：「仲尼沒而微言絕，七十子喪而大義乖。」微言已絕，不可復續。漢人有為之者，然其書久亡。《漢書·儒林傳》：丁寬作《易說》三萬言，訓故舉大誼，是易有大義也；其他如《書》、《詩》、《禮》、《春秋》等經，亦莫不有大義也；大義明而後六經如日月之昭垂，治經之能事畢矣。（《民國時期經學叢書》第一輯第四冊，第 158 頁）

黎溫《六經奧論序》曰：經以載道，先儒言之備矣。蓋《易》以究陰陽，《書》以道政事，《詩》以理性情，《春秋》以明褒貶，《禮》以謹節文，《樂》以致中和。故潔靜精微，《易》教也；疏通知遠，《書》教也；溫柔敦厚，《詩》教也；屬辭比事，《春秋》教也；恭儉莊敬，《禮》教也；廣博易良，《樂》教也。是以聖人作經垂訓之功不亦大乎！（見《經義考》卷二百四十五）

嚴天麟《五經疑義》卷一「六經各有體」：《易》道陰陽，《書》道政事，《春秋》道名分，

〔註8〕惠士奇《易說》卷五：「凡失物而占遇此爻不必追尋句內自得。以此推之，則六十四卦無虛象，信矣！」

〔註9〕廣文本刊語云：「之」疑當作「之所」。

而《詩》道性情，其旨與各經不同。三百篇皆約情合性，而歸之道德。然未嘗有道德字，亦未嘗有性情字。如二南者修身齊家其旨也，其言琴瑟、鍾鼓、荇菜、芣苢……鼠牙、雀角，何嘗有修齊字耶？皆意在言外，使今自悟。至於變風變雅，尤為含蓄言之者，無罪而聽之者，亦足為戒。（《續修四庫全書》第 171 冊，第 621 頁）

宋李幼武《宋名臣言行錄續集》卷二：《易》明天道，而《春秋》著世法。然則文王之《易》、孔子之《春秋》，皆周禮之所在也。願下明詔，復立春秋學官，三歲貢舉，遂以取士，庶幾共講聖人之遺經，以輔世教。

宋佚名《靖康要錄》卷五少宰吳敏劄子：「六經」垂訓，蓋天地所以奠世法也……《易》明天道，而《春秋》著王法，皆一氣所成，然則文王之作《易》，孔子之作《春秋》，是皆《周禮》之所在也。

清王鳴盛《蛾術編》卷一「五經先後次敘」：以義理言之：《易》究陰陽，《書》道政事，《詩》理性情，《禮》、《樂》以象治功之成，《春秋》以立褒貶之法，先後亦不紊也。

清秦瀛《小峴山人集》文集卷三《詩測序》：古之善言《詩》者，莫孟子若也。孟子曰：「不以文害詞，不以詞害志。以意逆志，是為得之。」讀《詩》之法盡是矣。蓋詩以言志。《詩》之為道，非他經比。《易》主乎理與數，《書》道政事，《春秋》據事直書，《禮》詳制度軌物，其言皆質。而《詩》則賦少而比興多，輶軒所採，太師所掌，類不必定其為何人之詩，而又託諸勞人思婦、鳥獸草木以自隱其意，長言之，詠歎之，往往旨趣所存，令讀者自得之於語言文字之外。（《續修四庫全書》第 1465 冊）

清方孝標《光啟堂文集》：昭、定之際，《春秋》多微詞焉。蓋恐昭公不得正其終，則定公不得正其始，夫以昭、定之顯然，而孔子猶或為諱，奈何英主令終，而必欲被以不終之號乎？且與挺擊時事不相及也。

清沈起元《敬亭詩文》文稿卷一：夫封建之於郡縣，古今一大變也。天地之氣，數積數千年而必窮，窮則必變。機動於春秋，勢成於戰國，即非秦政、李斯於戰國之後，而欲復封建，湯武不為，何也？封建自洪荒以來，相因之舊，虞夏商之諸侯不可考，周制大封同姓，計止數十國參錯其間，餘皆興滅繼絕耳。今自戰國併吞，舉虞夏以來世守之國芟夷已盡，即聖人定天下，安所得千百當封之人而裂之土田乎？舉天下盡立新主彼蚩蚩者能永戴之乎？此必潰之道也。自非郡縣不可，聖人無如何也。是故聖人知法久之必變。所講明論著以垂教萬世者，不言治法而言治道。虞廷言執中，《洪範》言建極，言八政，《大學》言修身，言絜矩，《中庸》言致中和，言達道達德，九經以之為治則必不亂，以之為守則必不失，此萬世不易之道，不在封建、郡縣之法制間矣。

【今按】上述各條皆明大例，可與《經解入門》合參。

經解入門卷七

不可增字解經第四十七

　　經典之文，自有本訓〔註1〕。得其本訓，則文義適相符合，不煩言而已解；失其本訓，而強為之說，則杌隉〔註2〕不安，乃於文句之間，增字以足之，多方遷就，而後得申其說。此強經以就我〔註3〕，而究非經之本義也。

　　如《蹇》六二：「王臣蹇蹇，匪躬之故。」故，事也，言王臣不避艱難者，皆國家之事，而非其身之事也（詳本條下，後仿此）。而解者曰：「盡忠於君，匪以私身之故，而不往濟君。」（《正義》）〔註4〕則於「躬」上增「以」字、「私」字，「故」下增「不往濟君」字矣。

　　《既濟》六四：「繻有衣袽。」繻乃「襦」之借字，言人之於襦，或衣其敝壞者也。而解者曰：「繻（當言）〔宜曰〕濡衣，袽所以塞舟漏也。夫有隙之棄舟，而得濟者有衣袽也。」（《王注》）〔註5〕則於「繻」上增「舟」字，「有

──────────

〔註1〕　【本訓】訓詁用語，謂字的本義。曾國藩《與朱仲我書》：「凡古今文字，何字不有虛實兩用？如『履』字以實用者為本訓，而《羽獵賦》之『履般首』則虛用矣。」
〔註2〕　【杌隉】危殆，不安。
〔註3〕　程廷祚《大易擇言》卷九：「說經者必宜以我從經，而無強經以就我也。」
〔註4〕　《周易注疏》卷七引《正義》曰：「王臣蹇蹇，匪躬之故者，王謂五也，臣謂二也。九五居於王位，而在難中。六二是五之臣，往應於五，履正居中，志匡王室，能涉蹇難，而往濟蹇，故曰王臣蹇蹇也。盡忠於君，匪以私身之故，而不往濟君，故曰匪躬之故。象曰終無尤者，處難以斯，豈有過尤也。」
〔註5〕　《周易注疏》卷十：「『六四，繻有衣袽，終日戒。』注『繻宜曰濡衣。袽所以塞舟漏也。履得其正，而近不與三五相得。夫有隙之棄舟，而得濟者，有衣

衣衲」下增「塞」字矣。

《繫辭傳》:「聖人以此洗心。」洗與先通,先猶道也,言聖人以此道其心思也。而解者曰:「洗濯萬物之心。」(《韓注》)則於「心」上增「萬物」字矣。

《序卦傳》:「物不可終壯,故受之以《晉》。」晉者,進也,言物不可終止,故進之也;壯者止也(見下)。而解者曰:「晉,以柔而進止也。」(《韓注》)則於「晉」上增「柔」字矣。

《雜卦傳》:「大壯則止。」言「壯」之訓為「止」也。而解者曰:「大正則小人止。」(《韓注》)則於「大」下增「正」字、「止」字上增「小人」字矣。

「嚞速也。」言咸之訓為速也,而解者曰:「物之相應,莫速乎咸。」(《韓注》)則於「速」上增「相應」字矣。

《堯典》:「湯湯洪水方割。」方,旁也,遍也,言洪水遍害下民也。而解者曰:「大水方方為害。」(《某氏傳》)〔註6〕則於「方」下增「方」字矣。

「柔遠能邇。」能,善也,言善於近者也。而解者曰:「能安遠者,先能安近。」(《王注》)〔註7〕則於「能」下增「安」字矣。

《皋陶謨》:「烝民乃粒。」粒讀為立,立,定也,言眾民安定也。而解者曰:「眾民乃服粒食。」(《鄭注》)則於「粒」下增「食」字矣。

《盤庚》:「由乃在位。」由,正也,而解者曰:「教民使用汝在位之命。」(《某氏傳》)則於「在位」下增「命」字矣。

「暫遇奸宄。」暫之言漸也、詐也,遇之言隅也、差也。而解者曰:「暫遇人而劫奪之。」(《某氏傳》)則於「暫遇」下增「人」字及「劫奪」字矣。

「無遺育。」育讀為冑,冑,裔也,而解者曰:「無遺長其類。」(《某氏傳》)則於「育」下增「類」字矣。

《洪範》:「聰作謀。」謀讀為敏,言聰則敏也。而解者曰:「上聰則下進其謀。」(馬注)〔註8〕則於「謀」上增「下進」字矣。

《金縢》:「敷佑四方。」敷,遍也,言遍佑四方之民也。而解者曰:「布

衲也。」』《程氏易傳》:「繻當作濡,謂滲漏也。舟有罅漏,則塞以衣衲。」李鼎祚《周易集解》引虞翻曰:「衲,敗衣也。」

〔註6〕【某氏傳】即《尚書》偽孔氏傳,下同。

〔註7〕《尚書注疏》卷二引王肅云:「能安遠者,先能安近。知不然者,以牧在遠方,故據遠近之惇德者,令人君厚行德也。」

〔註8〕【馬注】即馬融注,見《史記》卷三十八所引。

其道以佑助四方。」(《某氏傳》)〔註9〕則於「敷」下增「道」字矣。

《康誥》:「應保殷民。」應,受也,言受保殷民也。而解者曰:「上以應天,下以安我所受殷之民眾。」(《某氏傳》)則於「應」下增「天」字矣。

《召誥》:「用又民若有功。」言用此治民乃有功也。而解者曰:「順行禹、湯所以成功。」(《某氏傳》)則於「若」下增「禹湯」字矣。

《無逸》:「則知小人之依。」依之言隱也,痛也,言知民隱也。而解者曰:「知小人之所依怙。」又曰:「小人之所依,依仁政。」(並《某氏傳》)則於「依」下增「所」字矣。

「以庶邦惟正之供。」以,與也,正,與政同,言與庶邦惟政是奉也。而解者曰:「以眾國所取法,則當以正道供待之故。」(《某氏傳》)則於「惟正之供」下增「故」字矣。

《君奭》:「有殷嗣天滅威。」威,德也,言有殷之君,繼天出治,而乃滅德不務也。而解者曰:「有殷嗣子不能平,至天滅亡,加之以威。」(《某氏傳》)則於「威」上增「加」、「以」字矣。

「以予監於殷喪大否。」言與予共監於殷之喪亡,皆由大不善也。而解者曰:「以我言視於殷喪亡大否。」(《某氏傳》)則於「予」下增「言」字矣。

「罔不率俾。」言莫不率從也。而解者曰:「率,循也,俾,使也,四海之內無不循度而可使。」(《某氏傳》)則於「率」下增「度」字、「俾」下增「可」字矣。

《呂刑》:「罔有擇言在身。」擇讀為斁,斁,敗也,言罔有敗言出乎身也。而解者曰:「無有可擇之言在其身。」(《某氏傳》)則於「擇」上增「可」字矣。

「哲人惟刑。」哲讀為折,折之言制也,言制民人者惟刑也。而解者曰:「言智人惟用刑。」(《某氏傳》)則於「刑」上增「用」字矣。

《泰誓》:「我尚有之。」有者,相親也,言我尚親之也。而解者曰:「我庶幾欲有此人而用之。」〔註10〕(《某氏傳》)則於「有」下增「欲」字矣。

《周南》:「振振公姓。」〔註11〕姓,子孫也。而解者曰:「公姓,公同姓。」(毛《傳》)則於「姓」上增「同」字矣。

〔註9〕「某氏傳」,余蕭客《古經解鉤沈》卷五引作「馬傳」。
〔註10〕日本山井鼎《七經孟子考文補遺》卷三十一:「我今庶幾欲有此人而用之。『欲』上有『敬』字。」
〔註11〕見《詩經·麟之趾》。

《邶風》：「終風且暴。」終猶既也，言既風且暴也。而解者曰：「終日風為終風。」（毛《傳》）則於「終」下增「日」字矣。〔註12〕

《衛風》：「雖則佩觿，能不我知。」〔註13〕能讀為而，言雖則佩觿而不知我也。而解者曰：「不自謂無知以驕慢人也。」（毛《傳》）則於「不」下增「自謂」字、「知」上增「無」字矣。

《小雅》：「有實其猗。」猗讀為阿，言實實然廣大者山之阿也。而解者曰：「以草木平，溝其旁，倚之畎谷。」（鄭《箋》）則於「有」下增「草木」字、「猗」下增「畎谷」字矣。

「曾是不意。」言曾是不度也。而解者曰：「女增不以為意乎？」（鄭《箋》）則於「是」上增「以」字、「意」上增「為」字矣。

「昊天罔極。」極猶常也，言昊天無常，降此鞠凶也。而解者曰：「昊天乎我心無極。」（鄭《箋》）則於「罔極」上增「我心」字矣。

《大雅》：「依其在京。」依，盛貌，言文王之眾之盛，依然其在京地也。而解者曰：「文王發其依居京地之眾。」（鄭《箋》）則於「依」上增「發」字矣。

「攝以威儀。」攝，佐也。而解者曰：「攝者收斂之言，各自收斂以相佐助，為威儀之事。」（《正義》）則於「佐」上增「收斂」字矣。

「無縱詭隨。」詭隨，譎詐也。而解者曰：「詭人之善，隨人之惡。」（毛《傳》）則於「詭」下增「善」字、「隨」下增「惡」字矣。

「曾是彊禦。」禦亦強也。而解者曰：「強梁禦善也。」（毛《傳》）則於「禦」下增「善」字矣。

《檀弓》：「忌日不樂。」謂不作樂也。而解者曰：「惟忌日不為樂事。」（《正義》）則於「樂」上增「為」字、「樂」下增「事」字矣。

《月令》：「措之於參保介之御間。」當依《呂氏春秋》作「參於」。而解者曰：「勇士參乘。」（《鄭注》）則於「參」下增「乘」字矣。

《禮器》：「設於地財。」言合於地財也。而解者曰：「所設用物為禮，各是其土地之物。」（《正義》）則於「設」下增「物」字、「地財」上增「是其」字矣。

〔註12〕【終風】《漢語大詞典》引毛《傳》：「終日風為終風。」又曰：「《韓詩》以終風為西風。後多以指大風、暴風。」

〔註13〕見《詩經·芄蘭》。

《郊特牲》：「不敢私覿，所以致敬也，承執圭而使言之。」謂聘非謂朝也。而解者曰：「其君親來，其臣不敢私見於主國君。」(《鄭注》) 則於「不敢私覿」上增「其君親來」字矣。

「為人臣者，無外交，不敢貳君也。」貳，並也，言不敢比併於君也。而解者曰：「不敢貳心於他君」(《正義》) 則於「貳」下增「於他」字矣。

《樂記》：「感條暢之氣，滅和平之德。」條暢讀為滌蕩，滌蕩之氣，謂逆氣也。而解者曰：「動人條暢之善氣。」(《鄭注》) 則於「氣」上增「善」字矣。

《儒行》：「居處齊難。」難與㜷同，敬也。而解者曰：「齊莊可畏難。」(鄭注) 則於「難」下增「可畏」字矣。

隱六年《左傳》：「惡之易也，如火之燎於原。」謂惡之延也。而解者曰：「言惡易長。」(《杜注》) 則於「易」下增「長」字矣。

九年傳：「宋公不王。」謂不朝於王也。而解者曰：「不供王職。」(《杜注》) 則於「王」上增「共」字、「王」下增「職」字矣。

桓二年傳：「今滅德立違。」違之言回也、邪也，謂立邪臣也。而解者曰：「謂立華督違命之臣。」(《杜注》) 則於「違」下增「命」字矣。

莊十八年傳：「王饗醴命之宥。」言命虢公、晉侯與王相酬酢也。而解者曰：「命以幣物，所以助歡敬之意。」(《杜注》) 則於「命」之下增「以幣物」字矣。

僖九年傳：「以是藐諸孤。」諸讀為者，言藐然小者孤也。而解者曰：「言其幼稚與諸子縣藐。」(《杜注》) 則於「諸」下增「子」字矣。

二十四年傳：「昔周公弔二叔之不咸。」言管、蔡不和睦也。而解者曰：「傷夏、殷之叔世，疏其親戚，以至滅亡。」(《杜注》) 則於「叔」下增「世」字、「不咸」上增「親戚」字矣。

二十八年傳：「有渝此盟，以相及也。」及乃反之訛，相反者相違也。而解者曰：「以惡相及。」(《杜注》) 則於「以」下增「惡」字矣。

宣二年傳：「舍於翳桑。」翳桑，地名也。而解者曰：「翳桑，桑之多陰翳，故宣子舍於其下也。」(《杜注》) 則於「翳桑」下增「下」字矣。

成二年傳：「余雖欲於鞏伯。」謂好鞏伯也。昭十五年傳：「臣豈不欲吳。」謂好朝吳也。而解者於「欲於鞏伯」曰：「欲受其獻。」(《杜注》) 則於「欲」下增「受其獻」字；於「豈不欲吳」曰：「非不欲善吳。」(《杜注》) 則於「欲」下增「善」字矣。

　　成十八年傳：「師不陵正，旅不偪師。」謂群有司也。而解者曰：「師二千五百人之帥也，旅五百人之帥也。」（《杜注》）則於「師」、「旅」下增「帥」字矣。

　　襄十四年傳：「商旅於市。」旅謂傳言也。而解者曰：「陳其貨物，以示時所貴尚。」（《杜注》）則於「旅」下增「貨物」字矣。

　　二十三年傳：「則季氏信有力於臧氏矣。」臧乃孟之訛，謂有功於孟氏也。而解者曰：「季氏有力過於臧氏。」（《杜注》）則於「有力」下增「過」字矣。

　　二十九年傳：「五聲和，八風平。」謂八音克諧也。而解者曰：「八方之氣，謂之八風。」（《杜注》）則於「八」下增「方」字矣。

　　三十年傳：「女待人歸，義事也。」義讀為儀，儀度也，謂婦當度事而行不必待人也。而解者曰：「義從宜也。」（《杜注》）則於「義」上增「從」字矣。

　　昭元年傳：「造舟於河。」造，比次也，言比次其舟，以為梁也。而解者曰：「蓋造為至義，言船相至而並比也。」（《正義》）則於「比次」上增「至」字矣。

　　七年傳：「願與諸侯落之。」落，始也，與諸侯升也。而解者曰：「以酒澆落之。」（《正義》）則於「落」下增「以酒澆」字矣。

　　「聖人有明德者，若不當世，其後必有達人。」聖人謂弗父正考父也。而解者曰：「聖人之後，有明德而不當大位，謂正考父。」（《杜注》）則於「聖人」下增「之後」字矣。

　　「官職不則。」則猶等也、鈞也。而解者曰：「治官居職不一法。」（《杜注》，蓋訓「則」為「法」）則於「則」上增「一」字矣。

　　十年傳：「孤斬焉在衰絰之中。」斬之言懵，哀痛憂傷之貌。而解者曰：「既葬未卒哭，故猶服斬衰。」（《杜注》）則於「斬」下增「衰」字矣。

　　二十九年傳：「官宿其業。」宿與夙通，謂官敬其業也。而解者曰：「宿，安也。」（《杜注》）「安心思其職業。」（《正義》）則於「宿」下增「思」字矣。

　　哀九年傳：「宋方吉不可與也。」與猶敵也。而解者曰：「不可與戰。」（《杜注》）則於「與」下增「戰」字矣。

　　隱三年《公羊傳》：「曰某月某日朔，日有食之者，食正朔也。」正，當也，言日食當月之朔也。而解者曰：「食不失正朔也。」（《何注》）則於「正」上增「不失」字矣。

　　「以吾愛與夷，則不若愛女。」當作「以吾愛女，則不若愛與夷。而解者

曰：「以吾愛於與夷，則不止如女而已。」（《疏》）〔註14〕則於「不」下增「止」字矣。

九年傳：「何異爾俶甚也。」謂厚甚。而解者曰：「俶，始怒也。」（《何注》）則於「俶」下增「怒」字矣。

桓十一年傳：「突可，故出，而忽可，故反。」故，必也，言突可使之必出，忽可使之必反也。而解者曰：「突可，以此之故，出之；忽可，以此之故，反之。」（《疏》）則於「故」上增「以此」字矣。

「是不可得則病，然後有鄭國。」言突可出，忽可反，若不可得，則以為大恥，謀國之權如是，然後能保有鄭國也。而解者曰：「已雖病逐君之罪討出突，然後能保有鄭國。」（《何注》）則於「然後」上增「討出突」字矣。

莊四年傳：「此非怒與。」怒者大過也。而解者曰：「怒，遷怒。」（《何注》）則於「怒」下增「遷」字矣。

僖十二年傳：「吾雖喪國之餘。」謂宋為殷後也也。而解者曰：「我雖前幾為楚所喪，所以得其餘民以為國。」（《何注》）則於「喪」上增「幾為楚所」字、「餘」下增「民」字矣。

二十六年傳：「師出不必反，戰不正勝。」謂師出不必反，戰不必勝也。而解者曰：「不正，自謂出當復反，戰當必勝。」（《何注》）則於「不正」下增「自謂」字矣。「未得乎取穀也。」言未為計之得也。而解者曰：「未可為得意於取穀。」（《何注》）則於「得」下增「意」字矣。

襄五年傳：「相與往，殆乎晉也。」殆乃治之假借。而解者曰：「殆疑疑讞於晉。」（《何注》）則於「殆」下增「讞」字矣。

莊元年《穀梁傳》：「接練時，錄母之變，始人之也。」人與仁通，謂憐哀之也。而解者曰：「始以人道錄之。」（《范注》）則於「人」下增「道」字矣。

《文八年傳》：「其以官稱之，無君之辭也。」言其專擅無君也。而解者曰：「無人君之德。」（《范注》引鄭氏《（釋）〔起〕廢疾》）則於「君」下增「德」

〔註14〕《春秋公羊傳序考證》：《唐志》惟載《春秋正義》三十六卷，孔穎達等撰，又楊士勳《穀梁傳疏》十二卷，而《公羊疏》不言撰人，是以宋刻《十三經疏》，惟公羊不書撰疏名氏。歷代相沿至今。今考《唐志》固不言撰疏人名氏，《宋志》則既以《公羊疏》三十卷與孔穎達《左傳正義》、楊士勳《穀梁疏》並列矣。又云：徐彥《公羊疏》三十卷，不知同乎？異乎？抑共此一書特前後重見以傳疑乎？馬端臨《文獻通考》謂：《崇文總目》不著撰人名氏，而王應麟《小學紺珠》直謂《公羊疏》徐彥撰，儻即《宋史》所據乎？抑別有考也。

字矣。

　　《爾雅・釋詁》:「尸,審也。」審即主宰之宰。而解者曰:「謂審地。」(《郭注》)則於「審」下增「地」字矣。「審,官也。」審即官宰之宰。而解者曰:「官地為審。」(《郭注》)則於「官」下增「地」字矣。

　　「寫、繇,憂也。」寫即鼠之假借。而解者曰:「有憂者思散寫。」(《郭注》)則於「寫」下增「思散」字矣。繇,慅之假借。而解者曰:「繇役亦為憂愁。」(《郭注》)則於「憂」上增「亦」字矣。

　　「倫、敕、愉,勞也。」倫當讀勳勞之勳,敕當作勞勑之勑,愉即當讀愈病也之愈。而解者曰:「倫理事務以相約,敕亦為勞。」(《郭注》)則於「勞」上增「亦為」字矣。又曰:「勞苦者多惰愉。」(《郭注》)則於「愉」下增「多惰」字矣。

　　「載、譿,偽也。」偽即作為之為。而解者曰:「載者,言而不信;譿者,謀而不忠。」(《郭注》)則於「載」下增「不信」字、「譿」下增「不忠」字矣。

　　「功、績、明,成也。」蓋成謂之功,又謂之績,又謂之明也。而解者曰:「功績皆有成事,有分明,亦成濟也。」(《郭注》)則於「成」上增「有」字、「亦」字矣。

　　「儀,榦也。」直訓儀為榦也。而解者曰:「儀表亦體榦。」(《郭注》)則於「榦」上增「亦」字矣。

　　「強,當也。」直訓強為當也。而解者曰:「強者好與物相當值。」(《郭注》)則於「當」上增「好與物相」字矣。

　　「苦,息也。」苦即《詩》「王事靡盬」之「盬」。而解者曰:「勞苦者宜止息。」(《郭注》)則於「息」上增「宜」字矣。

　　「薦,臻也。」謂薦與臻皆訓為至也。而解者曰:「薦,進也,故為臻臻至也。」(《郭注》)則於「臻」上增「進」字矣。

　　《釋言》:「昵,匿也。」昵為相親愛之匿。而解者曰:「親昵者亦數。」(《郭注》)則於「匿」上增「亦」字矣。

　　「矜,苦也。」直訓矜為苦也。而解者曰:「可矜憐者亦辛苦。」(《郭注》)則於「苦」上增「亦辛」字矣。

　　「栗,戚也。」戚讀為慼,栗與慼皆敬謹之義也。而解者曰:「戰慄者憂戚。」(《郭注》)則於「戚」上增「憂」字矣。

「坎，銓也。」坎乃次之訛。而解者曰：「坎卦水也，水性平，銓亦平也。」（《郭注》）則於「坎」下增「水性平」字矣。

「窔，肆也。」謂極深也。而解者曰：「輕佻者好放肆。」（《郭注》）則於「肆」上增「好放」字矣。

「肆，力也。」肆讀為肄，肄與力皆謂勤勞也。而解者曰：「肆極力。」（《某氏傳》）則於「力」上增「極」字矣。

「謀，心也。」謂思慮也。而解者曰：「謀慮以心。」（《郭注》）則於「心」上增「以」字矣。

「烝，塵也。」烝與塵皆謂久也。而解者曰：「人眾所以生塵埃。」（《郭注》）則於「塵」上增「所以生」字矣。

「服，整也。」直訓服為整也。而解者曰：「服御之令齊整。」（《郭注》）則於「整」上增「令」字矣。

「訊，言也。」訊與言皆問也。而解者曰：「訊問以言。」（《郭注》）則於「言」上增「以」字矣。

《釋器》：「絢謂救之。」謂罥也。而解者曰：「救絲以為絢。」（《郭注》）則於「救」下增「絲」字矣。

「律謂之分也。」謂捕鳥畢也。而解者曰：「律管可以分氣。」（《郭注》）則於「分」上增「可以」字、「分」下增「氣」字矣。

《釋山》：「重甗陳。」甗即㽻之假借。而解者曰：「山形如累兩甑。」（《郭注》）則於「重甗」上增「如」字矣。

此皆不得其正解，而增字以遷就之。治經者，苟三覆文義，而心有未安，雖捨舊說以求之可也。如欲增其字以解之，則斷斷乎不可〔一〕。

【注釋】

〔一〕皮錫瑞《禮記淺說》卷上：器用陶匏，尚禮然也。注此謂大古之禮器也。《正義》曰：此乃貴尚古之禮自然也。謹案：注云大古，即解經之尚字，大古猶云上古，尚與上古通用，故上古之書謂之尚書，《詩》上慎旃哉，上入執公，功人上乎由行，其義皆當為尚，尚禮然也，猶曰古禮然也。《正義》解尚為貴，尚然為自然，增字解經，失之。

不可妄改經文第四十八

昔康成注經，確守古本，後人猶有改經之議〔一〕。況後生小子，初解讀

經，倘於義有未安，輒改其文，蔑經奚甚！且今之所據以為定本者，唯《注疏》與《經典釋文》而已。亦知經典訛誤之文，有《注疏》、《釋文》已誤者，亦有《注疏》、《釋文》未誤而後人據已誤之文改之者，學者但見已改之本，以為《注疏》、《釋文》所據之經已與今本同，而知其實不同也。

【注釋】

〔一〕清盛世佐《儀禮集編》卷一：「鄭注改經之失，姜氏（指清人姜兆錫，著有《儀禮經傳》——引者注）論之詳矣。今即以注所言論之，卷幀及幗皆缺項之遺制，而滕薛又名幗為頍，則頍亦缺項之別名耳，何必改經以從方言耶？」

如《易·繫辭傳》：「莫善乎蓍龜。」《唐石經》「善」誤為「大」〔一〕，而諸本因之，後人又改《正義》之「善」為「大」，妄矣。《小雅·十月之交》篇：「山冢卒崩。」〔註15〕《唐石經》誤依《釋文》「卒」作「崒」，而諸本因之，後人又改《箋》及《正義》之「卒」作「崒」，妄矣。《天官·司書》：「凡上之用財。」《唐石經》「財」下衍「用」字，而諸本因之，後人又改《疏》「之用財」為「用財」，妄矣。

【注釋】

〔一〕宋俞琰《周易集說》卷三十一：「秀岩李氏曰：『莫大乎蓍龜，古本作莫善乎蓍龜。』」惠棟《周易述》卷十六：「莫善乎蓍龜，陰陽之微，乾坤之元，故稱善也，是故天生神物，聖人則之。」《經典釋文》卷二：「莫善乎蓍龜，本亦作莫大。」

《春官·肆師》：「表貉則為位。」〔一〕《唐石經》「表」上衍「祭」字，而諸本因之，後人又改司兒筵《注》之「表貉」為「祭表貉」，妄矣。《秋官·象胥》：「次事士。」〔二〕舊本「士」上衍「上」字，後人又增「上」字於注內，妄矣。《燕禮》：「闇人為燭於門外。」〔三〕後人於「燭」上加「大」，又加於《注疏》內，妄矣。《聘禮》：「遂以入。」《唐石經》「入」下衍「竟」字，而諸本因之，後人又加「竟」字於《注疏》內〔四〕，妄矣。《士喪禮》下篇：「眾主人東即位〔五〕。」舊本脫「主」字，後人又改《疏》以從之，妄矣。《特牲饋食禮》：「佐食爾黍於席上，反黍於其所〔六〕。」《唐石經》「黍」下並衍「稷」字，而諸本因之，後人又改少牢《疏》以從之，妄矣。

〔註15〕清范家相《三家詩拾遺》卷一據《漢書》作「山冢卒崩」。

【注釋】

〔一〕凡四時之大甸獵祭表貉，則為位。

〔二〕《周禮注疏》卷三十八：象胥掌蠻夷閩貉戎狄之國使，掌傳王之言而諭說焉，以和親之。若以時入賓，則協其禮與其辭言傳之。凡其出入送逆之禮，節幣帛辭令而賓相之。凡國之大喪，詔相國客之禮儀，而正其位。凡軍旅會同，受國客幣，而賓禮之。凡作事，王之大事諸侯，次事卿，次事大夫，次事上士，下事庶子。

〔三〕《儀禮·燕禮》：「甸人執大燭於庭，閽人為燭於門外。」後人於「燭」上加「大」，似因上句而衍。

〔四〕《儀禮注疏》卷八：君使士請事，遂以入竟。入竟，斂旜乃展。

〔五〕原文為：眾主人東即位，婦人阼階上西面。主人拜賓，大夫特拜，士旅之。即位踴，襲絰於序東復位，乃奠。

〔六〕原文為：主人拜，尸答拜。祝命爾敦，佐食爾黍稷於席上，設大羹湆於醢北，舉肺脊以授尸，尸受振祭嚌之，左執之，乃食。

　　《大戴禮·曾子立事篇》：「患其不能以讓也。」〔一〕舊本「患」誤作「貴」，後人刪「不」字、「以」字，並改盧注，妄矣。《衛將軍文子篇》：「蓋三千就焉。」〔二〕舊本脫「千」字，後人又改盧注，妄矣。《曲禮》：「前有車騎，則載鴻。」〔三〕《唐石經》「鴻」上衍「飛」字，而諸本因之，後人又加「飛」字於《正義》內，妄矣。「使自稱曰某。」〔四〕《唐石經》「使」下衍「者」字，而諸本因之，後人又加「者」字於《正義》內，妄矣。「豚曰腞肥。」〔五〕《唐石經》依《正義》改「腞」為「腯」，而諸本因之，後人又據以改《正義》及《釋文》，妄矣。

【注釋】

〔一〕原文為：「君子既學之，患其不博也；既博之，患其不習也，既習之，患其無知也；既知之，患其不能行也；既能行之，貴其能讓也；君子之學，致此五者而已矣。」

〔二〕文子曰：「吾子學焉，何謂不知也。」子貢對曰：「賢人无妄，知賢則難，故君子曰：『知莫難於知人』，此以難也。」文子曰：「若夫知賢，人莫不難；吾子親遊焉，是敢問也。」子貢對曰：「夫子之門人，蓋三就焉；賜有逮及焉，有未及焉，不得辯知也。」文子曰：「吾子之所及，請問其行也。」

〔三〕史載筆，士載言。前有水，則載青旌。前有塵埃，則載鳴鳶。前有車騎，則載

飛鴻。前有士師，則載虎皮。前有摯獸，則載貔狼。（《禮記·曲禮上》）

〔四〕天子之妃曰后，諸侯曰夫人，大夫曰孺人，士曰婦人，庶人曰妻。公侯有夫人，有世婦，有妻，有妾。夫人自稱於天子曰老婦，自稱於諸侯曰寡小君，自稱於其君曰小童。自世婦以下自稱曰婢子。子於父母則自名也。列國之大夫，入天子之國曰某士，自稱曰陪臣某，於外曰子，於其國曰寡君之老。使者自稱曰某。（《禮記·曲禮下》）

〔五〕凡祭宗廟之禮，牛曰一元大武，豕曰剛鬣，豚曰腯肥，羊曰柔毛，雞曰翰音，犬曰羹獻，雉曰疏趾，兔曰明視，脯曰尹祭，槁魚曰商祭，鮮魚曰脡祭，水曰清滌，酒曰清酌，黍曰薌合，粱曰薌萁，稷曰明粢，稻曰嘉蔬，韭曰豐本，鹽曰鹹鹺，玉曰嘉玉，幣曰量幣。（《禮記·曲禮下》）《曲禮》云：「豚曰腯肥。」鄭注云「腯，亦肥也。腯充貌也。」左桓六年傳云：「吾牲牷肥腯。」又云：「奉牲以告曰：博碩肥腯。」（《墨子閒詁》卷三）

《檀弓》：「喪三年，以為極，亡則弗妄之矣。」〔一〕「亡」字屬下讀，後人依《釋文》以「亡」字屬上讀，又於《正義》內「極」下加「亡」字，妄矣。「先王之所以難言也。」〔二〕《唐石經》初刻有「以」字，改刻刪之，後人又於《正義》內刪「以」字，妄矣。《王制》：「亦弗欲生也。」〔三〕《唐石經》「欲」訛作「故」，而諸本因之，後人又改《正義》以從之，妄矣。《月令》：「還乃賞公卿諸侯大夫於朝。」〔四〕舊本「乃」誤作「反」，後人又改孟冬《正義》以從之，妄矣。「孟（冬）〔春〕行夏令，則風雨不時。」〔五〕唐《月令》改「風雨」為「雨水」，而諸本因之，後人又改《正義》以從之，妄矣。「蠶事既畢。」〔六〕舊本脫「既」字，後人又於《正義》內刪「既」字，妄矣。「孟夏行春令，則蟲蝗為災。」〔七〕後人改「蟲蝗」為「蝗蟲」，又改《注疏》、《釋文》以從之，妄矣。「度有短長。」〔八〕與「裳」、「量」、「常」為韻，舊本「短長」誤作「長短」，後人又改《正義》以從之，妄矣。「毋逆天數。」〔九〕舊本「天」誤作「大」，後人又於《正義》內加「善」為「大」，妄矣。《唐石經》「善」誤為「大」，而諸本因之，後人又改《正義》之「之大」二字，妄矣。

【注釋】

〔一〕子思曰：「喪三日而殯。凡附於身者，必誠必信，勿之有悔焉耳矣。三月而葬。凡附於棺者，必誠必信，勿之有悔焉耳矣。喪三年。以為極亡，則弗之忘矣。故君子有終身之憂，而無一朝之患，故忌日不樂。」（《禮記·檀弓上》）

〔二〕喪有死之道焉，先王之所難言也。(《禮記·檀弓下》)

〔三〕爵人於朝，與士共之。刑人於市，與眾棄之。是故公家不畜刑人，大夫弗養。士遇之塗，弗與言也。屏之四方，唯其所之。不及以政，亦弗故生也。(《禮記·王制》)

〔四〕立春之日，天子親帥三公、九卿、諸侯、大夫，以迎春於東郊。還反，賞公卿諸侯大夫於朝。(《禮記·月令》)

〔五〕孟春行夏令，則雨水不時，草木蚤落，國時有恐；行秋令，則其民大疫，猋風暴雨總至，藜莠蓬蒿並興；行冬令，則水潦為敗，雪霜大摯，首種不入。(《禮記·月令》)

〔六〕是月也，聚畜百藥，靡草死，麥秋至，斷薄刑，決小罪，出輕繫。蠶事畢，后妃獻繭，乃收繭稅。(《禮記·月令》)

〔七〕孟夏行秋令，則苦雨數來，五穀不滋，四鄙入保；行冬令，則草木蚤枯，後乃大水，敗其城郭；行春令，則蝗蟲為災，暴風來格，秀草不實。(《禮記·月令》)

〔八〕是月也，養衰老，授几杖，行麋粥飲食。乃命司服，具飭衣裳，文繡有常，制有小大，度有短長，衣服有量，必循其故，冠帶有常。命有司，申嚴百刑，斬殺必當，無或枉橈，枉橈不當，反受其殃。(《呂氏春秋·仲秋紀》)

〔九〕凡舉大事，毋逆大數，必順其時，慎因其類。(《禮記·月令》)

《禮器》：「必先有事於郊宮。」〔一〕後人改「郊宮」為「泮宮」，又改《注》以從之，妄矣。《喪服小記》：「齊衰帶惡笄以終喪。」〔二〕《唐石經》脫「帶」字，而諸本因之，後人又於《正義》內刪「帶」字，妄矣。《少儀》：「枕穎几杖。」〔三〕《唐石經》誤倒「穎」字於「幾」下，而諸本因之，後人又改《正義》以從之，妄矣。《樂記》：「曲直、繁省、廉肉、節奏。」〔四〕《唐石經》依《釋文》改「省」為「瘠」，而諸本因之，後人又改《注》及《正義》以從之，妄矣。《喪大記》：「先入右。」〔五〕《唐石經》「入」下衍「門」字，而諸本因之，後人又加「門」字於《正義》內，妄矣。《祭義》：「敷之而橫乎四海。」〔六〕《唐石經》「敷」誤作「溥」，而諸本因之，後人又改《釋文》、《正義》以從之，妄矣。《祭統》：「見其備於廟中也。」〔七〕《唐石經》依《釋文》改「備」為「修」，而諸本因之，後人又改《正義》以從之，妄矣。

【注釋】

〔一〕君子曰：禮之近人情者，非其至者也。郊血，大饗腥，三獻爓，一獻孰，是故

君子之於禮也，非作而致其情也，此有由始也。是故七介以相見也，不然則已慤，三辭三讓而至，不然則已蹙。故魯人將有事於上帝，必先有事於泮宮；晉人將有事於河，必先有事於惡池；齊人將有事於泰山，必先有事於配林。三月繫，七日戒，三日宿，慎之至也。（《禮記·禮器》）

〔二〕斬衰括髮以麻，為母括髮以麻，免而以布，齊衰惡笄以終喪。男子冠而婦人笄，男子免而婦人髽。其義為男子則免，為婦人則髽。（《禮記·喪服小記》）

〔三〕其以乘壺酒，束脩，一犬，賜人，若獻人，則陳酒執脩以將命。亦曰乘壺酒，束脩，一犬，其以鼎肉，則執以將命。其禽加於一雙，則執一雙以將命。委其餘，犬則執緤。守犬，田犬，則授擯者。既受，乃問犬名。牛則執紖，馬則執靮，皆右之，臣則左之，車則說綏。執以將命，甲若有以前之，則執以將命；無以前之，則袒櫜奉胄。器則執蓋，弓則以左手屈韣執拊，劍則啟櫝，蓋襲之，加夫襓與劍焉。笏，書，脩，苞苴，弓，茵，席，枕，幾，潁，杖，琴，瑟。戈有刃者櫝，笶，鑰。其執之皆尚左手，刀卻刃授穎，削授拊。凡有刺刃者，以授人則辟刃。

〔四〕先王恥其亂，故制雅頌之聲以道之，使其聲足樂而不流，使其文足論而不息，使其曲直繁瘠。廉肉，節奏，足以感動人之善心而已矣，不使放心邪氣得接焉，是先王立樂之方也。

〔五〕大夫之喪，將大斂，既鋪絞紟衾衣。君至，主人迎先入門右，巫止於門外，君釋菜。（《禮記·喪服大記》）

〔六〕曾子曰：夫孝，置之而塞乎天地，溥之而橫乎四海，施諸後世而無朝夕，推而放諸東海而準，推而放諸西海而準，推而放諸南海而準，推而放諸北海而準。《詩》云：「自西自東，自南自北，無思不服。」此之謂也。（《禮記·祭義》）《墨子閒詁》卷三引《祭義》亦作：「置之而塞乎天地，溥之而橫乎四海。」

〔七〕《禮記注疏》卷四十九：夫祭有餕。餕者祭之末也，不可不知也。是故古之人有言曰：「善終者如始，餕其是已。」是故古之君子曰：「尸亦餕鬼神之餘也，惠術也，可以觀政矣。」是故尸謖。君與卿四人餕。君起，大夫六人餕，臣餕君之餘也。大夫起，士八人餕，賤餕貴之餘也。士起，各執其具以出，陳於堂下，百官進，徹之，下餕上之餘也。凡餕之道，每變以眾，所以別貴賤之等，而興施惠之象也。是故以四簋黍，見其脩於廟中也。廟中者，竟內之象也。祭者，澤之大者也，是故上有大澤，則惠必及下，顧上先下後耳。非上積重而下

有凍餒之民也，是故上有大澤，則民夫人待於下流，知惠之必將至也，由餒見之矣，故曰可以觀政矣。

《中庸》：「達諸天地而不悖。」〔一〕《唐石經》「達」誤作「建」，而諸本因之，後人又改《正義》以從之，妄矣。《投壺》：「司射進度壺，以二矢半。」〔二〕《唐石經》「以」上衍「間」字，而諸本因之，後人又加入《正義》內，妄矣。《儒行》：「鷙蟲攫搏，不程其勇。」〔三〕《唐石經》「其勇」誤作「勇者」，而諸本因之，後人又改《正義》以從之，妄矣。《冠義》：「遂以摯見於卿大夫。」〔四〕《唐石經》依《釋文》改「卿」為「鄉」，而諸本因之，後人又據以改《正義》，妄矣。《昏義》：「教成之祭。」〔五〕《唐石經》「之祭」誤作「祭之」，而諸本因之，後人又改《正義》以從之，妄矣。

【注釋】

〔一〕子曰：吾說夏禮，杞不足徵也。吾學殷禮，有宋存焉。吾學周禮，今用之。吾從周王天下有三重焉，其寡過矣乎？上焉者，雖善無徵，無徵不信，不信民弗從。下焉者，雖善不尊，不尊不信，不信民弗從。故君子之道，本諸身，徵諸庶民，考諸三王而不繆，建諸天地而不悖，質諸鬼神而無疑，百世以俟聖人而不惑，質諸鬼神而無疑，知天也。百世以俟聖人而不惑，知人也。是故君子動而世為天下道，行而世為天下法，言而世為天下則，遠之則有望，近之則不厭。詩曰：「在彼無惡，在此無射。庶幾夙夜，以永終譽。」君子未有不如此，而蚤有譽於天下者也。

〔二〕司射進度壺，間以二矢半，反位，設中東面，執八算興。

〔三〕儒有委之以貨財，淹之以樂好，見利不虧其義，劫之以眾，沮之以兵，見死不更其守，鷙蟲攫搏。不程勇者，引重鼎，不程其力。往者不悔，來者不豫，過言不再，流言不極，不斷其威，不習其謀，其特立有如此者。

〔四〕已冠而字之，成人之道也。見於母，母拜之；見於兄弟，兄弟拜之。成人而與為禮也，玄冠玄端，奠摯於君，遂以摯見於鄉大夫。

〔五〕是以古者，婦人先嫁三月，祖廟未毀，教於公宮；祖廟既毀，教於宗室。教以婦德、婦言、婦容、婦功，教成祭之，牲用魚，芼之以蘋藻，所以成婦順也。

僖三十三年《左傳》：「鄭之有原圃也，猶秦之有具圃也。」〔一〕《唐石經》下「圃」字誤作「囿」，而諸本因之，後人又據以改《注》及《正義》，妄矣。

宣二年傳：「趙穿殺靈公於桃園。」〔二〕《唐石經》「殺」誤為「攻」，而諸本因之，後人又改《釋文》之「殺」為「攻」，妄矣。襄二十九年傳：「其有陶唐氏之遺風乎？」〔三〕《唐石經》「風」誤為「民」，而諸本因之，後人又據以改《正義》，妄矣。三十一年傳：「北公文子見令尹圍之儀。」〔四〕《唐石經》「儀」字上衍「威」字，而諸本因之，後人又據以改《正義》，妄矣。昭七年傳：「孟僖子病，不能禮。」〔五〕《唐石經》依或本「禮」上加「相」字，而諸本因之，後人又據以改上文杜《注》，妄矣。二十年傳：「偪爾之關。」〔六〕爾同邇，舊本「爾」誤作「介」，後人又據以改杜《注》，妄矣。定九年傳：「如驂之有靳。」〔七〕《唐石經》依《釋文》「有」字，而諸本因之，後人又據以改《正義》，妄矣。《魯語》：「禁罜麗。」〔八〕諸本「罜」誤作「罝」，後人又據以改《注》，妄矣。

【注釋】

〔一〕傳三十三年春，晉秦師過周北門，左右免胄而下，超乘者三百乘。王孫滿尚幼，觀之，言於王曰：「秦師輕而無禮，必敗。輕則寡謀，無禮則脫，入險而脫，又不能謀，能無敗乎？」及滑，鄭商人弦高將市於周，遇之，以乘韋先，牛十二，犒師，曰：「寡君聞吾子，將步師出於敝邑，敢犒從者，不腆敝邑。為從者之淹，居則具一日之積，行則備一夕之衛，且使遽告於鄭。」鄭穆公使視客館，則束載，厲兵秣馬矣。使皇武子辭焉，曰：「吾子淹久於敝邑，唯是脯資、餼牽竭矣，為吾子之將行也。鄭之有原圃，猶秦之有具囿也。吾子取其麋鹿，以閒敝邑，若何？」杞子奔齊，逢孫楊孫奔宋，孟明曰：「鄭有備矣，不可冀也。攻之不克，圍之不繼，吾其還也。」滅滑而還。

〔二〕乙丑，趙穿攻靈公於桃園，宣子未出山而復。大史書曰：「趙盾弒其君。」以示於朝。宣子曰：「不然。」對曰：「子為正卿，亡不越竟，反不討賊，非子而誰？」宣子曰：「嗚呼！我之懷矣。自詒伊戚，其我之謂矣。」孔子曰：「董狐，古之良史也！書法不隱。趙宣子，古之良大夫也，為法受惡。惜也，越竟乃免。」宣子使趙穿逆公子黑臀於周，而立之。（《春秋左氏傳・宣公》）晉十四，趙穿殺靈公，趙盾使穿迎公子黑臀於周，立之。趙氏賜公族。（《史記・十二諸侯年表》）孔子覽晉志，晉趙穿殺靈公，趙盾亡，未及山而還，史書趙盾弒君。（《孔子家語》卷九）

〔三〕為之歌唐，曰：「思深哉！其有陶唐氏之遺民乎？不然，何憂之遠也。非令德之後，誰能若是？」

〔四〕衛侯在楚，北宮文子見令尹圍之威儀。言於衛侯曰：「令尹似君矣，將有他志。雖獲其志，不能終也。《詩》云：『靡不有初。鮮克有終。』終之實難，令尹其將不免。」公曰：「子何以知之？」對曰：「《詩》云：『敬慎威儀，惟民之則。』令尹無威儀，民無則焉。民所不則，以在民上，不可以終。」公曰：「善哉！何謂威儀？」對曰：「有威而可畏，謂之威；有儀而可象，謂之儀。君有君之威儀，其臣畏而愛之，則而象之，故能有其國家，令聞長世。臣有臣之威儀，其下畏而愛之，故能守其官職，保族宜家。順是以下，皆如是。是以上下能相固也。衛詩曰：『威儀棣棣，不可選也。』言君臣上下、父子兄弟、內外大小，皆有威儀也。周詩曰：『朋友攸攝，攝以威儀。』言朋友之道，必相教訓，以威儀也。周書數文王之德曰：『大國畏其力，小國懷其德。』言畏而愛之也。《詩》云：『不識不知，順帝之則。』言則而象之也。紂囚文王七年，諸侯皆從之囚，紂於是乎懼而歸之，可謂愛之。文王伐崇，再駕而降為臣，蠻夷帥服，可謂畏之。文王之功，天下誦而歌舞之，可謂則之。文王之行，至今為法，可謂象之。有威儀也，故君子在位可畏，施捨可愛，進退可度，周旋可則，容止可觀，作事可法，德行可象，聲氣可樂，動作有文，言語有章。以臨其下，謂之有威儀也。」

〔五〕九月，公至自楚，孟僖子病不能相禮，乃講學之，苟能禮者從之。及其將死也，召其大夫曰：「禮，人之幹也，無禮無以立。吾聞將有達者。」

〔六〕山林之木，衡鹿守之。澤之萑蒲，舟鮫守之。藪之薪蒸，虞候守之。海之鹽蜃，祈望守之。縣鄙之人，入從其政。偪介之關，暴徵其私。承嗣大夫，強易其賄。布常無藝，征斂無度，宮室日更，淫樂不違。內寵之妾，肆奪於市。外寵之臣，僭令於鄙。私欲養求，不給則應。民人苦病，夫婦皆詛，祝有益也。詛亦有損，聊攝以東，姑尤以西。其為人也多矣。雖其善祝，豈能勝億兆人之詛？君若欲誅於祝史，修德而後可。

〔七〕秋，齊侯伐晉夷儀。敝無存之父將室之，辭，以與其弟，曰：「此役也，不死，反必取於高國。」先登，求自門出，死於溜下。東郭書讓登，犁彌從之，曰：「子讓而左。我讓而右，使登者絕而後下。」書左，彌先下。書與王猛息，猛曰：「我先登。」書斂甲曰：「曩者之難，今又難焉。」猛笑曰：「吾從子，如驂之靳。」晉車千乘，在中牟。衛侯將如五氏，卜過之，龜焦。衛侯曰：「可也。」

〔八〕宣公夏濫於泗淵，里革斷其罟而棄之，曰：「古者大寒降，土蟄發，水虞於是

乎講眾罶，取名魚，登川禽，而嘗之寢廟，行諸國，助宣氣也。鳥獸孕，水蟲成，獸虞於是乎禁罝羅，矠魚鱉以為夏犒，助生阜也。鳥獸成，水蟲孕，水虞於是禁罝罜麗，設阱鄂，以實廟庖，畜功用也。」（《國語》卷第四）罝，當作眾。

　　莊十八年《公羊傳》：「此未有伐者。」〔一〕後人於「伐」上加「言」字，又加於二十六年《疏》內，妄矣。《爾雅·釋獸》「鼯鼠」〔二〕，《唐石經》「鼯」誤作「鼳」〔三〕，而諸本因之，後人又據以改《釋文》，妄矣。

【注釋】

〔一〕夏，公追戎於濟西。此未有言伐者，其言追何，大其為中國追也。此未有伐中國者，則其言為中國追何，大其未至而豫御之也。其言於濟西何，大之也。

〔二〕鼯鼠：《爾雅·釋獸》：「鼯鼠。」郭璞注：「今江東山中有鼯鼠，狀如鼠而大，蒼色，在樹木上。」郝懿行《義疏》：「此與寓屬之鼯同名異物。」

〔三〕鼳，鼠身長鬚而賊，秦人謂之小驢。

　　凡此者，皆改不誤之《注疏》、《釋文》以從已誤之經文，其原本幾不可復識，然參差不齊之跡，終不可泯，善學者循其文意，證以他書，則可知經文雖誤，而《注疏》、《釋文》尚不誤，且據《注疏》、《釋文》之不誤以證經文之誤，可也。如不得其義而妄自改焉，則斷乎不可！

方音異同不可不曉第四十九

　　昔郢人遺燕相書，夜書，曰「舉燭」，因而過書「舉燭」。燕相受書說之曰：「舉燭者，尚明也；尚明者，舉賢也。」國以治。治則治矣，非書意也。〔一〕鄭人謂玉未理者「璞」，周人謂鼠未臘者「璞」。周人曰：「欲買璞乎？」鄭人慾之，出其「璞」，乃鼠也。夫誤會「舉燭」之義，幸而治；誤解「鼠璞」則大謬。〔二〕由是言之，凡誤解古書，皆「舉燭」、「鼠璞」之類也。

【注釋】

〔一〕郢人有遺燕相國書者，夜書，火不明，因謂持燭者曰：「舉燭。」云而過書「舉燭」，「舉燭」非書意也，燕相受書而說之，曰：「舉燭者，尚明也，尚明也者，舉賢而任之。」燕相白王，王大說，國以治，治則治矣，非書意也。今世舉學者多似此類。（《韓非子·外儲說左上》）

〔二〕應侯曰：「鄭人謂玉未理者璞，周人謂鼠未臘者樸。周人懷璞，過鄭賈曰：『欲

-280-

買樸乎？」鄭賈曰：『欲之。』出其樸，視之，乃鼠也。因謝不取。今平原君
自以賢，顯名於天下，然降其主父沙丘而臣之。天下之王尚猶尊之，是天下之
王不如鄭賈之智也，眩於名，不知其實也。」（《戰國策》卷五）

　　古書之出，時代各有先後，古聖生長地方又非一定，其中語言文字豈無
異同？王伯厚云：「公羊子齊人，其傳《春秋》多齊言：『登來』〔一〕、『化我』
〔二〕、『樵之』〔三〕、『漱浣』〔四〕、『筍將』〔五〕、『蹄為』〔六〕、『詐戰』〔七〕、『往
黨』〔八〕、『往殆』〔九〕、『於諸』〔十〕、『累』〔十一〕、『忧』〔十二〕、『如』〔十三〕、『防』
〔十四〕、『椻』〔十五〕、『脰』〔十六〕之類是也。鄭康成北海人，其注『三禮』多齊
言：『麴麩曰媒』〔十七〕、『疾為戚』〔十八〕、『麇為獐』〔十九〕、『漚曰湊』〔二十〕、
『椎為終葵』〔二一〕、『手足擘為骹』〔二二〕、『全菹為芋』〔二三〕、『祭為墮』〔二四〕、
『題肩為擊徵』〔二五〕、『滑為灡』〔二六〕、『相絞訐為掉磬』〔二七〕、『無髮為禿
楬』〔二八〕之類是也。」方言之異如此，則《書》之誥、誓其可強通哉！

【注釋】

〔一〕登來：猶得來，得之。《公羊傳・隱公五年》：「公曷為遠而觀魚？登來之也。」
　　　何休注：「登，讀言得。得來之者，齊人語也。齊人名求得為得來。作登來
　　　者，其言大而急，由口授也。」孔廣森《公羊通義》：「登來之者，猶言得之
　　　也。」

〔二〕化我：《公羊傳・桓公六年》：「行過無禮謂之化。」則我字非齊語。

〔三〕樵之：見《公羊傳・桓公七年》。

〔四〕漱浣：見莊公三十一年。

〔五〕筍將：文公十五年。齊魯名竹筤曰筍，不與下將字連。

〔六〕蹄為：僖公十年。蹄，豫也，不與下為字連。

〔七〕詐戰：僖公三十三年。詐，卒也，不與下戰字連。

〔八〕往黨：文公十三年。黨，所也，不與上往字連。

〔九〕往殆：襄公五年。殆疑不與上往字連。

〔十〕於諸：見哀公六年。

〔十一〕累：見桓公二年。

〔十二〕忧：顛狂。《公羊傳・桓公五年》：「正月甲戌、己丑，陳侯鮑卒。曷
　　　　為以二日卒之？忧也。」何休注：「忧者，狂也。齊人語。」袁枚《隨園隨筆・三傳多
　　　　古字》：「三傳多古字……《公》、《穀》則狂曰忧。」

〔十三〕如：見桓公五年。

〔十四〕昉：見隱公元年。

〔十五〕棓：鋪設於不平處的跳板。《公羊傳·成公二年》：「蕭同侄子者，齊君之母也，踊於棓而窺客，則客或跛或眇。」何休注：「凡無高下有絕加蹋板曰棓。齊人語。」陳立《義疏》：「高下懸絕，有板橫其間，可登，如今匠氏之跳矣。」

〔十六〕脰：見莊公十二年。脰：頸項。《左傳·襄公十八年》：「射殖綽，中肩，兩矢夾脰。」楊伯峻注：「脰音豆，頸項。」

〔十七〕麴麩曰媒：見《周禮·媒氏》。明周祈《名義考》卷十二「麴蘗」：《說文》：麴，酒母也。徐氏曰：麴，蘗也，酒主於麴，故曰酒母。《玉篇》：㷀麴酒母。孟康曰：媒酒酵蘗麴也。《周禮·媒人》注：齊人名麴麩曰媒。《說文》、《玉篇》媒人注訓麴已明，徐氏訓麴並及蘗，孟康所訓俱失之。蓋麴今麴餅蘗今麥芽為餳者，故書注曰麴多則太苦，蘗多則太甘，今人止用麴，不復用蘗矣。然麴亦麥所成者，酒酵酒滓也，麴蘗以釀酒，故釀成其罪者曰媒蘗。

〔十八〕疾為戚：見《周禮·考工氏》。

〔十九〕麋為獐：《周禮·考工記·畫繢》：「山以章，水以龍。」鄭玄注：「章讀為獐，獐，山物也，在衣，齊人謂麋為獐；龍，水物，在衣。」陸德明《釋文》：「麋，獐也。」今稱獐子。

〔二十〕漚曰湅：《周禮·考工記·㡛氏》「湅絲以涗水漚其絲」鄭玄注：「楚人曰漚，齊人曰湅。」

〔二一〕椎為終葵：《周禮·考工記·玉人》：「大圭長三尺。杼上終葵首。」鄭玄注：「終葵，椎也。」

〔二二〕手足擊為骹：《周禮·考工記·輪人》「參分其股圍」鄭玄注引漢鄭司農曰：「人脛近足者細於股，謂之骹。羊脛細者亦為骹。」骹：脛骨近腳處較細的部位。亦指手腕或腳腕。

〔二三〕全菹為芋：見《士喪禮》。

〔二四〕祭為墮：見《士虞禮》。

〔二五〕題肩為擊徵：《禮記·月令》「（季冬之月）征鳥厲疾」鄭玄注：「征鳥，題肩也。齊人謂之擊徵，或名鷹。仲春化為鳩。」《淵鑒類函》卷四二二引《春秋考異郵》：「陰陽氣貪，故題肩擊。」題肩：鳥名。鷂鷹的一種。

〔二六〕滑為滫：見《禮記·內則》：「免、薧、滫、瀡以滑之。」瀡，使食物柔滑的佐料。

〔二七〕相絞訐為掉磬：《禮記·內則》「舅姑若使介婦，毋敢敵耦於冢婦」鄭玄注：「雖有勤勞，不敢掉磬。」陸德明《釋文》：「《隱義》云：齊人以相絞訐為掉磬。崔云：北海人謂相激事為掉磬也。」孔穎達疏：「庾氏云：齊人謂之差訐。」掉磬：爭論。

〔二八〕無髮為禿楬：《禮記·明堂位》「夏后氏以楬豆」鄭玄注：「楬，無異物之飾也。齊人謂無髮為禿楬。」古代齊人謂無髮為禿楬。

故治經者，不可不知方言（讀《爾雅》、揚子之類，隨時留心《方言》及《廣雅》，久之，自能有得）。

制度沿革不可不知第五十

歷代制度互有異同。大而朝廟典章，小而服物器具，今為約略言之。有唐虞之制度，有三代之制度，有秦漢之制度，有魏、晉以下之制度。執魏、晉以下之制以考秦漢，未必不失秦漢矣。執秦漢之制以考三代，未必不失三代矣。執三代之制以考唐虞，亦未必不失唐虞矣。何也？一朝之制，有因，有革，有損，有益，據末世之事釋上古之文，安知今之所有者非皆古之所無乎？今之所無者非古之所有乎？

故凡考制度，宜多讀古書。古未有專考制度之成書，而其中間有論及前事，證之他書，其說適合，則即可引以為據。至《通典》、《通考》出，斯為考據專書，依類讀之，異同自見。

又不可不多讀國朝人之書。國朝考據之學精，凡說經諸儒，俱通考古人制度，如顧、閻以下諸人皆是。而秦氏《五禮通考》，又為考禮之一大宗，其中雖不能有得而無失。制度甚難考，學者慎勿易言（又輿地代有沿革，學者尤宜留心），融會貫通，久而稽之，庶乎其不失歟！

【附錄】

清謝章鋌《賭棋山莊集》文續一：生獨歸心樸學，兼擅著作，非所謂質有其文者耶？嗟乎！千里同聲，一何盛也，而今其可再得耶？章鋌謂，學術一道，因時而變，亦因人而興，窮則必反，能者居風氣之先，皆可以取大名。考訂之學，至國朝極矣，然錢、惠、江、戴諸家，精益求精之時，而姚惜抱已有異議。及方存之孫芝房目擊喪亂，太息人才之衰歇，遂集矢於考據家。彼其言皆自許為世道計矣，豈知今日者漢學既熄，宋學愈荒。苟非科舉之故，即程、朱之遺說其不懜置於耳乎？故吾謂無論為漢為宋，如有學焉，皆可寶也。（清光緒刻本）

清方中履《古今釋疑》卷十八：勾股即有加減乘除也。履按：古法用竹徑，一分長六寸，二百七十一枚，而成六觚為一握，此正如今之算盤。但制度難考。後世惟知珠算，泰西則有筆算、籌算二法。履於南康又得尺算一法，以遺仲兄。兄曰：珠蓋出洛書。洛書，左右上下皆十五，故珠用十五也。下五珠，洛之中五也。上二珠作十，洛之二數相對成十也。筆籌皆出九，九尺則出於三角，用之則乘莫善於籌，除莫善於筆，加減莫善於珠，比例莫善於尺。然四算一理也。加者，益也，減者損也，益而復益則為乘，損之又損則為除。乘除亦加減矣。損藏於益，乘即除矣。益藏於損，除即乘矣。以小知大，以寡知多，彼以徵此，虛以徵實，無往而非比例也。

《科場條例》卷十三：查制科取士，試以三場，立法最善，遵行已久。其第三場策問時務五道，原欲其援古證今，詳明條對，以覘實學。至於《綱目》一書，不但論定人品，凡古人經濟事實備載其中，原係士子當留心考究之書。若但限以《綱目》所載賢奸之人發問，則士子剿襲史家評說，易致雷同，且與策問體制仍有未合，請嗣後鄉會試三場策題仍照例以時務發問，其中必令詳引《綱目》中事蹟人物，凡歷代制度沿革，創始何人，更定何事，即事之得失，以定人之賢否，務期論斷詳明，折衷至當，不許止空舉名目，草率塞責，等因奉旨依議。欽此。

宋魏了翁《古今考》卷二：史遷、班固筆削微異，吾故從而辨之，而所以補此章者，恐或者議鶴山之書專考制度，而不及性理，不容不挈此大綱領而表出之也。

戴震云：至若經之難明，尚有若干事：誦古禮經，先《士冠禮》，不知古者宮室、衣服等制，則迷於其方，莫辨其用。（《戴震文集》卷九《與是仲明論學書》）

張之洞《勸學篇·守約第八》云：史學，考治亂典制。史學切用之大端有二：一事實，一典制。事實，擇其治亂大端、有關今日鑒戒者考之，無關者置之。典制，擇其考見世變、可資今日取法者考之，無所取者略之。事實求之《通鑑》。通鑑之學，《資治通鑑》、《續通鑑》、《明通鑑》，約之以讀《紀事本末》。典制求之正史、二通。正史之學，約之以讀志及列傳中奏。一如《漢·郊祀》，《後漢·輿服》，《宋·符瑞》、《禮樂》，歷代《天文》、《五行》，元以前之《律曆》，唐以後之《藝文》，可緩也。地理，止考有關大事者。水道，止考今日有用一著。官制，止考有關治理者，如古舉今癈，名存實亡，暫置屢改，寄祿虛一急者乙之。《通考》，取十之三；《通典》，取十之一，足矣。國朝人有《文獻通考詳節》，但一事中最要之原委條目，有應詳而不詳者，內又有數門可不考者。《通志·二十略》，知其義例可也。考史之書，約之以讀趙翼《廿二史劄記》。王氏《商榷》可節取，錢氏《考異》精於考古，略於致用，可緩。史評，約之以讀《御批通鑑輯覽》。若司馬公《通鑑論》，義最純正，而專重守經。王夫之《通鑑論》、《宋論》，識多獨到，而偏好翻案。惟《御批》最為得中，而切於經世之用。此說非因尊王而然，好學而

更事者，讀之自見。凡此皆為通今致用之史學，若考古之史學，不在此例。(《張之洞全集》第十二冊，第170頁)一地理，考今日有用者。地理專在知今：一形勢。一今日水道。先考大川。一物產。一都會。一運道。水道不盡能行舟。一道路。一險要。一海陸邊防。一通商口岸。若《漢志》之證古，《水經注》之博文，姑俟暇日考之可也。考地理必有圖，以今圖為主，古圖備考。此為中學地理言。若地球全角，外洋諸國，亦須知其方域狹、程途遠近、都會海口、寒暖險易、貧富強弱。按圖索之，十日可畢，暫可不必求詳。重在俄、法、德、英、日本、美六國，其餘可緩。(《張之洞全集》第十二冊，第171頁)

【今按】以上各條可與《經解入門》合參。

平日讀書課程第五十一

一，治經宜有次第。既為經學，必當先讀《十三經注疏》。《注疏》繁重，畢竟從何處入手？曰先讀《毛詩》，次及「三禮」，次及他經。蓋《詩》、《禮》兩端，最切人事，義理較他經為顯，訓詁較他經為詳，其中言名物，學者能達與否，較然易見；且四經皆是鄭君玄注，完全無闕。《詩》則毛傳，粹然為西漢經師遺文，更不易得，則通古訓尤在於茲（古人訓詁，乍讀似覺不情，非及此冰釋理順，解經終是隔膜）。《禮》之條目頗多，卷帙亦巨，初學畏難。《詩》義該比興〔一〕，兼得開發性靈，鄭箋多及禮制，此經既通，於禮學尋途探求，自不能已；《詩》、《禮》兼明，他經方可著手。《書》道政事，《春秋》道名分〔二〕。典禮既行，然後政事、名分可得而言也（《尚書》家伏生、《左傳》家賈生、《公羊》家董膠西、何劭公，皆精於禮學，案其書可知）。《易》道深微〔三〕，語簡文古，訓詁禮制，在他經為精，在《易》為粗。所為至精，乃在陰陽變化消息，然非得其粗者得其精者（此姚姬傳論學古文法，援之以為學《易》法，精者可遇而不可鑿，鑿則妄矣）。「三禮」之中，先《儀禮》、《禮記》，次《周禮》。《儀禮》句碎字實，難讀能解，難記易曉，注家最少，異說無多，好在《禮記》一書即是外傳（《禮記》難於《儀禮》，《儀禮》只十七件事，《禮記》之事多矣，特其文條達耳），《周禮》門類較多，事理更為博大，漢人說者亦少（晚出之故），故較難，然鄭注及國朝人零星解說，亦已明白。《尚書》辭義既古，隸古傳寫，通假訛誤，自漢初即有今古文兩家，異文歧讀（此謂真古文，非謂蔡傳所云「今文無古文有」之古文也），至西晉梅氏古文晚出，唐初偽孔傳專行（六朝江左即盛行，未定一尊耳），而漢代今古文兩家之經傳，一時俱絕，故尤難通。《春秋》乃聖人治世大權，微文隱義，本非同家人言語（《史記》明

言之），「三傳」並立，旨趣各異：《公羊》家師說雖多，末流頗涉傅會，何注行世，世人以其事博辭富，求傳而不求經，故公羊家理密而事疏，《左傳》家事詳而理略（非謂左氏，謂治左氏者耳）。《穀梁》師說久微（見《隋書·經籍志》），國朝人治者亦少。學者於《春秋》，若謂事事能得聖心，談何容易？至於《周易》，統貫天人，成於四聖，理須後聖方能得曉，京、孟、虞、鄭諸大師，以及後代諸家，皆止各道所得，見仁見智，從無一人能的解定論，勢使然也。且陰陽無形，即使謬稱妄說，無人能質其非，所以通者雖少，而注者最多：演圖比象，任意紛紜，所謂畫狗馬難於畫鬼神之比〔四〕也。總之，《詩》、《禮》可解，《尚書》之文，《春秋》之義，不能盡解，《周易》則通儒畢生探索，終是解者少而不能解者多。故治經次第，自近及遠，由顯通微，如此為便較有實獲。尹吉甫之詩曰：「古訓是式，威儀是力。」〔五〕古訓，《詩》學也；威儀，《禮》學也。此古人為學之方也（試看春秋時無人不誦《詩》學《禮》，稱道《尚書》者已較少，至於《周易》，除卜筮外，談者無多，意亦可知三代時《易》不以教學童，惟太史掌之，今賴有《繫傳》或可窺見夫一斑耳）。

【注釋】

〔一〕《詩》義該比興：詩人託物比興，以意取象，不須盡符事實，必執物理求之，斯乃高叟之固至。

〔二〕其在於《詩》、《書》、《禮》、《樂》者，鄒魯之士、搢紳先生多能明之。《詩》以道志，《書》以道事，《禮》以道行，《樂》以道和，《易》以道陰陽，《春秋》以道名分。其數散於天下而設於中國者，百家之學時或稱而道之。（《莊子·天下篇》）

〔三〕《易》道深微：《呂氏春秋·勿躬》：「精通乎鬼神，深微玄妙，而莫見其形。」深微，故不可得而聞之。其理深微，不可盡言也。

〔四〕畫狗馬難於畫鬼神之比：典出《韓非子·外儲說左上》：「客有為齊王畫者，齊王問曰：『畫孰最難者？』曰：『犬馬最難。』『孰最易者？』曰：『鬼魅最易。』夫犬馬，人所知也，旦暮罄於前，不可類之，故難。鬼魅無形者，不罄於前，故易之也。」《後漢書·張衡傳》云：「譬猶畫工惡圖犬馬，而好作鬼魅，誠以實事難形，而虛偽不窮也。」劉晝《新論·正賞篇》亦云：「由今之人畫鬼魅者易為巧，摹犬馬者難為工，何者？鬼魅質虛，而犬馬質露也。」

〔五〕仲山甫之德，柔嘉維則。令儀令色，小心翼翼。古訓是式，威儀是力。天子是若，明命使賦。（《烝民》）

一，治經貴通大義。每一經中，皆有大義數十百條，宜研究詳明，會通貫串，方為有益。若僅隨文訓解，一無心得，仍不得為通也。又考據自是要義，但關係義理者，必應博考詳辨，弗明弗措。若細碎事蹟，猝不能定，姑存舊說，不必徒耗目力。

一，宜講小學（非朱子所云之小學）。許氏《說文》為小學之大綱，二徐而下，惟國朝諸老能知其義。段氏《注》雖繁，而精博自不可及，學者須奉以為宗主，後及桂氏各注。

一，宜讀古書古注。以其去聖未遠，可以證經。且秦以上書，一字千金。即唐以前亦切實少空話。初學讀時，惟先辨其書之真偽，次求其校勘之善本。余於《經與子相表裏》篇所列各種皆宜讀。

一，宜讀國朝人經學書。蓋經語惟漢人能解，漢儒語惟國朝通儒能遍解。所以然者，國朝諸大儒，善思、善悟、善參校、善比例、善分別真偽，故經學為千古之冠。書多矣，以《皇清經解》為大宗。而余《近儒說經得失》篇所列各書皆善，可讀。

一，宜購叢書。叢書所收古今各部，無慮數十百種，中間必多極要者。分購單行本，積數處不得其全。購叢書，則一舉可以不遺，且積算其價，又倍廉於單行之本，則購一書，而其中之雜者正可作不費錢論，涉獵一過，亦是好處。惟要知刻本善否。明刻叢書，類多荒率；國朝人刻本，率皆精好，二孫、二盧、孔、畢諸家之本尤勝。其書體例不一，中有精校本、精注足本，過市遇叢書，可檢其目，多古籍者，萬不可忽。

一，讀書宜博。先博後約，《語》、《孟》通義。學者先須多見多聞，再言心得。若株守一部，兔園冊子數帙，而去通經，必無其事。然則，博之為道將如何？曰在有要而已。太史公曰：「儒家者流，博而寡要。」〔註16〕古書不可不解（真者不多，真古書無無用者），有用之書不可不見（不限古今），專門之書不可不詳考貫通，如是，則有涯涘可窮矣。

一，貴博貴精尤貴通。博而不精，則近於泛濫；精而不通，則近於拘執。然精通難言，必先由博而入，心力交致，方能臻斯。

〔註16〕儒者博而寡要，勞而少功，是以其事難盡從。然其序君臣父子之禮，列夫婦長幼之別，不可易也……夫儒者以《六藝》為法，《六藝》經傳以千萬數，累世不能通其學，當年不能究其禮，故曰「博而寡要，勞而少功」。若夫列君臣父子之禮，序夫婦長幼之別，雖百家弗能易也。（《史記》卷一三〇）

一，戒畏難。如前所言，層累曲折，其功似乎難竟，然物有本末，事有先後，依次而入，久之自不能已。且今人讀書，有較易於古人百倍者。古人書籍少，一字一義皆當自己尋覓，今人生明備之會，諸先正皆有極精之書，前人是者明證之，誤者辨析之，難考者考出之，不可見之書採集之，一分真偽而古書去其半，一分瑕瑜而列朝書去其十之八九。且諸公最好著為後人省精力之書：一搜補（或從群書中搜出，或補完，或綴緝），一校訂，一考證，一補錄，此皆畢生之精力，躔曩代之成書而後成者，故同一書，古人十年方通者，今人三年可矣。前人甚苦，後人甚樂。諸公作室，我輩居之。諸公指器，我輩用之。今日若肯用功，真可不費無益之精神，而收身心之實效者，慎無驚怖其言以為河漢而無據也！

科場解經程序第五十二〔註17〕

一，國朝取士，文、詩、策論外，兼及經義〔一〕，故國子監〔二〕南學〔三〕及州郡歲科〔四〕試經古諸場均有經解。士子通經原期致用，不第沐稽古〔五〕之榮而已，故學者不可不致力於此，列此條目以為之的。

一，經解與策不同，通體皆無抬頭〔六〕，其抬頭者乃引「御纂」〔七〕、「欽定」〔八〕等書耳，然引此書且須三抬〔九〕，以其皆先王所定故也。

一，遇避諱字皆不可用，倘古書既有其字，而亦不能不引，則將此字空一格，並寫「敬避」二字，亦不犯禁。

一，場屋解經，國朝人所著各書收入《四庫》者可以引用，用時亦只舉其書名，不宜及其人之姓名，其未入《四庫》而已現行者但稱「或說」可也。

一，場屋中解題率在《易》、《書》、《詩》、《春秋》、《禮記》五經，風簷〔十〕寸晷〔十一〕，時有不及，不必求多，與其多作不善，不若少而精也。

一，場屋解經，與平時稍有各別。平時為日寬，題目少，故可細心博考，以求盡善。應試則時日倉猝，頓成數篇，其不能盡善可知。惟眉目最要清楚，先列諸家異說，後下己意。或駁去數說，而於中獨宗一說而申發之，或貫通諸說，而以己意融會之，必須頭緒了然，使閱者知為胸有把握便可。若自出新意，恐弄巧反拙。至或云有著作家之經解，有場屋中之經解，著作家則繁稽博考者，折衷一是，場屋則羅列諸說而已，此言實不足信。

〔註17〕今按：天津古籍本無此篇。

【注釋】

〔一〕經義：科舉考試科目之一。宋代以經書中文句為題，應試者作文闡明其義理，故稱。明、清沿用而演變成八股文。

〔二〕國子監：我國封建時代的教育管理機關和最高學府。隋、唐、宋、元、明、清，稱國子監。晉稱國子學，北齊稱國子寺。清末改革學制，自光緒三十二年起設學部，國子監併入學部。

〔三〕南學：清代雍正九年（1731），將毗連國子監街南的官房作為學舍，令助教等官及肄業生居住，稱為「南學」。《清史稿・職官志二》：「九年，建南學。」原注：「在學肄業者為南學，在外肄業赴學考試者為北學。」

〔四〕歲科：清代學政每年對所屬府、州、縣生員、廩生舉行的考試。分別優劣，酌定賞罰。凡府、州、縣的生員、增生、廩生皆須應歲考。

〔五〕稽古：考察古事。

〔六〕抬頭：舊時書信、行文的一種格式。即涉及對方時，要按照一定的格式，另起一行書寫，以表示尊敬。亦指書信、公文等行文抬頭的地方。清梁紹壬《兩般秋雨盫隨筆・跳行》：「作書出格曰抬頭。」

〔七〕御纂：謂皇帝詔命編纂。清江藩《漢學師承記・敘》：「凡御纂群經，皆採漢、宋先儒之說，參考異同，務求至當，遠紹千載之薪傳，為萬世不刊之巨典焉。」

〔八〕欽定：皇帝親自裁定的。多用於書名。如《欽定四庫全書》、《欽定淵鑒類函》等。

〔九〕三抬：另起一行書寫，向上凸出三個字的位置。此外，還有「兩抬」、「一抬」。

〔十〕風簷：指科舉時代的考試場所。顧炎武《日知錄・擬題》：「即以所記之文，抄謄上卷，較之風簷結構難易迴殊。」趙翼《重赴鹿鳴宴》詩：「風簷弋獲原非易，多少文心耗短檠。」

〔十一〕寸晷：猶寸陰。晷，日影。借指小段時間。

經解入門卷八（附選）

箕子明夷解　　周中孚〔一〕

　　《易》言「箕子之明夷」〔註1〕與「帝乙歸妹」〔註2〕、「高宗伐鬼方〔二〕」〔註3〕，皆商事也。故馬季長〔三〕即以箕子之事注之曰：「箕子，紂之諸父〔四〕，明於天道、洪範之九疇，德可以王，故以當五知紂之惡，無可奈何，同姓恩深，不忍棄去，被髮佯狂，以明為暗，故曰箕子之『明夷』，卒以全身，為武王師，名傳無窮，故曰『利貞』矣。」

【注釋】

〔一〕周中孚（1768～1831），字信之，號鄭堂，浙江烏程人。嘉慶拔貢。受知於阮元，曾預修《經籍籑詁》，著有《鄭堂讀書記》、《孝經集解》、《逸周書注補正》、《子書考》、《金石識小錄》、《鄭堂雜記》。事蹟見馮登府所作傳、戴望《外王父周先生述》、《兩浙輶軒續錄》卷二七。

〔二〕鬼方，詳王國維《鬼方昆夷玁狁考》（見《觀堂集林》）等書。《未濟》九四：「震，用伐鬼方，三年，有賞於大國。」昔人多以為係武丁時事，與《既濟》九三之「高宗伐鬼方，三年克之」同。《尚書·召誥》：「嗚呼！皇天上帝，改厥元子茲大國殷之命。」《大誥》：「天休於寧（文）王，興我小邦周。」周人

〔註1〕《周易·明夷六五》。明夷，六十四卦之一。即離下坤上。《易·明夷》：「明夷，利艱貞。」孫星衍《集解》引鄭玄曰：「夷，傷也，日出地上，其明乃光，至其入地，明則傷矣，故謂之明夷。」後因以比喻昏君在上，賢人遭受艱難或不得志。

〔註2〕見《周易·泰六五》。

〔註3〕見《周易·歸妹六五》。

稱殷為「大國」，自稱「小邦」。因此，「有賞於大國」，即有賞於殷，非指殷高宗武丁伐鬼方，其事甚明。《詩・魯頌・閟宮》：「不虧不崩，不震不騰。」鄭箋：「震、騰，皆謂僭逾相侵犯。」《易》之「震」，亦當作如是解。此役因鬼方入犯，周人大舉出擊，歷時三年，始獲勝利，報捷於殷，復得殷王之賜。《未濟》爻辭所述史實當如此，與《紀年》同，且可互證。

〔三〕馬融，字季長。事蹟見前。

〔四〕諸父：古代天子對同姓諸侯、諸侯對同姓大夫，皆尊稱為「父」，多數就稱為「諸父」。

　　案：《象傳》明言「文王以之」，「箕子〔一〕以之」，箕子與文王並稱，益知馬注之確，所以虞仲翔注《象傳》亦即以馬為說也。《漢書・儒林傳》專載諸儒傳經源流，不及兼採眾說，獨於《孟喜傳》附一說云：「蜀人趙賓好小數書，後為《易飾》、《易文》，以為箕子明夷，陰陽氣亡箕子，箕子者，萬物方荄茲也。賓持論巧慧，《易》家不能難，皆曰非古法也，云受孟喜，喜為名之，後賓死，莫能持其說，喜因不肯仞，以此不見信。」觀孟堅之載此，非有取於其說也，正以其說之穿鑿，示人以不可從爾，故顏師古亦即引《象傳》以證其說之妄，然後為之解曰：「荄茲，言其根荄方滋茂也。」其見卓矣。《釋文》載劉向說云：「今《易》『箕子』作『荄滋』。」又載鄒湛說云：「荀爽訓箕為荄，詁子為滋。」漫衍〔二〕無經，不可致詰，可見持其說而信之者，未始無其人也。近儒尚有引趙賓之說以說孟喜之卦氣，而復引朱文公說云：「疑當時箕子曾占得此爻，後人因而記之，而聖人以入爻也。」〔三〕二說兼收，自相牴牾，宗漢學者當如是乎？

【注釋】

〔一〕箕子：名胥餘。《尸子》曰：「箕子胥餘，漆身為厲，被髮佯狂。」

〔二〕漫衍：無準則，不受約束。

〔三〕《朱子語類》卷六十六：「《易》中言『帝乙歸妹』、『箕子明夷』、『高宗伐鬼方』之類，疑皆當時帝乙、高宗、箕子曾占得此爻，故後人因而記之，而聖人以入爻也。」張澍《養素堂文集》卷二十九《駁惠定宇箕子明夷說》：「惠定宇《周易述》云：『《明夷》之五曰箕子，當從古文作「其子」。其，古音亥，亦作萁。劉向曰：今《易》「其子」作「荄茲」，荀爽據以為說，讀「其子」為「荄茲」。其與亥、子與茲文異而音義同。』……惠氏輒改劉向言『箕子』作『其子』，

以就己說，亦欺人之甚矣。江都焦循謂王弼亦讀『箕子』為『其滋』，以『茲』字解『子』，以『斯』字解『其』，真乃暗中摸索，所謂啞拳瞎棒，以馬季長說為非，俱矣！近人喜宗漢儒之說，乃並漢儒駁斥者亦從而信之，且曲辭以徇之，是真誣罔，非經之蠹字而何？」（《續修四庫全書》第 1507 冊）

【附錄】

清孫志祖《讀書脞錄》續編卷一《爻辭文王作》：鄭學之徒並以爻辭為文王作。《易》歷三聖，謂伏犧、文王、孔子也。《乾鑿度》、《通卦驗》足相證明（見《周易正義》）。而馬融、陸續等則以爻辭為周公作，其所據者四事，皆非的證。《升》六四「王用享於岐山」，謂武王克殷之後始追號文王為王，不應文王已自稱王，不知此所謂王乃殷王，非周王也。《明夷》六五「箕子之明夷」，謂武王觀兵之後，箕子始被囚奴，文王不應豫言，漢蜀人趙賓乃欲改箕子為荄滋，然箕子之明夷本不言其囚奴也，即與象傳同文，亦無不可也。至《既濟》九五「東鄰殺牛，不如西鄰之禴祭」，以西鄰為文王，東鄰為紂者，本出後儒俗說。《左傳》韓宣子所云周公之德者，乃以《春秋》皆周公之禮承上《魯春秋》，而言不得專屬之《易象》也。否則，卦辭文王作，爻辭周公作，亦何以言周公而不及文王乎？孔氏《正義》乃據此以爻辭繫之周公，誤矣。（《續修四庫全書》第 1152 冊）

《易》「伐鬼方」解　李方湛〔一〕

《既濟》九三：「高宗伐鬼方〔二〕。」元和惠棟云：「商之鬼方，周荊楚之地。《商頌·殷武》即伐鬼方詩也。」按：王伯厚《困學紀聞》解鬼方引《後漢書·西羌傳》：「武丁征西羌鬼方，三年乃克。」《竹書》云：「武丁三十五年，周公季歷伐西落鬼戎〔三〕。」〔註4〕鬼戎即鬼方。《文選》楊子雲、趙充國頌：「鬼方賓服〔四〕。」李善注引《世本注》云：「鬼方於漢則先零〔五〕戎也。」其解鬼方又在今梁州。試為考之。

【注釋】

〔一〕李方湛（1764～1816），字光甫，號白樓，浙江仁和人。嘉慶諸生。工詩，以七言歌行見長。著有《小石樏山館稿》。《（民國）杭州府志》卷一四六：「李方湛，字白樓，仁和諸生。與黃孫燦、孫瀛、朱棫、朱壬、陳傳經、徐鈇、施紹培、李紹城、姜寧、李堂、蔣炯酬倡甚多。王昶主敷文書院時，方湛以十二人

〔註4〕徐文靖《竹書統箋》卷六：《後漢書·西羌傳》：「武乙三十五年，伐西落鬼戎，俘二十翟王。」

所作詩進質，昶為審定七百餘首，為同岑詩選。又工倚聲，以紅杏詞鳴於時
（《杭郡詩續輯》）。」

〔二〕鬼方：上古種族名。為殷周西北境強敵。《易·既濟》：「高宗伐鬼方，三年克
之。」《詩·大雅·蕩》：「內奰于中國，覃及鬼方。」毛《傳》：「鬼方，遠方
也。」朱熹《詩集傳》：「鬼方，遠夷之國也。」王國維撰《鬼方昆夷玁狁考》，
載《觀堂集林》中。馬瑞辰《毛詩傳箋通釋》卷二六：「覃及鬼方。」《傳》：
「鬼方，遠方也。《正義》：未知何方。瑞辰按：《蒼頡篇》：鬼，遠也。與毛
《傳》合。經傳中言鬼方，有泛指遠方者……有實指其國者，《易》高宗伐鬼
方之類是也。說鬼方之國者不一，有謂在西方者……楚惠氏棟曰：商之鬼方，
周荊楚之地。《商頌·殷武》，即伐鬼方之詩。是又以鬼方為在南矣。」今按：
鬼方本遠方之通稱，故凡西方北方之遠國可通稱為鬼方，若武丁所伐鬼方，
《後漢書》以為西戎與殷武伐荊楚自是兩事，《竹書紀年》誤合為一。

〔三〕鬼戎：即「鬼方」。《竹書紀年》卷上：「（殷武乙）三十五年，周公季歷伐西落
鬼戎。」《後漢書·西羌傳》：「周古公逾梁山而避於岐下，及子季歷，遂伐西
落鬼戎。」

〔四〕賓服：歸順，服從。

〔五〕先零：漢代羌族的一支。最初居於今甘肅、青海的湟水流域，後漸與西北各族
融合。

《大戴禮·帝系篇》云：「陸終氏娶於鬼方氏。」《史記·楚世家》云：「陸
終氏生子六人，六曰季連，羋〔一〕姓。」楚為羋姓之後，則鬼方自當在荊楚之
地。又《小戴記·明堂位》云：「紂脯鬼侯〔二〕。」《史記·殷本紀》云：「紂以
西伯昌、九侯、鄂侯為三公。」徐廣曰：「九侯，一作鬼侯。」《文王世子》
云：「武王曰：西方有九國焉，君王其終撫諸！」孔穎達《正義》云：「西方
九國：庸〔三〕、蜀〔四〕、羌〔五〕、髳〔六〕、微〔七〕、盧〔八〕、彭〔九〕、濮〔十〕之
徒。」九國或即鬼方種類。又《既濟》九三：「爻辰在辰。」辰為壽星之次，
鄭分野鄭南與楚鄰，商時或尚為鬼國地，故《既濟》此爻即取象於此。《左
傳》文十六年：「庸人帥群蠻以叛楚。」注：庸屬楚之小國（《後漢書·南蠻楚
傳》：「蠻屬與鄢陵之役，蠻共王合兵擊晉。」）。「（麇）〔麇〕人率百濮聚於
選。」注：濮，夷也。昭九年傳：「詹桓伯曰：巴、濮、楚、鄧，吾南土也。」
韋昭《國語注》云：「濮，南蠻之國。」孔安國《牧誓傳》云：「庸、濮，在江
漢之南。」

【注釋】

〔一〕芈：春秋時楚國祖先的族姓。《國語‧鄭語》：「融之興者，其在芈姓乎？」《史記‧楚世家》：「陸終生子六人……六曰季連，芈姓，楚其後也。」

〔二〕鬼侯：殷諸侯名。《禮記‧明堂位》：「昔殷紂亂天下，脯鬼侯以饗諸侯。」《戰國策‧趙策三》：「昔者鬼侯、鄂侯、文王，紂之三公也。鬼侯有子而好，故入之於紂。以為惡，醢鬼侯。」按，《史記‧殷本紀》作「九侯」。

〔三〕庸：古國名。都上庸（今湖北竹山縣東南），春秋時為楚國所滅。

〔四〕蜀：古族名、國名。分布在今四川西部。相傳最早的首領名蠶叢，稱蜀王。公元前316年歸併於秦，秦於其地置蜀郡。

〔五〕羌：古族名。最早見於《書‧牧誓》，為商周時八個少數民族之一。

〔六〕髳：古代西南少數民族名。《書‧牧誓》：「及庸、蜀、羌、髳、微、盧、彭、濮人。」孔穎達疏：「此八國皆西南夷也。」

〔七〕微：古國名。商周時西南夷之國，曾和周武王會師討紂，地約在今四川巴縣。

〔八〕盧：古國名。約在今湖北省南漳縣東北。

〔九〕彭：古國名。在今四川省彭山縣。

〔十〕濮：古族名。最早見於《書‧牧誓》，為商周時八個少數民族之一。分布在江漢之南或楚國西南。曾參加周武王伐紂會盟。周匡王二年（公元前611年），與麇人伐楚。周景王二十二年（公元前523年），楚為舟師以伐濮。以後，滇西南亦有濮人記載。其演變有三說：一說戰國以後演變為百越，發展為漢藏語系壯侗語族各族；一說百濮與百越是兩個不同的族體，元代以後稱蒲人，以後發展為南亞語系孟高棉語族各族；一說前期的百濮與百越有密切關係，後期的百濮指孟高棉語族各族。

是庸、蜀、羌、髳、微、盧、彭、濮種類，皆西南夷，亦與楚鄰，不得即與西羌當鬼方。惠說是也。

【附錄】

明周嬰《巵林》卷八「鬼方」條：楊用修曰：「高宗伐鬼方，事惟見《易》。鬼方，極遠之國，即麋莫之屬也。」《蒼頡篇》曰：「鬼之為言遠也。」《世本》：「黃帝娶於鬼方氏。」漢匡衡疏云：「成湯化異俗而懷鬼方。意者，湯時鬼方已內屬式圍之中，而復叛於中衰之日，故高宗伐之，以中興殷道也。」又《西羌傳》曰：「殷室中衰，諸侯皆叛。至於武丁征西戎鬼方，三年乃克，故其詩曰：『自彼氐羌，莫敢不來王。』是其證也。」《竹書紀年》：「周王伐西落鬼戎。」胡元瑞《丹鉛新錄》曰：「鬼方事見竹書。高宗二十二年伐鬼方，次於荊。三十四年，王師克鬼

方，氐羌來賓。」甚明。鬼戎之語，絕無所出。史稱陸終氏娶於鬼方，生六子，即昆吾、大彭、五霸迭王者，見鄭氏《通志略》。楊云黃帝，未知何所據也。鬼方，前輩有以為楚者，以楚俗尚巫，故謂鬼方。竹書伐鬼方，上有次荊之文，則此說宜可證。楊云極遠，恐未然。又一說云即貴黔中，殷世何能至此？蓋當時楚地亦極為蠻落。春秋始會盟中國耳，以鬼方為楚，蔡介夫《蒙引》諗之曰：《大戴禮·帝系》曰：「陸終氏娶於鬼方氏之妹，謂之女嬇氏，產六子，一曰昆吾，二曰參胡，三為彭祖，四曰萊言，五曰安，六曰季連。」《風俗通》曰：「陸終娶於鬼方氏，是謂女清。」《索隱》引《系本》亦同。楊云黃帝，良誤。《詩·大雅》「覃及鬼方」，毛《傳》曰：「鬼方，遠方也。」孔穎達曰：「鬼方，遠方，未知何方也。」《匡衡傳》應劭注亦曰遠方。楊曰極遠，亦非臆說。《西羌傳》曰：「武乙暴虐，犬戎寇邊，古公逾梁山，而邑於岐下。及子季歷遂伐西落鬼戎。」太子賢注引《竹書紀年》：「武乙三十五年，周王季伐西落鬼戎。」無俘二十翟王語，胡謂絕無所出，謬矣。此與《王會解》湯時正西有鬼親國。揚雄作《趙充國頌》：「遂克西戎，還師於京，鬼方賓服，罔有不庭。」師古曰：「鬼方言其幽昧也。」李善引《世本》注曰：「鬼方於漢則先零戎。」是也。《章帝紀》有司言明皇帝克伐鬼方，開道西域。用修稱靡莫之屬似鬼方，乃西戎也。《海內北經》曰「鬼方在二負之尸北。」注曰：「貳負之尸，在上郡。」干寶《易注》曰：「高宗殷中興之君。鬼，北方國也。高宗當伐鬼方者，離為兵戈，故稱伐，坎當北方，故稱鬼也。」此說則為北狄。《唐書·韋皋傳》：「雲南款邊，約束蠻鬼主驃傍苴絕吐蕃盟。」而《南蠻傳》曰：「夷人尚鬼，謂主祭者為鬼主。」又曰：「南詔俗尚巫鬼，大部落有大鬼主，百家則置小鬼主。又有兩林部地狹，而諸部推為長，號都大鬼主。又有夷望、鼓路、湯谷、阿醯、阿鵶、鉀蠻等十二鬼主，皆隸嶲州。此豈古所云鬼方者耶？」則與黔楚之說近。即以為南蠻可也。然《尚書大傳》：「文王受命，二年伐鬼方，三年伐密須，四年伐犬夷，五年伐耆，六年伐崇。」按：文王未嘗南征，則謂在楚之陽者，或未然也。虞翻《易注》曰：「高宗伐鬼方，三年乃克。旅人憊勞，衣服皆敗，鬼方之民，猶或寇竊，故終日戒。」陳琳為曹洪與文帝書：「鬼方聾昧。」高宗有三年之征伐，邈道悠聾，昧憊勞之辭，豈有承受？按《韓非子》：「文王說紂，而紂囚之；翼侯炙，鬼侯臘。」《史記正義》引《括地志》：「相州谷陽縣西南五十里有鬼侯城。」然則鬼方直在冀州耳。又班固《典引》：「威靈行於鬼區。」章和元年，詔威霆行乎鬼區，斯又易方為區矣。

《考工記》「五材」解　黃明宏〔一〕

　　《考工記》曰：「以飭五材，以辨明器。」〔註5〕五材為金、木、水、火、土，先鄭誼甚明。《左傳》：「天生五材，民並用之。」〔註6〕杜注亦云金、木、

─────────────────

〔註5〕見《周禮·考工記》。
〔註6〕見《左傳》襄公二十七年傳。

水、火、土也。此「飭五材」句，與「辨明器」對文，散而言之，則「材」與「器」同；合而言之，則「材」與「器」異。凡物可為用者羽絨材，而由人工而成則為器。《左傳‧正義》曰：「五物世所行用，故謂之五行，五者各有材能，傳又謂之五材。」（昭二十五年《正義》）此材字之誼也。《記》先言飭五材，後乃言辨明器，言飭五材以辨明器也。材則物之未成者，器則物之已成者，物始於未成，而終乃得成也。五材為金、木、水、火、土，亦即本《記》而言。金如「攻金之工：築、冶、鳧、栗、段、桃」〔註7〕是也。木如「攻木之工：輪、輿、弓、廬、匠、車、梓」〔註8〕是也，土如「搏埴之工：陶、瓬」〔註9〕是也。至於水、火，則如《輪人》云：「凡揉牙，外不廉而內不挫，旁不腫，謂之用火之善。」〔註10〕又云：「水之以視其平，沈之均也」〔註11〕是也。又如《弓人》云：「撟干欲孰於火而無贏，撟角欲孰於火而無燂，〔註12〕鬻膠欲孰而水火相得。」〔註13〕皆言水火者也。此皆本《記》中所有而言者。或難之曰：「水火可製器，不可為器，《考工記》之五材，似不得指水火。」不知正惟不得為器，故《記》於金、木、水、火、土五者但名之曰材，不名之曰器。至下句云：「民器始就。」本《記》中之各物言之，如皮玉及設色之工是也。民器既指本《記》中各物言，則五材制金、木、水、火、土益明矣。後鄭謂五材為金、木、皮、玉、土，蓋即本《記》各工分列之，而於設色之工未有專屬，似不如先鄭說為長。且金、木、皮、玉、土均在五行之中，金、木、土固為五行之三，而皮、玉亦五行之所生，非有五行，何有皮、玉？先鄭之說，又可包後鄭之說。後鄭之說，仍不出先鄭之說。賈疏不分述先後鄭，而專以先鄭之說為非，非也。

今案：賈氏駁先鄭之說，其不然者有三：賈疏云：「知有皮、玉，無水、火者，以百工定造器物之人，水火單用不得為器物，故不取之。知有皮、玉者，此三十工之內，函人〔二〕為甲，韗人〔三〕為皋陶造鼓，鮑人〔四〕主治皮，又有玉人〔五〕之等，故知有皮、玉之等，故知有皮、玉無水火也。」案：水、火

〔註 7〕見《周禮‧考工記》。
〔註 8〕見《周禮‧考工記》。
〔註 9〕見《周禮‧考工記》。
〔註 10〕見《周禮‧考工記》。
〔註 11〕見《周禮‧考工記》。
〔註 12〕此處原有：「引筋欲盡而無傷其力。」
〔註 13〕見《周禮‧考工記》。

與金、木、土同為五行，凡物皆生於天地，即皆生於水火，民非水火不生活，故民並用焉，而乃云不得為器物，其不然者一也；「函人為甲，韗人為皋陶造鼓，鮑人主治皮，又有玉人之等，」如其說必一一數之，始成三十工，《記》何以不云三十材而云五材，其不然者二也；若謂金、木、皮、玉、土可統三十材乎？而必拘拘於皮、玉，其不然者三也。

【注釋】

〔一〕黃明宏：生平事蹟待考。

〔二〕函人：造鎧甲的工匠。《周禮‧考工記‧函人》：「函人為甲。犀甲七屬，兕甲六屬，合甲五屬。」

〔三〕韗人：古代主治皮革鼓木之工匠。《周禮‧考工記‧韗人》：「韗人為皋陶。」鄭玄注引鄭司農曰：「皋陶，鼓木也。」孫詒讓《周禮正義》：「『韗人為皋陶』者，亦以事名工也。《祭統》注釋韗為韗碛皮革，明此工主治革以冒鼓，又兼為鼓木。」

〔四〕鮑人：主持製革之工人。《周禮‧考工記‧鮑人》：「鮑人之事，望而眡之，欲其荼白也；進而握之，欲其柔而滑也；卷而搏之，欲其無迆也。」《周禮‧考工記序》「攻皮之工，函、鮑、韗、韋、裘」，唐賈公彥疏：「鮑人主治皮。」

〔五〕玉人：雕琢玉器之工人。《周禮‧考工記‧玉人》：「玉人之事。」賈公彥疏：「云玉人之事者，謂人造玉瑞、玉器之事。」

五霸考　蔣炯〔一〕

五霸〔二〕有二：有三代之「五伯」，有春秋之「五霸」。《左傳》齊國佐曰：「五伯之霸也，勤而撫之，以役王命。」〔註14〕杜氏注為三代之五霸，確是。《孟子》：「五霸者，三王之罪人也；今之諸侯，五霸之罪人也。」〔註15〕趙氏注為春秋之五霸，確是。丁氏釋《孟子》，從《左傳》注，與趙說異。《集注》並存二義，而無所折衷。豈以嚴安云：「周之衰三百餘歲，而五霸更起。」則五霸宜如趙注，以經文五霸三王之罪人，似統論三代之伯。又《左傳》椒舉六王二公，《穀梁傳》交摯子不及二伯，周伯唯二，但數齊桓、晉文，則五霸又宜從丁釋，故不折衷與？竊以「霸」古字作「伯」，所謂侯、伯也，侯、伯命

〔註14〕見《左傳》成公二年。
〔註15〕見《孟子》卷十二《告子下》。

於天子，得專征伐，而孟子乃以伐諸侯為罪，於此可證此五霸唯據東周以後而言。若夏昆吾〔三〕、商大彭、豕韋，皆受王命為伯〔四〕，征伐不得為罪。《竹書紀年》：「夏帝仲康六年，錫昆吾命作伯。」「商祖乙元年，命彭伯、韋伯。」是也。春秋之霸，惟齊桓、晉文有王命。《左傳》莊公二十七年：「王使召伯廖賜齊侯命。」僖公二十八年，策名晉侯為侯伯。然齊未受命之時，已先滅譚、滅遂、伐宋、伐鄭，晉未對命之前，已先入曹、伐衛、戰楚、城濮。至宋襄，王者之後例不為伯。秦穆、楚莊，僻在戎蠻，並無王命，莫不連兵侵伐，以爭雄長，此衰周之五霸，摟諸侯以伐諸侯，所以為罪也。

【注釋】

〔一〕蔣炯，字葆存，浙江錢塘人。王昶《蒲褐山房詩話》：「蔣炯，字葆存，諸生。有《蔣村草堂稿》。葆存所居西溪西南十里餘，山環水轉，宅幽勢阻，長松古檜，梅花竹箭，彌望無際，中有陂田數千頃，澄湖曲沚，復與煙嵐相間。蔣氏聚族而居，饒秔稻魚蝦菱橘之利。屋數十椽，聚書萬卷。葆存摘蔬淪茗之外，覃研鉛槧，物外翛然。詩學中晚唐，散體文學三蘇，長於議論。浙東西名士多聞名而訪之者，高情朗志，即不主風雅之盟，亦當為山澤之臞也。」

〔二〕五霸：五個霸主。（1）指夏昆吾，殷大彭、豕韋，周齊桓公、晉文公。（2）指春秋齊桓公、晉文公、宋襄公、楚莊公、秦繆公。（3）指春秋齊桓公、晉文公、楚莊王、吳王闔閭、越王句踐。（4）指春秋齊桓公、宋襄公、晉文公、秦穆公、吳王夫差。

〔三〕昆吾，祝融之孫、陸終第一子，名樊，為己姓，封於昆吾，昆吾衛是也。其後夏衰，昆吾為夏伯，遷於舊許。傳曰：「楚之皇祖伯父昆吾，舊許是宅。」袁珂云：郝說「昆吾，古諸侯名，見竹書」者，《今本竹書紀年》夏仲康六年「錫昆吾作伯」是也，然是書偽撰，不足信。又引《大戴禮·帝系篇》云者，蓋出於《世本》；《世本》（張澍㮾連集補注本）《帝系篇》云：「陸終娶於鬼方氏之妹，謂之女嬇，是生六子，孕三年而不育。剖其左脅，獲三人焉；剖其右脅，獲三人焉。其一曰樊，是為昆吾；其二曰惠連，是為參胡，其三曰籛鏗，是為彭祖；其四曰求言，是為鄶人；其五曰安，是為曹姓；其六曰季連，是為羋姓。」《大戴禮》文字小有異同，然當以世本為準。據此則昆吾亦古神性之英雄也。（袁珂：《山海經·海經新釋卷十》）

〔四〕《鄭語》：「大彭、豕韋為商伯矣。」商，謂武丁之後為豕韋氏。初，祝融之後

彭姓為大彭，大彭、豕韋二國，為商伯。其後商滅豕韋，劉氏自御龍代豕韋，故傳曰：「以更豕韋之後。」大彭，陸終第三子，曰籛，為彭姓，封於大彭，請之彭祖，彭城是也。豕韋，彭姓之別封於豕韋者也。殷衰，二國相繼為商伯。

周初洛邑宗廟考　　吳文起

　　周初，洛邑有明堂而無宗廟，明堂之中央曰太室。《書·洛誥》：「王入太室祼。」鄭君曰：「太室，明堂之中央室。」是也。太室即世室，而祀文武於其中，故又有文世室、武世室之號，此宗禮特祀，不在七廟常數之中也。

【注釋】

〔一〕吳文起（1807～1866），字子瑜，號鶴岑，廣東鶴山人。著有《大戴禮記廣箋》、《大戴禮記考》。清錢儀吉《衍石齋記事稿》續稿卷十《粵海堂諸子課業評》稱其皆能玩索本經，浹洽義訓，無囂爭之言，得著書之體，殊有裨於古學云。

〔二〕明堂方一百四十四尺，高三尺，階廣六尺三寸，室居中，方百尺，室中方六十尺，戶高八尺，廣四尺，牖高三尺，門方十六尺東應門，南庫門，西皋門，北雉門。東方曰青陽，南方曰明堂，西方曰總章，北方曰玄堂，中央曰太廟，亦曰太室，左曰左介，右曰右介。明堂者，所以明天氣，統萬物，明堂上通於天，象日辰，故下十二宮象日辰也。（《逸周書·逸文十一》）

〔三〕魯公之廟，文世室也。武公之廟，武世室也。（《禮記·明堂位》）

〔四〕葬僖公緩，作主，非禮也。凡君薨，卒哭而祔，祔而作主，特祀於主，烝嘗禘於廟。（《春秋左氏傳·僖公》）

〔五〕天子七廟，三昭三穆，與大祖之廟而七。（《禮記·王制》）

　　許氏宗彥《世室考》曰：「聖人御世，功德廣遠，天下後世，蒙其德澤，則必有崇祀以為大報，故有祖宗之祭。周公營洛，建明堂，大合諸侯，祀於太室，所以顯明文武之功德於天下，此周人祖宗之巨典也。」

　　案：文武祀於明堂太室，故又謂之太廟，亦曰清廟，又以文統武，只稱文廟。古《周禮》、《孝經》說明堂文王之廟，《大戴禮·盛德篇》或以為明堂者，文王之廟。鄭君《樂記注》：「文王之廟為明堂。」《洛誥注》文祖周曰，明堂以稱文王，是也（鄭君以文祖為周明堂者，猶以藝祖為有虞明堂也）。

　　又案：《詩·清廟·序》：「祀文王也，周公既成洛邑，朝諸侯，率以祀文

王焉。」《我將・序》：「祀文王於明堂也。」義亦從同。《洛誥》言「禋於文王、武王」，則文、武固並祀於明堂矣。而文、武以上皆不及祭，故知洛邑無宗廟也。蓋明堂、太室、世室、太廟、清廟，一也。《詩・靈臺》、《正義》引盧植《禮記注》、（穎）〔潁〕容〔一〕《春秋釋例》、賈逵、服虔注《左傳》並云：「太廟、明堂同地。」《晉書・紀瞻傳》、《答秀才策》云：「周制明堂，所以宗其祖以配上帝，其中皆云太廟。」蔡邕《月令論》云：「取其宗祀之清貌，則曰清廟；取其正室之貌，則曰太廟；取其尊崇，則曰太室；取其堂，則曰明堂。」然則《洛誥》之「太室」，即《禮》之「明堂」，《詩》之「清廟」，而非五世、七世之宗廟，其事甚明。

【注釋】

〔一〕潁容，字子嚴，漢陳國長平（今河南西華）人。事蹟見《後漢書》本傳。著有《春秋釋例》，已佚，今有《玉函山房輯佚書》本。

　　許氏又曰：「天子適諸侯，捨太廟。其至洛，則捨明堂，即同路寢〔一〕，故謂太廟、路寢、明堂，異名同地。明堂所祀只，不在數中之宗祖，其在昭右穆之宗廟，自在觀門之左，於明堂不相涉。」

　　案：昭穆之祀，在鎬京，四親外為二廟，與太祖廟而七，雖文武不能無祧，去祧為壇，去壇為墠，此親親之殺〔二〕也。宗禮之定，在營洛明堂之中，為世室而宗祀文武以饗帝，此尊尊之義也。後儒不審世室為明堂，而列諸昭穆廟數中，又誤讀《洛誥》與《詩序》，遂謂洛邑更立宗廟，不知周公固未嘗兩都並建宗廟也。

【注釋】

〔一〕路寢，路寢是帝王正殿所在。意指古代天子、諸侯的正廳。路寢之名始見於《詩・魯頌・閟宮》：「路寢孔碩。」毛《傳》：「路寢，正寢也。」《禮記・玉藻》說祭祀：「君日出而視之，退適路寢以清聽政。」《周禮・天官・宮人》：「掌王之六寢之脩。」鄭玄《注》：「六寢者，路寢一，小寢五。……路寢以治事，小寢以時燕息焉。」賈公彥《疏》：「天子六寢，則諸侯當三寢，亦路寢一，燕寢一，側室一。《內則》所云者是也。」

〔二〕儒者曰：「親親有術，尊賢有等。」王引之云：「此即《中庸》所謂親親之殺，尊賢之等。今云親親有術者，殺與術聲近而字通也。」（《墨子閒詁》卷九非儒下第三十九）

又《逸周書·作洛解》：「乃位五宮、大廟、宗宮、考宮、路寢、明堂。」許氏據《北史·宇文愷傳》引《周書》，無「宗宮考宮」四字，《隋書·牛弘傳》亦無「考宮」二字，證其衍誤，已為明確。

又《尚書大傳》言「卜洛邑，營成周，改正朔，立宗廟」云云，亦謂立明堂中之文武世室耳，非別立七廟也。又考《周禮》為周公營洛以後制治之書，鄭君訓正位為宮廟，亦依禮文泛釋而已，其實此書未施行也，故《偽孔傳》只訓《書》攻位為治都邑之位，《正義》乃謂規度其城郭、郊廟、朝市之位，良由誤意洛邑別立宗廟故耳。

又許氏本南齊何佟之議，謂《孝經》所言宗祀文王於明堂，為岐周之明堂。汪中《明堂通釋》〔註16〕據《禮》謂岐周明堂在郊，為周公攝政六年宗祀文王以配上帝之所。案：岐周明堂饗帝，而以文王相配耳，非常祀文王於其中也。迨周公營洛邑，推尊尊之典，復建明堂，並祀文武於太室，其得蒙清廟諸名。以此，愚故曰：周初洛邑有明堂而無宗廟，知兩都未嘗並建宗廟也。然則漢、沛宮原廟之設，唐東都闕主之議，詎可以上誣周公哉？

【注釋】

〔一〕臧琳撰、臧庸編《經義雜記》卷一《祖廟明堂異處》：《左傳·文二年》：勇則害上，不登於明堂。杜注：明堂，祖廟也。《正義》曰：鄭玄以為明堂在國之陽，與祖廟別處。左氏舊說及賈逵、盧植、蔡邕、服虔等皆以祖廟，與明堂為一，故杜同之。案：以祖廟、明堂為一，乃先儒之誤者，當從鄭說為二，杜從左氏舊說，非是。袁準《正論》曾辨之，見《詩·靈臺·正義》。（《續修四庫全書》第172冊，第47頁）

〔二〕《蛾術編》卷六十六「明堂在國之陽，不在應門內」：江聲以鄭注「路門內」為非，謂几席、寶玉、四坐，皆在應門內之明堂。考《明堂位·疏》引鄭《目錄》云：「明堂在國之陽。」又引鄭《駁異義》用淳于登說，並據《孝經援神契》，謂明堂在近野三里之外、七里之內，丙巳之地。韓嬰、孔晁說同。故彼文「朝諸侯於明堂」云云，鄭注：「朝之禮不於此，周公權用之也。」據此則鄭以正朝自在路門外，不在南郊明堂，故彼疏推鄭意，以為此明堂應門，非是宮內路門外之應門。明堂無路寢，故無路門。然則此經應門，與明堂應門無涉也。但蔡邕謂明堂即在王宮應門之內，則此經應門，似明堂正門。治朝平地為廷，無

〔註16〕汪中：《述學內篇》卷一。

堂階，故可乘車出入，江聲亦知之，只因蔡邕以明堂與宗廟為一，右社稷、左宗廟，則明堂在庫門內雉門外。治朝之東，中間仍無堂階，不害乘車出入。「王出在應門之內」，此明堂之應門，不是正中五門內之應門也。蔡邕之說，明堂既是天子所居，又是朝會之所，又為宗廟，為辟雍，為太學，為靈臺，為刑人之所。袁準譏其人神瀆擾，必無此事。況同在王城宮內，而一處有兩應門，可乎？然則當從鄭明堂自在郊外也。惠棟主蔡說，作《明堂大道錄》，詆斥鄭氏。江聲從其師說，將《明堂》與《顧命》為一，遂以《釋宮》兩階間之鄉中庭左右之位，皆為明堂之階庭，因謂康王所立之位，當在兩階間之前。又以《曲禮》「當依」為背負，「當寧」為面向。如其說，則門屏間之寧，在應門外，不在路門外矣。《曲禮·疏》推鄭義，謂屏在路門外。如江聲說，將天子五門，每門皆有屏與寧邪？將應門外有之，路門內反無之邪？將路門應門有之，皋門、庫門、雉門無之邪？（鶴壽案：王合諸侯之堂，謂之明堂，此在國之陽者也。王居聽政之堂，亦謂之明堂，此即路寢也。其在應門內者有太廟，而先儒謂與明堂同制，故江聲謂在應門內之明堂。今案王合諸侯之明堂，於《周官·司儀》及《覲禮》，見宮壇之制；於明堂位，見階門之位；《大戴禮記》、《朝事義》則兼舉之⋯⋯）

深衣考　周以貞〔一〕

深衣制度〔二〕，有近儒誤解當考正者：裁幅之法與夫續衽之制、鉤邊之文也〔三〕。

【注釋】

〔一〕周以貞，生平事蹟待考。

〔二〕《禮記·深衣》：「古者深衣，蓋有制度，以應規矩繩權衡。」深衣，古代上衣、下裳相連綴的一種服裝。為古代諸侯、大夫、士家居常穿的衣服，也是庶人的常禮服。衣裳相連，被體深邃，故謂之深衣。

〔三〕《禮記·深衣》：「短毋見膚，長毋被土。續衽。鉤邊。要縫半下。袼之高下，可以運肘。」鉤邊，曲裾。曲裾，古代深衣之裳計有十二幅，皆寬頭在下，狹頭在上，通稱為衽，接續其衽而鉤其旁邊者為「曲裾」。

裁幅之法，孔《疏》謂裳十有二幅〔一〕，每幅交解之四邊，去縫，寬頭廣尺二寸，狹頭廣六寸，寬頭向下，狹頭向上，合十二幅，故要中七尺二寸，下齊一丈四尺四寸。最得鄭《注》之義。考鄭《注》深衣云：「裳六幅，幅分之

以為上下之殺，謂用布六幅，斜分之為十二幅。」《注》不用「斜」者，其斜分之義即於「上下之殺」見之也。如非斜裁，何以有殺〔二〕？如非上狹下闊，何以言上下之殺？如非十二幅皆斜裁，何以言六幅？幅分之以為上下之殺乎？此十二幅皆斜裁，鄭《注》之顯而有據者也。

【注釋】

〔一〕《禮記·深衣》：「制十有二幅，以應十有二月。」幅，布帛的寬度。古制一幅為二尺二寸。

〔二〕殺，殺縫，剪裁縫合之縫。

而近儒江氏永著《深衣考誤》，以孔《疏》為非，謂裳當中八幅用正裁，惟裳之四旁名衽者始用斜裁，左邊縫合前後裳幅為續衽，右邊別用曲裾掩之為鉤邊，自以為據《注》以破孔《疏》之謬，而編制其實與鄭《注》不合也。

續衽、鉤邊者，孔《疏》所謂「接續此衽，而鉤其旁邊」，即今之朝服，有曲裾而在旁者是也。蓋深衣有連屬之衽，猶禮服有垂放之衽，深衣之衽在裳幅之外，猶禮服之衽在裳幅之外，皆所以掩裳際也。禮服之裳不與衣連，裳前三幅，後四幅，故兩旁有垂放之衽以掩裳際。深衣之裳，上與衣連，裳幅相屬，惟裳之右邊前後幅不合，故亦用衽以掩之。《玉藻》言：「衽當旁謂衽，當裳之旁，明衽在裳幅之外也。」其衽幅交解之，如裳幅之制，上狹下闊，如裳幅之形，屬連於裳前幅，以交裳後幅，使裳前後幅可以相合，而不露裳裏，此深衣所以言續衽，《注》所以言屬連之，不殊裳前後也。深衣之衽，異於禮服者：禮服則垂放而不續之於裳，深衣則續於裳而不垂放。故《玉藻》注云：「衽屬衣則垂而放之，屬裳則縫之，以合前後。」明深衣之續衽，所以異於禮服之垂衽也。邊裳，幅之邊也。裳幅之邊，謂裳前後幅交際之處也。按續此衽，而即以鉤其旁邊，使裳之前後可以合裳之後幅，而不露裳裏，猶禮服兩旁皆有垂衽以掩之，以其別續一衽則謂之續衽，以其能鉤束前後裳幅之邊，則謂之鉤邊，非有二也。

江氏拘守法服無斜裁之說，自不得不以「裳當中八幅為正裁」；既以當中八幅為正裁，自不得不以四角為衽；既以四角為衽，自不得不以續衽，即鉤邊者止名為鉤邊，愈說而愈棼，而不紫其與經文注義不合也。若戴氏震《東原集》、焦氏循《禮記補疏》，其說與江氏同，其失即與江氏均。至萬氏充宗之誤，更不待言矣。

八卦方位辨　吳傰〔一〕

八卦之象，成於日月，月受日光，三日震象出庚，八日兌象見丁，十五日乾象盈甲，十七日旦巽象退辛，廿三日艮象消丙，二十九日坤象滅乙。晦夕朔旦，坎象流戊，日中則離，離象就己，戊己土位，象見於中，故八卦成列。「天地定位」，甲、乙也。「山澤通氣」，丙、丁也。「雷風相薄」，庚、辛也。「水火不相射」，壬、癸、戊、己也。〔註17〕坎離震巽，以象四時，故正四方。離日中正南，故《說卦傳》：「南方之卦也。」〔註18〕坎月夜中正北沒，故曰正北方之卦。雷風相薄，震八成巽，故位巽於東南，以齊震艮。下弦晦望之中，位在癸甲之間，故曰東北峙掛。乾居西北以就坎，十五日月盈西北也。坤居西南以就離，晦朔月合日也。乾就月而居前，坤就日而居後，尊卑之義也。卦有定位，位有定方，何容異說厲入？

【注釋】

〔一〕吳傰：廣東鶴山人。著有《說文假借例釋》（已收入《續修四庫全書總目提要》中）。錢儀吉《衍石齋記事稿》續稿卷十《粵海堂諸子課業評》：「吳傰《春秋公羊經傳劄記》、《治公羊春秋劄記》二卷，獨抒心得，銳入淵微，其通貫前後，以求經旨，深得屬辭比事之義，議論筆力精悍，亦足自成一子。惟公羊家謂聖人黜周王魯，以春秋當新王，並以獲麟為劉氏之瑞。近孔顨軒氏即據公羊駁之，謂其說絕不見於本傳，然此是漢代經師相承舊說，今既專治是經，亦可置之不議，但無庸更揚其波。如篇內《春秋》王春秋等說，語似奇創，實即《春秋》當新王之義無甚懸殊。至謂隱公之不書即位，見春秋之無位，則意近文巧，非治經質實之體矣。公羊自魏、晉以來服習者罕，今之作者當推顨軒，若劉禮部號為顓門，然其義多偏駁。蓋一則求通聖人之經，故其詞必慎，一則欲駕昔人之上，故其旨未醇，用心攸殊，即成業所由判也。生所著有深湛之思，有果毅之力，正其趨向，如對聖賢，虛心切己，日就月將，闢邵公之奧鍵，補顨軒之遺闕，不難耳。而學問之道，求之過高者，其流弊亦深。智者所當於發軔之始，超然先見怵然為戒也。試繹思之。」（《續修四庫全書》第1509冊）

自宋初方士始為先天之說，衍之為圖，儒者尊信其言，然義實有不足信

〔註17〕《說卦傳》：「天地定位，山澤通氣，雷風相薄，水火不相射。」
〔註18〕離也者，明也。萬物皆相見南方之卦也。聖人南面而聽天下，嚮明而治，蓋取諸此也。

者。《繫辭傳》:「天尊地卑,乾坤定矣。」虞注:「天貴故尊,地卑故賤,定謂成列。」又:「卑高以陳,貴賤位矣。」注:「乾高貴五,坤卑賤二,列貴賤者存乎位也,審如乾南坤北,則尊卑貴賤之列紊。」虞注屢言震春、兌秋、離夏、坎冬,審如離東、坎西,則四時之象舛。《通卦驗》:「乾主立冬,坎主冬至,艮主立春,震主春分。」審如其圖,則卦氣之義乖。《乾鑿度》云:「震生物於東方,位在二月;巽散之於東南,位在四月;離長之於南方,位在五月;坤養之於西南,位在六月;兌收之於西方,位在八月;乾制之於西北,位在十月;坎藏之於北方,位在十一月;艮終始之於東北方,位在十二月。」審如其圖,則四正四維之分,生長收成之道,皆悖矣。彼實據《說卦傳》為說。然所謂天地定位,乃謂五貴二賤,非我謂乾南坤北為定位也。所謂通氣者,同氣相求;相薄者,同聲相應;不相射者,水火相通會於壬癸,皆不如彼所說。

八卦之位,古人以之配八風〔一〕、十二律〔二〕、二十四節〔三〕、二十八宿〔四〕,而於先天皆不可通,後人亦卒無所用,適足以資談術者之惑世爾。彼於八卦之生,不本之日月,所謂「太極」、「兩儀」、「四象」、「八卦」,似皆巧合,而實程子所謂「加一倍法」〔五〕,蚤有以罄其底蘊。故先天之說,程子當時已不之信,何後人不惟程子是信也!

【注釋】

〔一〕宋魏了翁《春秋左傳要義》卷四「八方之風凡二說」:夫舞所以節八音而行八風。注:八音,金、石、絲、竹、匏、土、革、木也。八風,八方之風也。以八音之器播八方之風,手之舞之,足之蹈之,節其制而敘其情。正義曰:舞為樂,主音逐舞節,八音皆奏,而舞曲齊之,故舞所以節八音也。八方風氣寒暑不同,樂能調陰陽,和節氣,八方風氣由舞而行,故舞所以行八風也。八風,八方之風者,服虔以為八卦之風。乾音石,其風不周,坎音革,其風廣莫,艮音匏,其風融,震音竹,其風明庶,巽音木,其風清明,離音絲,其風景,坤音土,其風涼,兌音金,其風閶闔。沈氏云:案《樂緯》云:「坎主冬至,樂用管,艮主立春,樂用塤,震主春分,樂用鼓,巽主立夏,樂用笙,離主夏至,樂用弦,坤主立秋,樂用磬,兌主秋分,樂用鐘,乾主立冬,樂用柷敔。」此八方之音既有二說,未知孰是,故兩存焉。〔註19〕

〔註19〕宋王應麟《六經天文編》卷下「八風」條亦同。

〔二〕十二律，古樂的十二調。陽律六：黃鐘、太簇、姑洗、蕤賓、夷則、亡射；陰律六：大呂、夾鐘、中呂、林鐘、南呂、應鐘。共為十二律。《周禮·春官·典同》：「凡為樂器，以十有二律為之數度。」

〔三〕二十四節，亦稱「二十四節氣」，亦稱「二十四氣」。古代曆法，根據太陽在黃道上之位置，將一年劃分為二十四節氣。其名稱為：立春、雨水、驚蟄、春分、清明、穀雨、立夏、小滿、芒種、夏至、小暑、大暑、立秋、處暑、白露、秋分、寒露、霜降、立冬、小雪、大雪、冬至、小寒、大寒。每段開始之一日為節名。二十四節氣表明氣候變化和農事季節。趙翼《陔餘叢考·二十四節氣名》：「二十四節氣名，其全見於《淮南子·天文》篇及《漢書·曆志》。三代以上，《堯典》但有二分二至，其餘多不經見，惟《汲冢周書·時訓解》，始有二十四節名。其序云：『周公辨二十四氣之應，以順天時，作《時訓解》。』則其名蓋定於周公。」

〔四〕二十八宿，指古代天文學家把周天黃道（太陽和月亮所經天區）之恒星分成二十八個星座。《淮南子·天文訓》：「五星、八風，二十八宿。」高誘注：「二十八宿，東方：角、亢、氐、房、心、尾、箕；北方：斗、牛、女、虛、危、室、壁；西方：奎、婁、胃、昴、畢、觜、參；南方：井、鬼、柳、星、張、翼、軫也。」

〔五〕《二程遺書》載邵子與程子言數，程子稱只是「加一倍法」。蓋指算數言之，非占驗錄命之謂也。

文王稱王辨　鄒伯奇〔一〕

文王不自稱王，秦、漢以來已有其說，不必至宋儒始發其覆〔二〕也。瀏覽古書，得九證焉。

【注釋】

〔一〕鄒伯奇（1819～1869），字特夫，廣東南海人。著有《補小爾雅》、《釋度量衡》一卷。按《（光緒）廣州府志》卷一百二十九：鄒伯奇，字特夫，泌沖人。邑諸生，聰敏絕人，通諸經義疏大義，尤長於算學，學使戴熙試廣屬文童，問音韻源流，伯奇所對獨詳，拔進邑庠，嗣後閉戶覃思，以算通經，以經證算，欲成一家之學。嘗謂昔人考春秋朔閏，類求之經傳，未能精確，今以曆術上推二百四十二年之朔閏食限，然後質以經傳所書，乃知有經誤傳誤及術誤之分，作《春秋日月考》正之。又論《尚書》克殷年月，謂鄭玄據《乾鑿度》以入戊

午部四十二年克殷，下至春秋，凡三百四十八年。劉歆三統術以為積四百年，今以曆術上推，且以歲星驗之，始知鄭玄之是、劉歆之非。其解孟子由周而來七百有餘歲，謂閻百詩《孟子生卒年月考》據《大事記》及《通鑑綱目》以孟子致為臣而歸在周赧王元年丁未，逆數至武王有天下，歲在己卯，當得八百有九年。今考《綱目》年數本之劉歆，然共和以上周初年數，史遷已不能紀，劉歆曆譜本之《魯世家》耳。今將歆曆與《史記》比對，歆於煬公獻公等年分增加五十二年，若減其所加，則歆所謂八百有九年者實七百五十七年耳。又謂胡渭《禹貢錐指》言五服不及五嶺，要荒〔註20〕之外尚有餘地，不知孟子言三代授田五十畝當周百畝，以積求邊，則《王制》九州方三千里只當夏二千一百二十一里餘，是僅過侯服之外六十里而已，其外尚有綏要荒三服，以數計之，則《禹貢》五千，已是北窮朔漠，南逾嶺海，烏得謂不及五嶺？且要荒之內，包蠻夷流蔡，名為四裔，安得謂此外尚有中國餘地哉？又謂《大戴禮》明堂說當日必有九室之圖，四隅室外，復接四室，二九四七五三六一八者，圖中記數之字橫書左行，及圖亡字存轉寫者，縱書而右行，故錯亂如此，其曰赤綴戶也，白綴牖也，此則明有赤白點為有圖之證耳。又以向來注經者未精算學，故制度多疏，作《深衣考》，以訂江永之謬，作《戈戟考》，以指程瑤田之疏，以《景福殿賦》「陽馬承阿」證古宮室阿棟之制，以體積論栗氏為量，以重心論懸磬之形，皆繪圖注說，援引詳明。凡經中有關於天文算術，或先儒未發，或發而未明，隨時錄出，成《學計一得》一書。此皆其精思創獲，有裨於經學之大概也。又嘗作《古韻諧聲譜》，以為方音有流變，故古今音不同，非諧聲無以定古之本音，非方音無以盡詩之取韻，又作《雙聲疊韻譜》，以推明古音古義。生平精於西法，暇讀墨子書，謂為西學所自祖。其說鑿然有據，其獨抒心得多此類也。同治三年，郭嵩燾撫粵，以數學特薦詔督撫諮送，而伯奇家居養母，終不出也。八年五月卒，年五十一。友人刻其遺書，自《學計一得》外，有《皇輿全圖》三卷、《地球背面全圖》、《赤道星圖》、《黃道星圖》、《補小爾雅釋度量衡》一卷、《格術補》一卷、《乘方捷術》三卷、《存稿》一卷，今其學尚有能傳之者。

〔註20〕【要荒】要，要服；荒，荒服。古稱王畿外極遠之地。亦泛指遠方之國。漢劉向《新序·雜事二》：「昔者唐虞崇舉九賢，布之於位，而海內大康，要荒來賓，麟鳳在郊。」《文選·班固〈典引〉》：「卓犖乎方州，洋溢乎要荒。」李周翰注：「要荒，遠國也。」

〔二〕《朱子語類》卷六十三：問：「《中庸解》載游氏辨文王不稱王之說，正矣。先生卻曰：『此事更當考。』是如何？」曰：「說文王不稱王固好，但《書》中不合，有惟九年大統未集一句，不知所謂九年自甚時數起？若謂文王固守臣節，不稱王，則三分天下有其二，亦為不可。又《書》言太王肇基王跡，則到太王時周家已自強盛矣。今《史記》於梁惠王三十七年書襄王元年，而《竹書紀年》以為後元年，想得當時文王之事亦類此。故先儒皆以為自虞芮質成之後為受命之元年。」宋游酢《游廌山集》卷一：「世之說者，因《中庸》無追王文王之文，遂以謂文王自稱王，豈未嘗考《泰誓》、《武成》之書乎？君臣之分，猶天尊地卑，紂未可去，而文王稱王，是二天子也，服事商之道固如是耶？」宋章如愚《群書考索續集》卷五：「文王稱王，後世追稱耳。」宋黃震《黃氏日鈔》卷六十一：「《泰誓》論謂十一年伐紂，即武王即位之十一年，無文王稱王改元之說，一惟取信於經。」明王樵《尚書日記·凡例》：「舊說相沿如文王稱王、武王觀兵、周公居攝之類，先儒俱已辨正。此外，如微子抱祭器歸周、箕子受封朝鮮、周公居東為東征、我之弗辟為致闢，皆關聖賢大節，而傳記異辭，不無害教，今悉辨之。」閻若璩《尚書古文疏證》卷二：「西伯受命稱王，亦不始《史記》。伏生《尚書》殷傳已有之，其遠則自《文王世子篇》來。武王對文王曰：『西方有九國焉，君王其終撫諸？』鄭氏注言：君王則既受命之後，不爾何以呼王？余謂夢齡事之虛妄，先儒具有明辯，獨怪孔穎達疏《尚書》，見孔《傳》無稱王字，遂力以文王稱王為無，疏《毛詩》，見鄭箋有稱王說，遂力傅會，稱王當在六年伐崇後，以至疏《禮記》亦然，真所謂從孔則廢鄭，從鄭則廢孔，唐人義疏之學之拘知此。」

《呂氏春秋·誠廉篇》：「昔周之將興也，有士二人，處於孤竹，曰伯夷、叔齊。二人相謂曰：『吾聞西方有偏伯焉，似將有道者，今吾奚為處乎此哉？』二子西行如周，至於岐陽，則文王已歿矣。」按：文王將歿，猶謂「偏伯」，是未稱王也。其證一也。

《首時篇》：「王季歷困而死，文王苦之，有不忘羑里之醜，時未可也。武王事之，夙夜不懈，亦不忘王門之辱。立十二年，而成甲子之事。」按：此則十三年一月，師渡孟津，四月甲子，滅殷，當自武王即位起數，正匝十二年矣。不蒙文王年數也，則文王並未改元。其證二也。

《觀世篇》：「太公釣於滋泉，遭紂之世也，故文王得之。文王千乘也，紂天子也，天子失之，而千乘得之，知之與不知也。」按：此則得太公之時謂文

王千乘，而非天子。其證三也。

《指武篇》：「召周公而問焉，曰：『天下之圖事者，皆以殷為天子，以周為諸侯，以諸侯攻天子，勝之有道乎？』」〔註21〕按：武王伐紂，猶自稱為諸侯，稱紂為天子，則文王亦諸侯矣。其證四也。

《孟子‧公孫丑篇》：「且以文王之德，百年而後崩，猶未洽於天下；武王、周公繼之，然後大行。今言王若易然，則文王不足法與？」〔註22〕趙岐注：「文王尚不能及身而王，何謂王易然也？」按：王，有天下也，有天下始稱王矣。文王不能王天下，則不稱王矣。其證五也。

《滕文公篇》：「《詩》云『周雖舊邦，其命惟新』，文王之謂也。」趙岐注：「言周雖后稷以來，舊為諸侯，其受王命，惟文王新復修治禮義，以致之耳。」按：趙說受紂王之命，以勉滕文自新其國，非稱王也。其證六也。

《禮記大傳》：「追王大王亶父，王季歷，文王昌，不以卑臨尊也。」鄭注云：「不用諸侯之號，臨天子也，文王稱王早矣，於殷猶為諸侯，於是著焉。」按：鄭云：「『文王稱王早』者，早於大王、王季耳。謂載木主號為文王也。曰『於殷猶為諸侯，於是著』者，謂與大王、王季同為殷諸侯，故並著之也。」《疏》引《中候我應》〔註23〕失之。王氏鳴盛《尚書後案》亦云：「鄭《尚書注》久亡，予雖博採成編，亦不見文王稱王明文。」惟孔《疏》云：「鄭言文王生王耳。」安知鄭當日不作疑詞乎？其證七也。

《論衡‧感應篇》：「王者，名之尊號也，人臣不得名也。」難曰：「人臣猶得名王，禮乎？武王下車追王大王、王季、文王。三人〔稱〕者，諸侯，亦人臣也，以王號加之。」按：王充以王跡起於三人，故雖諸侯，亦以王號加之，則文王之終為侯可知也。其證八也。

《風俗通義‧禮號謚記說》：「夏禹、殷湯、周武王，是三王也。」〔一〕《尚書》說：「文王作罰，刑茲無赦。」〔註24〕《詩》說：「有命自天，命此文王。」〔註25〕「文王受命，有此武功。」〔註26〕「儀刑文王，萬國作孚。」〔註27〕《春

〔註21〕見《說苑》卷十五。
〔註22〕見《孟子》卷三。
〔註23〕《尚書中候》書佚，而諸書所引篇目很多，《中候我應》即為其一。
〔註24〕《尚書‧康誥》文。
〔註25〕《詩‧大雅‧文王有聲》文。
〔註26〕《詩‧大雅‧靈臺》文。
〔註27〕《詩‧大雅‧文王》，「國」作「邦」，此漢人避漢高帝劉邦諱改。

秋》說：「王者孰謂？謂文王也。」〔註28〕謹案：《易》稱：「湯武革命。」〔註29〕
《尚書》：「武王戎車三百兩，虎賁八百人〔註30〕，擒紂于牧之野。」〔註31〕

〔註28〕 鍾本「謂」字不重，非。此《公羊傳·隱公元年》文，疏引《春秋元命包》：
「王者孰謂？文王也。疑（擬）三代，謂疑（擬）文王。」《白虎通號篇》：「三
王者，何謂也？夏、殷、周也。故禮士冠經曰『周弁，殷冔，夏收，三王共
皮弁也。』」陳立《疏證》曰：「案三王之名，定於後世。周人尊文王為受命祖，
故《孝經·聖治》云：『昔者，周公郊祀后稷以配天，宗祀文王於明堂，以配
上帝。』文王親迎于渭，即以親迎為天子之禮；文王造舟為梁，即以造舟為天
子之制：是周人之尊文王，在武王之上，何得援論語服事之說，以相難也？
《詩·文王序》云：『文王受命作周也。』《漢志》引劉歆作《三統曆》，考上
世帝王，以為文王受命九年而崩。《易乾鑿度》云：『入戊午蔀二十九年伐崇，
作靈臺，改正朔，布王號於天下，受籙應河圖。』《詩疏》引《我應》說，文
王之戒武王曰：『我終之後，恒稱太子，河、洛復告，尊朕稱王。』又引《元
命苞》曰：『西伯既得丹書，於是稱王，改正朔。』《詩·棫樸》云：『左右趣
之。』《箋》云：『左右之諸臣，皆趣疾於事，謂相助積薪，唯天子祭天始燔
柴。』繁露亦引此詩，以說郊祭。據諸經緯之文，則文王在時，固已稱王。《孟
子·告子下》：『三王之罪人也。』趙注亦以禹、湯、文王當之也。」

〔註29〕 《周易·革卦》文。

〔註30〕 《拾補》引孫志祖曰：「案《書序》：『虎賁三百人。』《孟子》言三千人，本書
卷二引書亦同，此云八百，訛。」《御覽》二四一引《漢官儀》：「虎賁中郎將，
古官也。《書》稱：『武王伐紂，戎車三百兩，虎賁三百人，擒紂于牧之野。』
言其猛怒如虎之奔赴。平帝元始元年，更名虎賁郎。古有勇者孟賁，故改奔為
賁。」《後漢書·順紀》注引《漢官儀》曰：「書稱『虎賁三百人』，言其猛怒
如虎之奔赴也。」本書《正失篇》又引作「虎賁三千人」。按《墨子·明鬼篇
下》云：「武王以擇車百兩，虎賁之卒四百人，先庶國節窺戎，與殷人戰于牧之
野。」綜上所述，則武王所率虎賁之士，有三百人、四百人、八百人、三千人四
說，疑莫能明也。孫星衍《尚書今古文注疏》書序第三十下曰：「『三百人』，當
是『三千』之誤也。《司馬法》云：『革車一乘，士十人，徒二十人。』《樂記》
云：『虎賁之士說劍。』則虎賁即士也；一乘十人，三百乘則三千人矣。」

〔註31〕 「擒」，拔萃本作「禽」，古通。《書序》：「武王戎車三百兩，虎賁三百人，與
受戰於牧野，作牧誓。」段玉裁《撰異》曰：「《孟子·盡心篇》：『武王之伐殷
也，革車三百兩，虎賁三千人。』《史記·周本紀》：『遂率戎車三百兩，虎賁
三千人，甲士四萬五千人，以東伐紂。』《呂氏春秋》簡選、貴因二篇皆云：
『武王簡車三百，虎賁三千，以要甲子之事，而紂為禽。』《韓非子·初見秦
篇》、《戰國策》、《魏策》、《趙策》，又見《史記·蘇秦傳》）皆云：『武王將素
甲三千領，戰一日，破紂之國。』江氏叔澐曰：『三百人當為三千人，《司馬法》
曰：革車一乘，士十人，徒二十人。《樂記》曰：『虎賁之士說劍。』然則虎賁，
士也，一乘十人，三百兩則三千人矣。』玉裁謂江說近是。此時《周禮》未備，
不必泥於《周禮》『虎士八百人』之數。虎賁，言其勇也，蓋周以此勇士滅殷，
後因之設虎賁氏。《風俗通義·皇霸篇》：『《尚書》，武王戎車三百兩，虎賁八
百人，擒紂于牧之野。』與今本異。孔晁注《逸周書·克殷解》所言士卒虎賁

「惟十有三祀，王訪於箕子。」〔註32〕《詩》云「亮彼武王，襲伐大商。」〔註33〕「勝殷遏劉，耆定武功。」〔註34〕由是言之：武王審矣。《論語》：「文王率殷之叛國。」〔註35〕「以服事殷。」〔註36〕時尚臣屬，何緣便得列三王哉？〔註37〕經美文王，三分天下有其二，王業始兆於此耳。俗儒新生〔二〕，不能採綜，多（其）〔共〕辯論，至於訟閱；（太）〔大〕王、王季，皆見追號，豈可復謂已王乎？按：此則稱王之說出於俗儒〔三〕。其證九也。

若夫天無二日，土無二主，則又天壤之大義，眾庶所曉然，宋儒已有發明，今不復論。

【注釋】

〔一〕《後漢書·杜林傳》注引《風俗通》：「若能納而不能出，能言而不能行，講誦而已，無能往來，此俗儒也。」《荀子·儒效篇》：「故有俗人者，有俗儒者，有雅儒者，有大儒者。不學問，無正義，以富利為隆，是俗人者也。逢衣淺帶，解果其冠，略法先王而足亂世術，繆學雜舉，不知法後王而一制度，不知隆禮義而殺詩書；其衣冠行偽已同於世俗矣，然而不知惡；其言議談說已無異於墨子矣，然而明不能別；呼先王以欺愚者而求衣食焉；得委積足以掩其口，則揚揚如也；隨其長子，事其便辟，舉其上客，億然若終身之虜而不敢有他志：是俗儒者也。法後王，一制度，隆禮義而殺詩書；其言行已有大法矣，然而明不能齊法教之所不及，聞見之所未至，則知不能類也；知之曰知之，不知曰不知，內不自以誣，外不自以欺，以是尊賢畏法而不敢怠傲：是雅儒者也。法先王，統禮義，一制度；以淺持博，以古持今，以一持萬；苟仁義之類也，雖在

之數亦未審。」翟灝《四書考異》亦主三千人之說，梁玉繩《史記志疑》又從《書序》說，莫衷一是，蓋亦難言之類，故應劭亦持兩端之論也。

〔註32〕《尚書·洪範》文。

〔註33〕《毛詩·大明》作「涼彼武王，肆伐大商」，《釋文》引《韓詩》「涼」作「亮」，與此合，仲遠用《魯詩》也。「肆」之與「襲」，亦毛、魯之異。

〔註34〕《周頌·武》文。

〔註35〕「文王率殷之叛國」，《論語》無其文，而見於《左傳》，襄公四年傳云：「文王率殷之叛國以事殷。」應氏此書，同時引及二家之說者，率並為一文，而總出書名於前，疑「論語」上本有「左傳」二字，而傳抄者奪之也。《後漢書·西羌傳》：「及文王為西伯，西有昆夷之患，北有獫狁之難，遂攘戎、狄而戍之，莫不賓服，乃率西戎征殷之叛國以事殷紂。」李賢注亦據《左傳》為說。

〔註36〕《論語·泰伯篇》：「三分天下有其二，以服事殷。」

〔註37〕辨文王不受命改元稱王，始於此文，其後孔穎達《尚書·泰誓正義》、《周易正義》卷一「論卦辭爻辭誰作」，及張守節《史記·周本紀正義》俱本之。

鳥獸之中，若別白黑；倚物怪變，所未嘗聞也，所未嘗見也，卒然起一方，則舉統類而應之，無所擬作；張法而度之，則晻然若合符節：是大儒者也。」

〔二〕新生，猶言新學小生。《漢書・張禹傳》：「新學小生，亂道誤人。」

〔三〕孔廣森《經學卮言》卷三：漢儒謂文王生已稱王，宋儒非之，遂並疑《史記》西伯崩即諡文王之誤。愚謂文王受命為西伯，改稱受命元年，此於經有徵者也。其稱王與否，則無可徵。若沒而諡王，未為僭也。《中庸》曰：周公成文武之德，追王太王、王季，不及文王，可見文王之有王號前此矣。《殷本紀》歷世皆謂之帝，某經傳亦有帝乙、帝甲，蓋商制天子生時稱王，沒時稱帝。《曲禮》所謂措之廟，立之主，曰帝是也。武王雖未有天下，以為沒而稱王，猶下帝號一等，故得以文王尊其父焉。及其既有天下，謙不敢自逾於文王，於是沒亦無帝號矣。春秋之義，內無斥國爵以稱其君者，況天子至尊，又非魯頌魯侯之比。

緯候不起於哀平辨　李富孫

七緯儷經而行，多孔氏七十子〔一〕之遺言。相傳孔子既敘六經，知後世不稽同〔二〕其意，別立緯及讖八十一首，以遺來世。後為方士所採取，又以誕妄之說附益之，故其言有醇駁，今散見於諸書者，可別白也。〔三〕後儒不察，以緯候之書起於哀、平之際，斥其偽妄，欲一概屏之，亦過矣。

【注釋】

〔一〕七十子：同「七十二子」。七十，舉其成數。指孔子門下才德出眾的七十二個學生，詳見《史記・孔子世家》。

〔二〕稽同：猶稽合。考校，驗證。

〔三〕《隋書・經籍志一》：「孔子既敘六經，以明天人之道，知後世不能稽同其意，故別立緯及讖，以遺來世。其書出於前漢，有《河圖》九篇，《洛書》六篇，云自黃帝至周文王所受本文。又別有三十篇，云自初起至於孔子，九聖之所增演，以廣其意。又有《七經緯》三十六篇，並云孔子所作，並前合為八十一篇。而又有《尚書中候》、《洛罪級》、《五行傳》、《詩推度災》、《氾曆樞》、《含神務》、《孝經勾命訣》、《援神契》、《雜讖》等書。漢代有郗氏、袁氏說。漢末，郎中郗萌集圖緯讖雜占為五十篇，謂之《春秋災異》。宋均、鄭玄並為讖律之注。然其文辭淺俗，顛倒舛謬，不類聖人之旨。相傳疑世人造為之後，或者又加點竄，非其實錄。起王莽好符命，光武以圖讖興，遂盛行於世。漢時，

又詔東平王蒼正「五經」章句，皆命從讖。俗儒趨時，益為其學，篇卷第目，轉加增廣。言「五經」者，皆憑讖為說。唯孔安國、毛公、王璜、賈逵之徒獨非之，相承以為妖妄，亂中庸之典。故因漢魯恭王、河間獻王所得古文，參而考之，以成其義，謂之「古學」。當世之儒，又非毀之，竟不得行。魏代王肅，推引古學，以難其義。王弼、杜預，從而明之，自是古學稍立。至宋大明中，始禁圖讖，梁天監已後，又重其制。及高祖受禪，禁之逾切。煬帝即位，乃發使四出，搜天下書籍與讖緯相涉者，皆焚之，為吏所糾者至死。自是無復其學，秘府之內，亦多散亡。今錄其見存，列於六經之下，以備異說。」

按《蒼頡篇》云：「讖書，河洛書也。」秦語：秦三十二年，燕人盧生奏籙圖曰：「亡秦者胡也。」〔一〕《史記·秦本紀》：「有人遮使者曰：『今年祖龍死。』」此即讖緯之言也。《太史公自序》引孔子曰：「我欲載之空言，不如見之於行事之深切著明也。」〔二〕此《春秋緯》文。又《易》曰：「失之毫釐，謬以千里。」徐廣曰：「今《易》無此語，《易緯》有之。」〔三〕《禮記·經解》亦引「差若毫釐，謬以千里」。則史公與戴聖已得見緯書矣。

【注釋】

〔一〕鄭玄曰：「胡，胡亥，秦二世名也。秦見圖書，不知此為人名，反備北胡。」

〔二〕《索隱》曰：案：孔子之言見《春秋緯》，太史公引之以成說也。空言，謂褒貶是非也。空立此文，而亂臣賊子懼也。案：孔子言我徒欲立空言，設褒貶，則不如附見於當時所因之事。人臣有僭侈篡逆，因就此筆削以褒貶，深切著明而書之，以為將來之誡也。

〔三〕徐廣曰：「一云『差以毫釐』，一云『謬以千里』。」裴駰案：今《易》無此語，《易緯》有之。

《前漢·翼奉傳》：「臣學齊詩，聞五際〔一〕之要。」「五際」之說本於《詩緯·汎曆篇》及《春秋緯·演孔圖》，見鄭氏《六藝論》。《蓋寬饒傳》引《易傳》言：「五帝官天下，三王家天下，家以傳子，官以傳賢。」〔註38〕何孟春謂：「今《易》無此語，或曰《易緯》文也。」則宣帝、元帝時已有其書矣。

【注釋】

〔一〕五際，漢初《詩》有齊、魯、韓三家。《齊詩》學者翼奉說詩，附會陰陽五行

〔註38〕見《前漢書》卷七十七。

之說，以推論政治變化，認為每當卯、酉、午、戌、亥是陰陽終始際會之年，政治上必發生重大變動。《漢書·翼奉傳》：「《易》有陰陽，《詩》有五際。」顏師古注引孟康曰：「《詩內傳》曰：『五際，卯、酉、午、戌、亥也。陰陽終始際會之歲，於此則有變改之政也。』」參閱清陳壽祺《左海經辨·詩有六情五際辨》、清陳喬樅《三家詩遺說考》。

楊雄《太玄經》，張行成謂其法本於《易緯卦氣圖》，卦氣圖之用出於孟喜章句，而焦贛以六日七分更值用事，各有占驗。洪适《隸釋》載小黃門譙敏碑，稱其先故國師譙贛深明典奧讖錄圖緯，能精微天意，傳道與京君明，則緯讖已為焦氏、京氏之所授受矣。

張衡不信緯書，然其所作《思玄賦》有云：「贏摘讖而戒戎胡兮，備諸外而發內。」則亦以秦時已有讖書矣。迨光武應符讖以興，遂篤信不疑，至讀之廡下，故其書大行於東漢，咸以通「七緯」為內學，通「五經」為外學。其見於范史及諸碑碣者無論，而賈逵以此論左氏學，曹褒以此定漢禮，作《大予樂》，鄭康成、何休亦以讖注經。使果出於哀、平、王莽之時，則賈、鄭諸大儒必不肯以此汩經，況證以《春秋外傳》及史遷、班固諸書，其非起於哀、平明甚，豈得謂不載《漢藝文志》遂疑其偽而欲盡去之也？

【附錄】

王應麟《通鑒答問》卷四《造太初曆以正月為歲首》：或問：「《通鑒目錄》、《皇極經世》太初元年歲次丁丑，而《漢志》、《太初曆》上元太初四千六百一十七歲，至元封七年復得閼逢攝提格之歲。孟康注云：『此為甲寅之歲。』一以為丁丑，一以為甲寅，何歟？」曰：《大衍曆議》云：《洪範傳》曰：曆記始於顓頊，上元泰始閼逢攝提格之歲，畢陬之月，朔日己巳立春，七曜俱在營室五度。秦顓頊曆元起乙卯，漢太初曆元起丁丑，推而上之，皆不值甲寅，猶以日月五緯復得上元本星度，故命曰閼逢攝提格之歲，而實非甲寅。以此考之，太初元年歲在丁丑，非甲寅也。或曰：「《大衍曆議》又云：《考靈曜》、《命曆序》皆有甲寅，元其所起在四分曆，庚申元後百十四歲，緯所載壬子冬至，則其遺術也。太初，其甲寅元之術歟？」曰：「緯書始於哀、平間，武帝時未有也。」或曰：「呂氏謂太初之造，史遷實職之。今以其書大餘小餘計之，則古曆也，非太初也，何歟？」曰：「班固作志，載三統而不載太初，故其法無傳焉。志謂冬至日月在建星，賈逵論太初曆，太初日在牽牛，初者，牽牛中星也。古曆皆在建星，即斗星也。古以建星為宿，今以牽牛為宿，不能不少異也。落下閎謂後八百歲此曆差一日。然《續漢志》，元和二年，太初先天益遠，自丁丑至乙酉一百八十九年而已差矣。曆未有久而不差者，差則必改，

是以革之象，曰治曆明時。

梁玉繩《瞥記》三：李尋傳，成帝時齊人。甘忠可詐造《天官曆》、《包元太平經》十二卷，則讖緯不始於哀、平。

孫星衍《問字堂集》卷五《六天及感生帝辨》：不信六天及感生帝之說始於王肅，譏鄭康成用讖緯之言出於許敬宗。肅非君子儒，史稱其有三反；許敬宗則唐姦邪。雖孔子曰：「不以人廢言。」亦當辨其言之是非也。宋人多祖肅而背鄭，《五禮通考》於此禮不能深明古制。又引趙匡諸人臆說，大典益棼矣。孫叔然曾於肅《聖證論》駁而釋之，其文又不傳，是不可以不辨。肅以郊即圜丘，圜丘即郊，請先以《周官經》破之。《周官·太宰》云「祀五帝」，下又云「祀大神祇」；《掌次》云「旅上帝」，下又云「祀五帝」；《典瑞》云「祀天」，下又云「旅上帝」；《司服》云「祀昊天上帝」，下又云「祀五帝」。按此諸文，明天與五帝非一，肅猶得妄謂之五人帝。其《大司樂》云：「乃奏黃鐘，歌大呂，舞《雲門》，以祀天神。」此天神必非人帝。（下略）

阮元《七緯敘》：毖緯之興始於哀、平，終於大業。洎乎宋鄭兩家為之作注，而緯與經乃相雜而不越。然異學爭鳴，七緯之外，復有候有圖，最下而及於讖，而經訓愈漓。不知緯自為緯，讖自為讖，不得以讖病緯也。自賈公彥《周官疏》造為漢時禁緯之說，後儒不察，並為一談，以為古人緯讖同諱，此謬論也。今以《隋書·經籍志》證之。云孔子既敘六經，以明天人之道，知後世不能稽同其意，故別立緯，及讖及者遂事之詞也。觀下文王莽好符命，光武以圖讖興，遂盛行於世。□則讖者，特緯之流弊也。讖緯之別，此一證也。《志》云七緯三十六篇，並孔子所作並前為八十一篇……漢代有郗氏、袁氏說。漢末郎中郗萌輯圖緯讖雜占為五十篇，謂之春秋災異，宋均、鄭玄並為讖律之注，然其文詞淺俗，顛倒舛謬，不類聖人之旨，其重言漢代者見前之非出於漢也，則後人所疑者，或偽注之讖爾，未嘗疑及於緯也。此又一證也。《志》云漢時又詔東平王王蒼正五經章句，皆命從讖，俗儒趨時，益為其學，言「五經」者皆憑讖為說，唯孔安國、毛公、王璜、賈逵之徒獨非之，相承以為妖妄，則當日所謂古學者亦第不及圖讖耳，未嘗詆訐及於緯也。此又一證也。《志》云至宋大明中始禁圖讖，梁天監以後又重其制，及高祖受禪禁之逾切者言乎其前之未有也，然則隋以前圖讖且不禁，何自而及於緯乎？此又一證也。唯《志》云：煬帝即位，乃發四方，出搜天下書籍，與讖緯相涉者皆焚之，曰涉曰皆者，病及於緯也。賈氏不省，因謂漢氏禁緯，真無稽之言矣。否則，朱氏彝尊所引謝書及漢人碑碣，稱姚濬則尤明圖緯秘奧，姜肱則兼明星緯，郭泰則探綜圖緯，李休則又精群緯，袁良則親執經緯，楊震則明河雒緯，度祝穆則七典並立，該洞七典，唐扶則綜緯河雒，劉熊則敦五經之緯圖，楊著則窮七道之奧，曹全則甄及毖緯，蔡湛則少耽七典，武梁則兼通河雒，張表則該覽群緯，丁魴則兼究秘緯，李翊則通經綜緯，不曰讖，而曰緯，則緯之醇，固異於讖之駁也。使其有禁，奚習者之多乎？此不待智者而決矣。

辟雍太學說　孫同元〔一〕

蔡邕《月令論》以明堂〔二〕、太廟〔三〕、太學〔四〕、辟雍〔五〕為一。然考之經籍，所記多牴牾。鄭康成則以辟雍即太學，而與明堂、宗廟異處，其言徵實可信。乃盧植《禮記注》又云：「明堂即太廟也。天子太廟，上可以望氣，故謂之靈臺；中可以敘昭穆，故謂之太廟；圜之以水，似璧，故謂之辟雍。古法皆同一處，時世殊異分為三耳。」蓋兼通兩家之說。

【注釋】

〔一〕孫同元，字雨人，浙江仁和（今杭州）人。嘉慶十三年舉人，任溫州府教授。志祖之子，守經師家法，官永嘉日，恒以經義提唱，諸生多所造就。著有《今韻三辨》、《弟子職注》、《六韜佚文》、《永嘉聞見錄》、《學福軒筆記》各如干卷，助阮元編輯《經籍籑詁》等。事蹟見《兩浙輶軒續錄》卷二五、《溫州經籍志》卷三六。

〔二〕明堂：古代帝王宣明政教的地方。凡朝會、祭祀、慶賞、選士、養老、教學等大典，都在此舉行。

〔三〕太廟：帝王的祖廟。

〔四〕太學：國學。我國古代設於京城的最高學府。西周已有太學之名。

〔五〕辟雍：本為西周天子所設大學，校址圓形，圍以水池，前門外有便橋。東漢以後，歷代皆有辟雍，除北宋末年為太學之預備學校（亦稱「外學」）外，均為行鄉飲、大射或祭祀之禮的地方。漢班固《白虎通·辟雍》：「天子立辟雍何？所以行禮樂、宣德化也。闢者，璧也，象璧圓，又以法天，於雍水側，象教化流行也。」

商周以後，文質大備，其勢不可以不分，然追溯其始，則未嘗不合也。康成所言，猶是周制，《詩》詠靈臺、靈沼、靈囿，而繼之以辟雍，則三靈與辟雍皆同處在郊。而《王制》言太學在郊，天子曰辟雍，諸侯曰泮宮。〔天子命之教，然後為學。小學在公宮南之左。大學在郊。天子曰辟雍。諸侯曰泮宮。〕故康成以辟雍為即太學，其實就後世而論，不但明堂、太廟與太學異處，即辟雍與太學亦未嘗不異也。考《詩》言辟雍與囿沼同處，固以為遊息之所，而非學校之地。《孟子》備舉三代之名，《周官》詳言成均之事，皆不及辟雍。《說文》「雍」字注云：「天子饗飲辟雍也。」亦不云學名。漢魏以降，皆以太學與辟雍為二。明帝永平中，嘗幸辟雍，遣使者以安車，迎三老五更於太學，則太

學為眾學之居。袁準《正論》所言不謬也。至釋奠之禮,漢魏故事,或在辟雍,或在太學,迄無定所。晉元康太興之世,皆釋奠太學,唯成帝在辟雍,自是一時制也。其後用太常王彪之議,定於太學,行饗於辟雍,其地不同,其用亦不同也。逮乎廢辟雍而立太學,乃改舊制於太學之外,圜之以水,於是又合而一之矣。

【附錄】

　　方中履《古今釋疑》卷八《辟雍泮宮非學名》:辟雍為天子學名,泮宮為諸侯學名,自《王制》始有此說。朱子《泮宮圖說》曰:「諸侯之學,鄉射之宮,謂之泮宮。其東西南方有水,形如半璧,以其半於辟雍,故曰泮水。」《周禮》大宗伯以玄璜禮北方。鄭注曰:「半璧曰璜。」璜,黃色,以半璧之。泮水若璜然,故古稱學宮為璜宮,後世遂誤為黌宮。履按:《王制》作泮宮,《魯頌》作泮宮,戴埴曰:「《通典》言魯國有泗水縣,泮水出焉,然後知泮乃魯水名。僖公建宮於上,因水以名宮,如楚之渚宮、晉之虎祈。泮水、泮宮、泮林一也,以泮水為半水、泮林亦為半林乎?漢儒因解泮水,求其義而不得,故轉辟為璧,解以圓水耳。」又按:《莊子》言歷代樂名,黃帝有咸池,堯有大章,禹有夏,湯有濩,文王有辟雍。以辟雍為天子學,亦非也。詩言於論,鼓鐘於樂,辟雍亦無養才之意。楊用修曰:「《說文》辟雍作癖廱,解云癖牆也。廱,天子享宴癖廱也。」《魯詩解》云:「騶虞,文王囿名也。辟雍,太王宮名也。」以《說文》、《魯詩》之解觀之,則與《詩》鎬京辟雍於樂,辟雍之義皆合矣。若《王制》乃漢文帝時曲儒之筆也,而可信乎?孟子曰:「夏曰校,殷曰序,周曰庠,學則三代共之。」使天子之學曰辟雍,為周之制,則孟子固言之矣。既曰辟雍,而頌云「于彼西雝」,《考古圖》又有「胥雝」,則辟雍也,西雝也,胥雝也,皆為宮名無疑也。魯頌既曰「泮宮」,又曰「泮水」,又曰「泮林」,則泮宮者,泮水傍之宮,泮林者,水傍之林無疑也。魯有泮水,雍因水名以名宮。即使魯之學在水傍,而名泮宮,如《王制》之說,當時天下百二十國之學豈皆在泮水之傍乎?而皆名泮宮邪?予又觀胡致堂云:《靈臺》詩所謂「於樂辟雍」,言鳥獸昆蟲各得其所,鼓鐘虛業莫不均調,於此所論之事惟鼓鐘而已,於此所樂之德惟辟雍而已。辟君也,雍和也,《文王有聲》所謂鎬京辟雍,義亦若此,而且《靈臺》之詩敘臺池苑囿,與民同樂,故以矇瞍奏公終之,胡又剿入學校之可樂,與鐘鼓諧諧韻而成文哉?《文王有聲》止於繼武功,作豐邑,築城池,建垣翰,以成京師,亦無緣遽及學校之役。上章曰「皇王維辟」,下章曰「鎬京辟雍」,則知辟之為君無疑也。《泮水》詩言「魯侯戾止」,且曰「於邁」,固疑非在國都之中,且終篇意旨主於服淮夷雍,獻馘獻囚,出師征伐,皆於泮宮,烏知泮宮之為學校也?特取其中「匪怒伊教」一句為一篇之證,則末矣。後世既立太學,又建辟雍,若有兩太學者,尤可笑也。

八蠟說　金錫齡〔一〕

　　《禮記・郊特牲》：「八蠟〔二〕以記四方。」注云：「蠟有八者，先嗇〔三〕一也，司嗇〔四〕二也，農〔五〕三也，郵表畷〔六〕四也，貓虎〔七〕五也，坊六也，水庸〔八〕七也，昆蟲八也。」孔《疏》謂王肅分貓、虎為二，無昆蟲。按：王肅之說非也。《郊特牲》云：「蠟也者，索也。歲十二月，合聚萬物而索饗之也。」注云：「饗者祭其神也。萬物有功加於民者，神使為之也，祭之以報焉。」《周禮・春官》：「龡章〔掌土鼓豳龡。中春，晝擊土鼓，龡豳詩，以逆暑。中秋夜迎寒，亦如之。凡國祈年於田祖，龡豳雅，擊土鼓，以樂田畯。〕國祭蠟，則龡豳頌，擊土鼓，以息老物。」注云：「萬物助天成歲事，至此為其老而勞，乃祀而老息之。」是蠟祭遍及萬物，非止於八神，以其尤有功於田，故特著之。《甫田》孔《疏》云：「此八蠟為之主耳，所祭不止於此，四方百物皆祭之。」是也。鄭氏以昆蟲為八蠟之一，其義甚確。

【注釋】

〔一〕金錫齡（1811～1892），字伯年，號芑堂，廣東番禺人。道光十五年（1835）舉人。受業於林伯桐，漢、宋兼採，不立門戶。治學長於揭櫫通例。著有《學海堂四集》二十八卷、《劬書室遺集》十六卷、《詩經注疏考證》、《周易雅訓》、《毛詩釋例》等。清錢儀吉《衎石齋記事稿》續稿卷十：「金錫齡《詩經注疏考證》，讀《詩經注疏》，記所考證三十餘條，發明箋義為多。其剖析聲音文字均有所見。嘗謂鄭君箋《詩》注《禮》，先後不同，其自易已說者，當時其書已行，不復追改，正有待於後人之深思而得其意也。今生之學詩，兼考禮注，用心甚善，它日當與禮注並讀，參稽互證，或可掇為《鄭君詩禮異同》一書，所得不更多乎？試繹思之。」（《續修四庫全書》第 1509 冊）

〔二〕八蠟：周代每年農事完畢，於建亥之月（十二月）舉行的祭祀名稱。《禮記・郊特牲》：「八蠟以記四方，四方不成，八蠟不通，以謹民財也。」鄭玄注：「四方，四方有祭也。其方穀不熟，則不通於蠟焉，使民謹於用財。蠟有八者：先嗇一也，司嗇二也，農三也，郵表畷四也，貓虎五也，坊六也，水庸七也，昆蟲八也。」孔穎達疏：「言蠟祭八神，因以明記四方之國，記其有豐稔有凶荒之異也。」按，八蠟之神諸家解說不一。王肅分貓虎為二，而去昆蟲；陳祥道則去昆蟲而增百種；呂大臨則去先嗇、昆蟲而增百種，又分貓虎為二。

〔三〕先嗇：即先農。《禮記・郊特牲》：「蠟之祭也，主先嗇而祭司嗇也。」鄭玄注：「先嗇，若神農者。」宋陸游《寧德縣重修城隍廟記》：「斯人之生，食稻而祭

先嗇。」清龔自珍《海門先嗇陳君祠堂碑文》：「古者伊耆氏始為蠟饗農，先農也；先嗇、司嗇，皆農之配也。」

〔四〕司嗇：農神名，即后稷。相傳堯時后稷始作稼穡，故尊祀后稷為農神。《禮記·郊特牲》：「蠟之祭也，主先嗇而祭司嗇也。」鄭玄注：「司嗇，后稷是也。」

〔五〕農：古代的農官。

〔六〕郵表畷：郵表，古代交通要道及其交叉處樹立的路標。王充《論衡·須頌》：「道立郵表，路出其下，望郵表者，昭然知路。」劉盼遂《論衡集解》引崔豹《古今注》：「今之華表木，以橫木交柱，狀若花，形似桔槔，大路衢悉施焉。亦以表識衢路也。秦乃除之，漢始復修焉。今西京謂之交午木。」畷通「綴」，連結。《禮記·郊特牲》：「饗農，及郵表畷。」孔穎達疏：「畷者，謂井畔相連畷於此。」

〔七〕貓虎：貓和虎。古代以為有益於農事的神物。《禮記·郊特牲》：「禽獸，仁之至，義之盡也，古之君子，使之必報之。迎貓，為其食田鼠也；迎虎，為其食田豕也，迎而祭之也。」

〔八〕水庸：水溝。《禮記·郊特牲》：「祭坊與水庸，事也。」鄭玄注：「水庸，溝也。」孔穎達疏：「水庸者，所以受水，亦以泄水。」

按：《春官·大司樂》云：「凡六樂者，一變而致羽物及川澤之示，再變而致裸物及山林之示，三變而致鱗物及丘陵之示，四變而致毛物及墳衍之示，五變而致介物及土示，六變而致象物及天神。」注云：「此謂大蠟索鬼神而致百物，六奏樂而禮畢。」又《大宗伯》云：「以貍辜祭四方百物。」注云：「謂磔禳及蠟祭。」是蠟祭〔一〕者，明堂合樂以作動物之祭也（詳惠徵君〔二〕《明堂大道錄》〔三〕）昆蟲，動物也。《夏小正》昆小蟲傳曰：「昆者眾也，猶魂魄也，魂魄者動也，小蟲動也。」鄭《注》「昆蟲毋作」云：「昆蟲，暑生寒死，蜈蟲之屬為害者也。」按：昆蟲不止蜈蟲。《王制》「昆蟲未蟄」注云：「昆，明也，明蟲者得陽而生，得陰而藏。」《祭統》「昆蟲之異」注云：「昆蟲謂溫生寒死之蟲也。」是昆蟲渾言之所該者廣，鄭特舉蜈蟲者以其為害耳。《月令》「百螣時起」注云：「言百者明眾類並為害。」是為害者甚多，故鄭加之屬二字也。《說文》蟲字解云：「物之細微，或行，或毛，或蠃，或介，或鱗，以蟲為象。」蚰從二蟲，蟲從三蟲，言蚰蟲而大司農所致群物皆悉包之，以昆蟲為之主耳。此八蠟所以終昆蟲〔四〕，古人祭祀之精意也。蔡中郎亦數昆蟲，與鄭氏合。大蠟索鬼神而致百物，以昆蟲毋作為八蠟之終。《禮運》因以蠟賓而及四靈，以

無水旱昆蟲之災（鄭注云：「言大順之時，陰陽和也。昆蟲之災，螟蟲之屬。」）為明堂之符，其義一也。至貓、虎同類，本無庸分。孔《疏》云：「貓、虎俱是除田中之害，不得分為二。」不言與故合為一也。又按：《郊特牲》云：「饗農及郵表畷禽獸。」《疏》云：「禽獸者即下文云貓虎之屬。」是貓、虎即禽獸，王子雍分為二，於義乖矣。或疑祝辭「草木歸其澤」，則草木當有神，八蠟數昆蟲而不及草木，孔氏已辨之。或疑昆蟲害稼，於禮不當祭，近時錢氏《潛研堂答問》已辨之，是八蠟當及昆蟲，已無疑義。後儒張載、陳祥道〔五〕去昆蟲而增百種，呂大臨〔六〕去先嗇、昆蟲而增百種，又分貓、虎為二，近時蔡德晉分郵表畷為二，皆無取焉。

【注釋】

〔一〕蠟祭：祭名。年終合祭百神。語出《禮記·郊特牲》：「蠟之祭也，主先嗇而祭司嗇也，祭百種，以報嗇也。」

〔二〕惠徵君即惠棟。

〔三〕《明堂大道錄》八卷，《四庫提要》稱有目無書，而《書目答問》載有經訓堂本。《復初齋文集》卷三十四《題惠定宇像後》：「惠氏於諸經碻碻守師法，其所著諸書具在也。至其《禘說》、《明堂大道錄》，則泥於鄭說而過甚者。」周中孚《鄭堂劄記》卷二：「惠徵君《明堂大道錄》及《禘說》，正書參以古體，一字而有數樣寫法（係徵君自書），豈非此種碑文為之作俑哉？」

〔四〕錢大昕《潛研堂文集》卷八《答問五》：問：八蠟之神，諸家說不同，鄭康成謂先嗇一，司嗇二，農三，郵表畷四，貓虎五，坊六，水庸七，昆蟲八也。王肅分貓、虎為二而去昆蟲。陳祥道則去昆蟲而增百種，呂大臨則去先嗇、昆蟲而增百種，又分貓、虎為二，或又有分郵表畷為二而去昆蟲者，當何所從乎？曰：《記》稱：「蠟者，索也，合聚萬物而索饗之也。」孔沖遠《詩正義》云：「八蠟為其主耳，所祭不止於此，四方百物皆祭之。」《春官·大司樂》云：「凡六樂者，一變而致羽物，再變而致臝物，三變而致鱗物，四變而致毛物，五變而致介物，六變而致象物。」注云：「此謂大蠟，索鬼神而致百物。」又《大宗伯》：「以疈辜祭四方百物。」注云：「謂磔禳及蠟祭。」是蠟祭四方百物皆祭之，然則鄭康成、蔡中郎以昆蟲為八蠟之一，非無徵矣。或謂昆蟲害稼，於禮不當祭。予謂人與物一也，人死為鬼，鬼有所歸，則不為厲，故泰。厲公、厲族，厲之祀，先王舉而不廢。蝥蠈螟蝗之害稼，亦由政治之失而生，則必有神以司之矣。祭之，俾上之人知所警戒，而小民亦有所恃以無恐，此八

蠟所以終昆蟲也。

〔五〕陳祥道：字用之，福州人。李廌《師友談記》稱其許少張榜登科，又稱其元祐
　　七年進《禮圖儀禮注》，除館閣校勘，明年用為太常博士，賜緋衣，不旬餘而
　　卒，又稱其仕宦二十七年止於宣義郎，《宋史》則作官至秘書省正字。撰《禮
　　書》一百五十卷。

〔六〕呂大臨：字與叔，藍田人。元祐中官秘書省正字。著有《考古圖》十卷、《續
　　考古圖》五卷。事蹟附載《宋史·呂大防傳》。

格物說　徐養原

　　釋「格物」之義者，多至七十二家，聚訟紛紜，幾如議禮。夫程、朱為理
學正宗，則《或問》所載二程之說一十六條，乃格物之正義〔一〕；其餘曲說，
固可一掃而空之矣。惟鄭氏舊注，立學校者已向千載，雖精研未若閩、洛，而
訓詁具有師承，或尚可以備一解乎！鄭氏云：「知，謂知善惡，吉凶之所至始
也。格，來也；物，猶事也。其知於善物，則來惡物，言事緣人所好來也。」
〔註39〕按：格之訓「來」，見於《釋言》，非臆說也。蓋知者，非昭昭靈靈之謂
也，謂其能知物也，物不來則何所知乎？所謂「致知在格物」者，言欲致吾之
知，在因夫事物之來，以審夫善惡之幾而已。天下之物，有善有惡，皆緣人所
好以招致之，唯因其來，而有以審其善惡之幾，則自然知所當好，知所當惡，
故曰物格而後知，至凡物之未來，寂然不動，及其既來，感而遂通。《易》曰：
「夫《易》，聖人所以極深而研幾也。」〔註40〕無有遠近幽深，遂知來物，所
謂極深也。知至，至之可以幾也，所謂研幾也。極深研幾〔二〕，格物致知之謂
也。《樂記》曰：「物至知知，然後好惡形焉。物之感人無窮，而人之好惡無節，
則是物至而人化物也。人化物也者，滅天理而窮人慾者也。」〔註41〕此與「格
物」之義亦互相發明。夫人心之靈，足以知物，而物至又足以知。知有知，斯
有好惡。《大學》一書，其要在慎好惡，如好好色，如惡惡臭〔註42〕，循天理
者也。好人所惡，惡人所好，循人慾者也。天理、人慾，善惡、吉凶之所終始
也。苟非物來，何以知之乎？

〔註39〕見《禮記注疏》卷六十。
〔註40〕見《周易·繫辭上》。韓康伯注：「極未形之理則曰深，動適微之會則曰幾。」
　　　研幾，窮究精微之理。
〔註41〕見《禮記·樂記》。
〔註42〕見《禮記·大學》。

【注釋】

〔一〕朱熹《四書或問・大學或問下》：或問於程子曰：「學何為而可以有覺也？」程子曰：「學莫先於致知。能致其知，則思日益明，至於久而後有覺爾。《書》所謂『思曰睿，睿作聖』，董子所謂『勉強學問，則聞見博，而知益明』，正謂此也。學而無覺，則亦何以學為也哉？」或問：「忠信則可勉矣，而致知為難，奈何？」程子曰：「誠敬固不可以不勉，然天下之理不先知之，亦未有能勉以行之者也。故《大學》之序，先致知而後誠意，其等有不可躐者。苟無聖人之聰明睿知，而徒欲勉焉以踐其行事之跡，則亦安能如彼之動容周旋無不中禮也哉？惟其燭理之明，乃能不待勉強而自樂循理爾。夫人之性，本無不善，循理而行，宜無難者，惟其知之不至，而但欲以力為之，是以苦其難而不知其樂耳。知之而至，則循理為樂，不循理為不樂，何苦而不循理以害吾樂耶？昔嘗見有談虎傷人者，眾莫不聞，而其間一人神色獨變，問其所以，乃嘗傷於虎者也。夫虎能傷人，人孰不知，然聞之有懼有不懼者，知之有真有不真也。學者之知道，必如此人之知虎，然後為至耳。若曰知不善之不可為而猶或為之，則亦未嘗真知而已矣。」此兩條者，皆言格物致知所以當先而不可後之意也。又有問進修之術何先者。程子曰：「莫先於正心誠意，然欲誠意，必先致知，而欲致知，又在格物。致，盡也。格，至也。凡有一物，必有一理，窮而致之，所謂格物者也。然而格物亦非一端，如或讀書，講明道義，或論古今人物，而別其是非，或應接事物，而處其當否，皆窮理也。」曰：「格物者，必物物而格之耶？將止格一物，而萬理皆通耶？」曰：「一物格而萬理通，雖顏子亦未至此，惟今日而格一物焉，明日又格一物焉，積習既多，然後脫然有貫通處耳。」又曰：「自一身之中，以至萬物之理，理會得多，自當豁然有個覺處。」又曰：「窮理者，非謂必盡窮天下之理，又非謂止窮得一理便到，但積累多後，自當脫然有悟處。」又曰：「格物非欲盡窮天下之物，但於一事上窮盡，其他可以類推。至於言孝，則當求其所以為孝者如何？若一事上窮不得，且別窮一事，或先其易者，或先其難者，各隨人淺深。譬如千蹊萬徑，皆可以適國，但得一道而入，則可以推類而通其餘矣。蓋萬物各具一理，而萬理同出一原，此所以可推而無不通也。」又曰：「物必有理，皆所當窮，若天地之所以高深，鬼神之所以幽顯是也。若曰天吾知其高而已矣，地吾知其深而已矣，鬼神吾知其幽且顯而已矣，則是已然之詞，又何理之可窮哉？」又曰：「如欲為孝，則當知所以為孝之道，如何而為奉養之宜，如何而為溫凊之節，莫不窮究，然

後能之,非獨守夫孝之一字而可得也。」或問:「觀物察己者,豈因見物而反求諸己乎?」曰:「不必然也,物我一理,才明彼即曉此,此合內外之道也。語其大,天地之所以高厚,語其小,至一物之所以然,皆學者所宜致思也。」曰:「然則先求之四端可乎?」曰:「求之情性,固切於身,然一草一木,亦皆有理,不可不察。」又曰:「致知之要,當知至善之所在,如父止於慈,子止於孝之類,若不務此,而徒欲泛然以觀萬物之理,則吾恐其如大軍之遊騎,出太遠而無所歸也。」又曰:「格物,莫若察之於身,其得之尤切。」此九條者,皆言格物致知所當用力之地,與其次第工程也。又曰:「格物窮理,但立誠意以格之,其遲速則在乎人之明暗耳。」又曰:「入道莫如敬,未有能致知而不在敬者。」又曰:「涵養須用敬,進學則在致知。」又曰:「致知在乎所養,養知莫過於寡欲。」又曰:「格物者,適道之始,思欲格物,則固已近道矣,是何也?以收其心而不放也。」此五條者,又言涵養本原之功,所以為格物致知之本者也。凡程子之為說者,不過如此,其於格物致知之傳詳矣。今也尋其義理,既無可疑,考其字義,亦皆有據。至以他書論之,則《文言》所謂學聚問辨,《中庸》所謂明善擇善,《孟子》所謂知性知天,又皆在乎固守力行之先,而可以驗夫大學始教之功為有在乎此也。愚嘗反覆考之,而有以信其必然,是以竊取其意,以補傳文之闕,不然,則又安敢犯不韙之罪,為無證之言,以自託於聖經賢傳之間乎?曰:然則吾子之意亦可得而悉聞之乎?曰:吾聞之也,天道流行,造化發育,凡有聲色貌象而盈於天地之間者,皆物也。既有是物,則其所以為是物者莫不各有當然之則,而自不容已,是皆得於天之所賦,而非人之所能為也。今且以其至切而近者言之,則心之為物,實主於身,其體則有仁義禮智之性,其用則有惻隱、羞惡、恭敬、是非之情,渾然在中,隨感而應,各有攸主,而不可亂也。次而及於身之所具,則有口、鼻、耳、目、四肢之用。又次而及於身之所接,則有君臣、父子、夫婦、長幼、朋友之常。是皆必有當然之則,而自不容已,所謂理也。外而至於人,則人之理不異於己也;遠而至於物,則物之理不異於人也;極其大,則天地之運,古今之變,不能外也;盡於小,則一塵之微,一息之頃,不能遺也。是乃上帝所降之衷,烝民所秉之彝,劉子所謂天地之中,夫子所謂性與天道,子思所謂天命之性,孟子所謂仁義之心,程子所謂天然自有之中,張子所謂萬物之一原,邵子所謂道之形體者。但其氣質有清濁偏正之殊,物慾有淺深厚薄之異,是以人之與物,賢之與愚,相為懸絕而不能同耳。以其理之同,故以一人之心,而於天下

萬物之理無不能知；以其稟之異，故於其理或有所不能窮也。理有未窮，故其知有不盡，知有不盡，則其心之所發，必不能純於義理，而無雜乎物慾之私。此其所以意有不誠，心有不正，身有不修，而天下國家不可得而治也。昔者聖人蓋有憂之，是以於其始教，為之小學，而使之習於誠敬，則所以收其放心，養其德性者，已無所不用其至矣。及其進乎大學，則又使之即夫事物之中，因其所知之理，推而究之，以各造乎其極，則吾之知識，亦得以周遍精切而無不盡也。若其用力之方，則或考之事為之著，或察之念慮之微，或求之文字之中，或索之講論之際。使於身心性情之德，人倫日用之常，以至天地鬼神之變，鳥獸草木之宜，自其一物之中莫不有以見其所當然而不容已，與其所以然而不可易者。必其表裏精粗無所不盡，而又益推其類以通之，至於一日脫然而貫通焉，則於天下之物皆有以究其義理精微之所極，而吾之聰明睿智亦皆有以極其心之本體而無不盡矣。此愚之所以補乎本傳闕文之意，雖不能盡用程子之言，然其指趣要歸則不合者鮮矣，讀者其亦深考而實識之哉！曰：然則子之為學，不求諸心，而求諸跡，不求之內，而求之外，吾恐聖賢之學不如是之淺近而支離也。曰：人之所以為學，心與理而已矣。心雖主乎一身，而其體之虛靈，足以管乎天下之理；理雖散在萬物，而其用之微妙，實不外乎一人之心，初不可以內外精粗而論也。然或不知此心之靈，而無以存之，則昏昧雜擾，而無以窮眾理之妙。不知眾理之妙，而無以窮之，則偏狹固滯，而無以盡此心之全。此其理勢之相須，蓋亦有必然者。是以聖人設教，使人默識此心之靈，而存之於端莊靜一之中，以為窮理之本；使人知有眾理之妙，而窮之於學問思辨之際，以致盡心之功。鉅細相涵，動靜交養，初未嘗有內外精粗之擇，及其真積力久，而豁然貫通焉，則亦有以知其渾然一致，而果無內外精粗之可言矣。今必以是為淺近支離，而欲藏形匿影，別為一種幽深恍惚、艱難阻絕之論，務使學者茫然措其心於文字言語之外，而曰道必如此然後可以得之，則是近世佛學詖淫邪遁之尤者，而欲移之以亂古人明德新民之實學，其亦誤矣。曰：近世大儒有為格物致知之說者曰，格猶扞也，禦也，能扞禦外物而後能知至道也。又有推其說者曰，人生而靜，其性本無不善，而有為不善者，外物誘之也，所謂格物以致其知者，亦曰扞去外物之誘，而本然之善自明耳。是其為說，不亦善乎！曰：天生烝民，有物有則，則物之與道，固未始相離也。今曰禦外物而後可以知至道，則是絕父子而後可以知孝慈，離君臣而後可以知仁敬也，是安有此理哉？若曰所謂外物者，不善之誘耳，非指君臣父子而

言也，則夫外物之誘人，莫甚於飲食男女之欲，然推其本，則固亦莫非人之所當有而不能無者也，但於其間自有天理人慾之辨，而不可以毫釐差耳。惟其徒有是物，而不能察於吾之所以行乎其間者，孰為天理，孰為人慾，是以無以致其克復之功，而物之誘於外者，得以奪乎天理之本然也。今不即物以窮其原，而徒惡物之誘乎己，乃欲一切扞而去之，則是必閉口枵腹，然後可以得飲食之正，絕滅種類，然後可以全夫婦之別也。是雖二氏無君無父之教，有不能充其說者，況乎聖人大中至正之道而得以此亂之哉？曰：自程子以格物為窮理，而其學者傳之，見於文字多矣，是亦有以發其師說而有助於後學者耶？曰：程子之說，切於己而不遺於物，本於行事之實而不廢文字之功，極其大而不略其小，究其精而不忽其粗，學者循是而用力焉，則既不務博而陷於支離，亦不徑約而流於狂妄，既不捨其積累之漸，而其所謂豁然貫通者，又非見聞思慮之可及也。是以說經之意，入德之方，其亦可謂反覆詳備，而無俟於發明矣。若其門人，雖曰祖其師說，然以愚考之，則恐其皆未足以及此也。蓋有以必窮萬物之理同出於一為格物，知萬物同出乎一理為知至。如合內外之道，則天人物我為一；通晝夜之道，則死生幽明為一；達哀樂好惡之情，則人與鳥獸魚鱉為一；求屈伸消長之變，則天地山川草木為一者，似矣。然其欲必窮萬物之理，而專指外物，則於理之在已者有不明矣。但求眾物比類之同，而不究一物性情之異，則於理之精微者有不察矣。不欲其異而不免乎四說之異，必欲其同而未極乎一原之同，則徒有牽合之勞，而不睹貫通之妙矣。其於程子之說何如哉？又有以為窮理只是尋個是處，然必以恕為本，而又先其大者，則一處理通，而觸處皆通者。其曰尋個是處者則得矣。而曰以恕為本，則是求仁之方，而非窮理之務也。又曰先其大者，則不若先其近者之切也。又曰一處通而一切通，則又顏子之所不能及，程子之所不敢言，非若類推積累之可以循序而必至也。又有以為天下之物不可勝窮，然皆備於我而非從外得也，所謂格物，亦曰反身而誠，則天下之物無不在我者，是亦似矣。然反身而誠，乃為物格知至以後之事，言其窮理之至，無所不盡，故凡天下之理，反求諸身，皆有以見，其如目視耳聽、手持足行之畢具於此，而無毫髮之不實耳。固非以是方為格物之事，亦不謂但務反求諸身，而天下之理自然無不誠也。《中庸》之言明善，即物格知至之事，其言誠身，即意誠心正之功。故不明乎善，則有反諸身而不誠者，其工夫地位固有序，而不可誣矣。今為格物之說，又安得遽以是而為言哉？又有以「今日格一物，明日格一物」為非程子之言者，則諸家

所記程子之言，此類非一，不容皆誤。且其為說，正《中庸》學問思辨弗得弗措之事，無所咈於理者，不知何所病而疑之也。豈其習於持敬之約，而厭夫觀理之煩耶？抑直以己所未聞，而不信他人之所聞也。夫持敬觀理，不可偏廢，程子固已言之。若以己偶未聞而遂不之信，則以有子之似聖人，而速貧速朽之論猶不能無待於子游而後定，今又安得遽以一人之所未聞而盡廢眾人之所共聞者哉！又有以為物物致察，而宛轉歸己，如察天行以自強，察地勢以厚德者，亦似矣。然其曰物物致察，則是不察程子所謂不必盡窮天下之物也。又曰宛轉歸己，則是不察程子所謂物我一理，才明彼即曉此之意也。又曰察天行以自強，察地勢以厚德，則是但欲因其已定之名，擬其已著之跡，而未嘗如程子所謂求其所以然，與其所以為者之妙也。獨有所謂即事即物，不厭不棄，而身親格之以精其知者，為得致字向裏之意。而其曰格之之道，必立志以定其本，居敬以持其志，志立乎事物之表，敬行乎事物之內，而知乃可精者，又有以合乎所謂未有致知而不在敬者之指，但其語意頗傷急迫，既不能盡其全體規模之大，又無以見其從容潛玩、積久貫通之功耳。嗚呼！程子之言，其答問反覆之詳且明也如彼，而其門人之所以為說者乃如此，雖或僅有一二之合焉，而不免於猶有所未盡也，是亦不待七十子喪而大義已乖矣，尚何望其能有所發而有助於後學哉！間獨惟念昔聞延平先生之教，以為為學之初，且當常存此心，勿為他事所勝，凡遇一事，即當且就此事反覆推尋，以究其理，待此一事融釋脫落，然後循序少，進而別窮一事，如此既久，積纍之多，胸中自當有灑然處，非文字言語之所及也。詳味此言，雖其規模之大，條理之密，若不逮於程子，然其工夫之漸次，意味之深切，則有非他說所能及者。惟嘗實用力於此者，為能有以識之，未易以口舌爭也。曰：然則所謂格物致知之學，與世之所謂博物洽聞者奚以異？曰：此以反身窮理為主，而必究其本末是非之極至；彼以徇外誇多為務，而不覈其表裏真妄之實，然必究其極，是以知愈博而心愈明；不覈其實，是以識愈多而心愈窒。此正為己為人之所以分，不可不察也。

〔二〕極深研幾：謂探討研究事物的深奧隱微之處。

【附錄】

清謝江《格物說》：

考「格」字十有八解，漢、唐、宋言格物者皆宗鄭氏康成。其《禮記注》云：「格，來也。物猶事也。其知於善深則來善物，其知於惡深則來惡物，言事緣人所好來也。」孔穎達小變其

說，言「善事隨人行善而來應之，惡事隨人行惡亦來應之」。以格物兼及行惡說。李習之《復性書》稍渾言之，謂：「物者，萬物也；格者，來至也。物至之時，其心昭昭然辨焉，而不應於物者，是致知也，是知之至也。」司馬溫公亦不以鄭君為非，特謂其未盡古人之意，其釋格物曰：「格猶扞也，禦也，謂扞禦外物而後能知至道也。」姚江王氏宗之，以格物為正物，為去欲。按諸儒解物字俱與聖經無涉，不若朱子作事物之理解，事即事有終始之事，物即物有本末之物也。鄭君據《爾疋·釋言》「格來也」，又據《易·繫傳》聖人之道無有遠近幽深，遂知來物謂當以所來之善惡，驗所知之淺深，是格字全無功力，知何由致？不若朱子據《釋詁》「格至也」，但補傳兩言天下之物，物無窮，格亦無窮，誠難免為後人所譏。宋黎氏立武云：「格物者，格其物有本末之物。致知者，致其知所先後之知。致知格物，即在誠意正心修身齊家治國平天下之中，故不必重言以釋之。」此說足破學者之疑。而朱子《或問》中亦嘗及之，謂以其至切近者言之，則心之為物，實主於身，次而及於身之所具，又次而及於身之所接，外而至於人，遠而至於物，是固以內而身心意外而家國天下皆物也。自漢以來，言格物者七十二家，難盡舉其同異，要必以朱子《或問》、黎氏發微為折衷。若朱子補傳，則《大學》原無闕文，固無容補耳。（見王端履《重論文齋筆錄》卷十二）

　　王端履原案：「阮芸臺師巡撫吾浙時，嘗以《格物說》試詁經精舍諸生，佳作甚多，今錄德清徐養原、嘉善謝江二篇。一宗漢學，一宗宋學，合而觀之，義盡備於是矣。」

釋能　段玉裁

　　六書之體，指事、象形、諧聲、會意也。六書之用，轉注、假借也。六經傳注，自《爾雅》而下，皆兼言轉注、假借二者。而《說文》因字之體以言其用，故只言字之本義，不言假借。如「能」是獸名，其本義也，下文云：「能獸堅中，故稱賢能而彊壯，稱能傑。」此是許之說假借處，與「韋」下云「故藉以為皮韋」、「烏」下云「故以為烏呼」、「來」下云「故以為行來之來」、「朋」下云「故以為朋黨字」、「西」下云「故因以為東西之西」、「子」下云「人以為稱」為一例〔一〕。全書內發明假借，只此數條而已。能之為「賢能」、為「能傑」，由「能獸堅中」而引申之也。引申之，則「賢能」、「能傑」為字之正義，凡今人曰能者皆是也。鄭說古書作「耐」，此由古能與而同音，耐與而有本義，古書音之假借也。鄭以漢人文字皆作能，此獨作耐，故釋之，非鄭謂能皆當為耐也。又才能本無正字，借能獸為之，若借耐為之，則又借中之借也。〔二〕

【注釋】

　　〔一〕段玉裁《說文解字注》卷十四篇下：子，十一月易氣動，萬物滋律。《書》：子

者，滋也，言萬物滋於下也。《律曆志》曰：「孳萌於子，人以為稱。」「人」，各本訛「入」，今正。此與以朋為朋擋，以韋為皮韋，以烏為烏呼，以來為行來，以西為東西一例。凡言以為者，皆許君發明六書假借之法。子本陽氣動、萬物滋之稱。萬物莫靈於人，故因假借，以為人之稱。段玉裁《說文解字注》卷四篇上：「鳳飛群鳥從以萬數，故以為朋黨字」，此說假借也。朋本神鳥，以為朋黨字。韋本相背也，以為皮韋。烏本孝烏也，以為烏呼。子本十一月陽氣動，萬物滋也，人以為稱。凡此四以為皆言六書假借也。朋黨字何以借朋鳥也，鳳飛則群鳥從以萬數也，未製鳳字之前，假借固已久矣，猶習聞鳳至者為之也。六部、七部音最相近，故朋在六部蒸登韻，小篆鳳入七部侵韻也。

〔二〕段玉裁《說文解字注》卷十篇上：能，熊屬。《左傳》、《國語》皆云晉侯夢黃能入於寢門。韋注曰：能似熊。凡《左傳》、《國語》能作熊者，皆淺人所改也。足似鹿，故皆從比也。足麤足亦同。從肉猶龍之從肉也。聲奴登切，古者在一部，由之而入於咍，則為奴來切，由一部而入於六部，則為奴登切，其義則一也。能獸堅中，故稱賢能賢，古文作㞷。㞷，堅也，而強壯稱能傑也。此四句發明假借之旨。賢能、能傑之義行而本義幾廢矣。子下曰：十一月陽氣動，萬物滋，人以為稱，亦此例也。韋、朋、來、西、烏五篆下說解皆此例。凡能之屬皆從能。

【今按】孫雍長《轉注論》：戴氏之說（即「四體二用」說）一出，其弟子段玉裁即大為弘揚，他說：「六書者，文字、聲音、義理之總匯也。有『指事』、『象形』、『形聲』、『會意』，而字形盡於此矣；字各有音，而聲音盡於此矣；有『轉注』、『假借』，而字義盡於此矣。異字同義曰『轉注』，異義同字曰『假借』。有『轉注』而百字可一義也，有『假借』而一字數義也……趙宋以後，言六書者胸襟狹隘，不知『轉注』、『假借』，所以包括詁訓之全，謂六書為倉頡造字六法，說『轉注』多不可通。戴先生曰：『指事、象形、形聲、會意四者，字之體也；轉注、假借，字之用也。』聖人復起，不易斯言矣。」（《說文解字注》十五卷上）斷言聖人復起，也不能推翻「四體二用」之說，可見其自信和崇奉的程度是何等之深何等之高。經過戴、段的唱和，「四體二用」說即廣為人們所接受，在文字學界至今仍有相當影響。以往談到「四體二用」說時，人們只看到戴震和段玉裁的唱和，卻沒有注意到他們之間的一個頗大的差異。我們看到，戴震雖然提出了「字之體」的問題，但他同時也闡述了漢字產生和發展的基本規律。他認為，漢字的產生是「大致造字之始，無所憑依，宇宙間事與形兩大端而已」，故或「指其事之實」，或「象其形之大體」；至漢字繁衍階段，「文字既立，則聲寄於字」而「取乎聲諧」，「意寄於字」而「會合其意」。凡此，所談到的還是造字規律方面的問題，儘管看法有很大片面性（如沒有看

到「轉注」規律和法則的客觀存在），但去「六書」造字的本旨尚不甚遠。段玉裁則不然，他只談到漢字的「體」「用」問題，否認「六書」與造字有關，還把認為「六書」是造字六法譏笑為「胸襟狹隘」，為後來以「六書」為「識字條例」之說有所張本，就學術研究而言，這不能不說是一種倒退。因為，離開造字之法則和規律來談漢字的結構類型，勢必難以得到正確的、全面的、能符合漢字產生與孳衍之實際情況的認識；而且，對造字法則的研究本身即是文字學的一項重要任務，若從段氏之論，對造字之法的研究勢必要被結構類型的研究所取代。所以，可以說，「四體二用」說在我國文字學界帶來的消極影響，段氏所起的作用更甚於其師。〔註43〕

釋貫　金鶚

貫，古通摜。《左傳》昭公二十六年：「貫瀆鬼神。」《說文》：「摜〔一〕，習也，從手，貫聲。《春秋傳》曰：『摜瀆〔二〕鬼神。』」是「貫」與「摜」通也。《說文》解「貫」字云：「錢貫之貫，從毌、貝。」是貫之本義非習也。習摜之摜當從手。《爾雅》：「貫，習也。」亦作「貫」，皆省文借用也。《說文》又有「遦」字，云「習」也，是「摜」之或體字也。《爾雅》、《釋文》「摜」作「慣」，云本又作「貫」，又通作「遦」，同「貫」，又通「宦」。《詩·國風》：「三歲貫女。」《魯詩》「貫」作「宦」。徐邈「貫」音「官」，此「宦」字之誤。「貫」與「宦」聲相近。又《傳》云：「貫，事也。」本《爾雅·釋詁》。「宦」與「義」亦近，故通用也。「貫」又通「關」。《鄉射禮》：「不貫不釋。」注云：「古文貫作關。」《史記·伍子胥傳》：「伍胥貫弓執矢向使者。」注云：「貫，烏還反。」《後漢·祭肜傳》：「能貫三百斤弓。」司馬貞曰：「滿弓張，其所謂貫，皆即《呂氏春秋》所謂『中關而止』〔註44〕之關也。」《鄉射禮》貫字亦當如此解，讀烏還反。鄭注云：「貫猶中也，不中正，不釋算也。」賈疏：「言不貫者，以其以布為侯，故中者貫穿布侯，故以中為貫也。」《釋文》：「貫，古亂反，中也，夫關者彎弓之限也。」《孟子》所謂「彀率」〔三〕也。張弓中關，則能中正，故鄭云貫猶中也，賈氏以貫穿布侯〔四〕解鄭說，誤矣。陸氏音「古亂反」，亦以為「貫穿」之「貫」，均誤矣。

【注釋】

〔一〕摜：同「慣」。習慣。《說文·手部》：「摜，習也……《春秋傳》曰：『摜瀆鬼神。』」今本《左傳·昭公二十六年》作「貫瀆鬼神」。

〔註43〕孫雍長：《轉注論》，北京：語文出版社，2010年修訂本，第10～11頁。
〔註44〕見《呂氏春秋·壅塞》。

〔二〕貫瀆：謂慣於褻瀆鬼神。貫，通「慣」。《左傳‧昭公二十六年》：「貫瀆鬼神，慢棄刑法。」杜預注：「貫，習也。瀆，易也。」楊伯峻注：「楊樹達先生《讀左傳》云：『瀆當為嬻，《說文》：「嬻，媟嬻也。」』意為習慣於侮慢鬼神。」

〔三〕彀率：弓張開的程度。《孟子‧盡心上》：「大匠不為拙工改廢繩墨，羿不為拙射變其彀率。君子引而不發，躍如也。中道而立，能者從之。」朱熹《集注》：「彀率，彎弓之限也。」

〔四〕布侯：布製的箭靶。《儀禮‧鄉射禮》：「凡侯，天子熊侯，白質；諸侯麋侯，赤質；大夫布侯，畫以虎、豹；士布侯，畫以鹿、豕。」俞樾《群經平議‧儀禮一》：「虎、豹、鹿、豕言畫，而熊、麋不言畫，則熊侯、麋侯皆皮侯也。」俞樾《群經平議‧儀禮一》：「皮侯者，以布為質以皮為飾也……獸侯不用皮為飾，則止是白布，故有布侯之名，布侯者，別以皮侯而言之也。」

　　古人射以觀德，貴於中，而不貴於貫侯〔一〕。若以貫侯為貴，是尚力也。《記》曰：「禮，射不主皮〔二〕。」鄭注云：「不主皮者，貴其容體比於禮，其節比於樂，不待中為雋也。主皮者，張獸皮而射之，主於獲也。」《論語》曰：「射不主皮，為力不同科。」蓋人之力有甚微者，不能至侯，則不中皮，而比於禮樂，亦必取之，不主於中也。然則射雖貴中，而猶有不待中為雋者，況貫侯乎？惟解為中關而止之，關則不失其彀率，即所謂比於禮樂者也，雖不中猶中也，故曰「不貫不釋」。鄭氏注「猶中」，「猶」字最有深意，而《賈疏》不能知也。「貫」又通「毌」，《說文》：「毌，穿物持之也，從一橫毌。」《論語》：「吾道一以貫之〔三〕。」「貫」字當作「毌」，今本作「貫」，假借通用也。

【注釋】

〔一〕貫侯：中靶。明高啟《大駕親祀方丘選射齋宮奉次御製韻》：「郊射貫侯初復古，汾祠獲鼎未云奇。」

〔二〕射不主皮：謂重在中與不中，不以穿破皮侯為主。子曰：「射不主皮，為力不同科，古之道也。」（《論語‧八佾》）

〔三〕一以貫之：原指孔子的忠恕之道貫穿在一切事物中。後亦泛指一種思想或理論貫通始終。子曰：「參乎！吾道一以貫之。」曾子曰：「唯。」子出。門人問曰：「何謂也？」曾子曰：「夫子之道，忠恕而已矣。」（《論語‧里仁》）

釋祊　　侯度〔一〕

　　「祊」〔二〕字之訓，有渾言「廟門」者。《爾雅‧釋宮》：「閍謂之門〔三〕。」

李巡云：「閟，廟門名。」《郊特牲》：「索祭祝於祊。」注云：「廟門曰祊。」
是也。有以為「門內」者。《詩·楚茨》：「祝祭〔四〕於祊。」《傳》云：「祊門
內也。」《箋》云：「使祭博求之平生門內之旁，待賓客之處。」《說文》云：
「鬃，門內祭先祖所彷徨（今《說文》所下有以字，此據《詩》、《爾雅》音
義）。」是也。

【注釋】

〔一〕侯度（1799~1855），字子琴，廣東番禺人，侯康之弟。道光十五年（1835）
舉人，甲辰大挑，以知縣用，分發廣西，委署河池州知州，以不賄上官落職。
度洽熟經傳，尤長《禮》學。嘉興錢儀吉嘗稱其研核傳注，剖析異同，如辨懿
伯、惠伯之為父子，三老、五更之為一人，證明鄭義，皆有據依。所著書為
夷寇所焚，其說經文，刻《學海堂集》中。事蹟詳見《清史稿》、《經學博採
錄》。

〔二〕祊：《漢語大詞典》有三義：（1）古代稱宗廟之門。亦指廟門內設祭之處。《詩·
小雅·楚茨》：「或肆或將，祝祭于祊。」毛傳：「祊，門內也。」《國語·周語
中》：「今將大泯其宗祊。」韋昭注：「廟門謂之祊。」（2）祭名。指正祭畢於
次日舉行之繹祭。《禮記·禮器》：「設祭於堂，為祊乎外。」鄭玄注：「祊祭，
明日之繹祭也。謂之祊者，於廟門之旁，因名焉。」陳澔《集說》：「祊，祭之
明日繹祭也。廟門謂之祊，設祭在廟門外之西旁，故因名為祊也。」（3）古邑
名。春秋鄭國祭祀泰山時的湯沐之邑。在今山東省費縣西南。《左傳·隱公八
年》：「鄭伯使宛來歸祊。」按，《公羊傳》、《穀梁傳》均作「邴」。

〔三〕閟謂之門：郝懿行《爾雅義疏》：「門，廟門也。」《詩·周頌·絲衣》「自堂徂
基」，清馬瑞辰《通釋》：「祊通作閟。《爾雅·釋宮》：『閟謂之門。』」

〔四〕祝祭：司祭禮的人進行祭饗。《詩·小雅·楚茨》：「祝祭于祊，祀事孔明。」
朱子《集傳》：祊，廟門內也。孝子不知神之所在，故使祝博求之於門內，待
賓客之處也。何氏楷曰：祊祭在廟門之內，與他祭不同，其字從示，從方，有
索求諸四方之義。舊說謂祊有二種，一是正祭之時既設祭於廟，又求神於祊，
此詩所云是也，一是祭之明日繹祭之時，行禮於祊，若《禮器》所云是也。又
謂正祭之祊在廟門內之西，繹祭之祊在廟門外之西。今案：《爾雅》祊作閟，
云閟謂之門。《說文》：祊一作鬃，云門內祭先祖，所以彷徨。是則祊祭自在門
內，原無二祊。《禮器》所謂設祭於堂為祊乎外，蓋對堂而言，則門為外，非
謂祊在門外也。

有以為「門外」者。《禮器》：「為祊乎外。」《注》云：「祊祭，明日之繹祭〔一〕也。謂之祊者，於廟門外之旁，因名焉。」《郊特牲》：「祊之於東方。」〔二〕《注》云：「祊之禮，宜於廟門外之西室，繹又於其堂，此二者同時，而大名曰繹。」《正義》引《爾雅》孫炎注云：「謂廟門外。」是也。《郊特牲》正義因謂祊有二種，一是正祭〔三〕之時，既設祭於廟之西室，亦謂之祊。注家皆無此說，孔氏誤也。《詩》、傳、箋皆以「門內」解「祊」字，並不以「祊」為祭名。「索祭於祊」注亦止云：「廟門曰祊。」下云：「謂之祊者，以於祭繹名也。」此祊字承廟門曰祊而解，亦非以祊為祭名也。《正義》云：「此既正祭日於廟門內求神，應總稱雲廟，而謂之祊者，以祊是廟門，明日繹祭稱祊，雖今日之正祭假以明日繹祭稱祊名，同稱之曰祊也。」此說恐非《注》意。鄭義蓋謂廟門字應作「閍」，今作「祊」者，由於繹祭名祊，本從廟門之「閍」字取義，故廟門之「閍」亦通作「祊」也。知此注非謂廟門之祊，由於繹祭之祊得名者也，以為祊乎外。《注》既以祊祭為在廟門外之旁得名，不得又謂廟門反以繹祭得名也。

【注釋】

〔一〕 繹祭：古代祭祀的一種儀式。正祭之次日續祭稱「繹祭」。《書·高宗肜日》「高宗肜日」孔穎達疏引漢鄭玄曰：「祭天地社稷山川五祀，皆有繹祭。」清王夫之《張子正蒙注·王禘》：「於室者，正祭；於祊，繹祭也。」

〔二〕 孔子曰：「繹之於庫門內，祊之於東方，朝市之於西方，失之矣。」

〔三〕 正祭：首日之祭。與次日繹祭相對。《周禮·夏官·羊人》「羊人掌羊牲，凡祭祀飾羔」唐賈公彥疏：「凡正祭皆用成牲，今言『祭祀飾羔』，則非正祭用羔。」《禮記·祭義》「祭之明日，明發不寐」唐孔穎達疏：「謂正祭明日繹祭之時，祭既訖，得其夜，發夕至明而不寐。」清王夫之《張子正蒙注·王禘》：「求之或於室，或於祊也。於室者，正祭；於祊，繹祭。」

至《說文》亦非以祊為祭名，由不得善讀書，以「門內祭先祖」絕句致誤，而下句遂不成文，因加「以」字足之云：「所以彷徨也。」語意亦未合，應讀從「門內」絕句，與毛《傳》同，「祭先祖所彷徨也」為一句，是釋「祊」字之取義。又引《詩》曰：「祝祭于祊。」以證其彷徨之說，祭日求神於此，由於不知神之所在，此彷徨之義也。大約《禮記》中諸言「祊」者，或以為門內，或為繹祭名，即以本記文證之，而可知如「索祝祭于祊」與上文「於室」、「於

堂」、「於庭」並舉,「室」、「堂」、「庭」皆指其地,則祊亦是指其地,故為門內之稱(直祭祝於主,主亦是實有其處,若祊是祭名,亦不得與之對舉)。《祭統》「出於祊」與「祝於室」對舉,則亦是門內之稱(《詩》雖無對舉之文,然玩其文義,必不得為祭名)。至「為祊乎外」與「設祭於堂」對舉,堂是舉其處,則外亦是指其處。而祊字自不得解為門內,故為繹祭之名,以與祭字相對成文。「祊之於東方」與「繹之於庫門內」對舉,繹是祭名,則祊亦是祭名,故鄭注兩處皆以繹祭釋之,且記文已繹、祊對舉,若祭日求神於門內亦謂之祊,據《詩疏》亦謂此祭,應在廟門內之西,何不解此記為正統之祊?此由正祭日求神於廟門內,無祊之稱,而此記文義祊字當為祭名,故不嫌辭費,又解為「二者同時而大名曰繹」,以成其祊祭為繹祭之說也。

　　總而言之,廟門之字,疑本作「閍」,《爾雅》閍謂之門是也。繹祭因在廟門外,故即取名於閍,而改從示,《記》「為祊乎外」、「祊之於東方」是也。繹祭名祊,本由廟門取義,故廟門之閍,亦通作祊。《詩》「祝祭于祊」、《記》「索祭祝於祊」是也。祊本廟門統稱,故繹祭於門外得稱祊,而《詩》、傳、箋皆以為門內者,正祭日求神於廟門內,不於門外,此依文立訓,故以門內解之,非謂祊之不可為門外也。明乎此,則門內、門外、正祭、繹祭諸說,一以貫之矣。

原　跋

　　是書為甘泉江子屏先生藩所著〔一〕，其有功經訓〔二〕與裨益後學，儀徵相國〔三〕原序〔四〕已言之詳矣。惟是書初刻於江氏家塾，工未峻而先生遽捐館舍〔五〕，以故世無傳本〔六〕。儀吉聞其副本尚在江右，因不惜殫數年心力，以重金購得之〔七〕，爰為斠讎，付之石印〔八〕，以公同好。方今國家右文稽古，京師國子監南學專以經訓課士，海內之士聞風興起，無不以研精古訓、講求樸學為宗，惟初學入門之始，苟無所指引，則漢、宋門徑既慮其不清，而許、鄭緒言終莫能有得。得子屏此書，誦而法之，則淺之可以應明經取士之科，深之即可以為立說著書之本，則其所以嘉惠來學者又豈淺鮮哉？於越〔九〕徐儀吉〔十〕跋。

【注釋】

〔一〕「是書為甘泉江子屏先生藩所著」：這是一個彌天大謊，本書已經將此說證偽。

〔二〕經訓：經籍義理的解說。

〔三〕儀徵相國指阮元。

〔四〕「儀徵相國原序」：這也是一個彌天大謊，本書也將此序證偽，詳見前面部分。

〔五〕捐館舍：拋棄館舍。死亡的婉辭。亦可省作「捐館」或「捐舍」。

〔六〕「是書初刻於江氏家塾，工未峻而先生遽捐館舍，以故世無傳本」：這還是一個彌天大謊，根本就沒有其他證據證明此說成立。

〔七〕「儀吉聞其副本尚在江右，因不惜殫數年心力以重金購得之」：這也是一個孤證，缺少證人。

〔八〕石印：平版印刷的一種。即利用多孔石質平版，經處理後，做印版進行印刷。

〔九〕於越：古族名。分布在今浙江省境內。

〔十〕徐儀吉：生平事蹟不詳。我們通檢所見各種紙質文獻與電子文獻，均未發現
任何有價值的線索。